Aktuelle Dokumente
Herausgegeben von Professor Dr. Ingo von Münch

Arbeitskampf

Zusammengestellt von

Assessor Karl Hernekamp
Wissenschaftlicher Assistent an der Universität Hamburg

1975

Walter de Gruyter · Berlin · New York

ISBN 3 11 005777 8

Inhalt*

* Sofern bei den Texten nicht anders vermerkt, sind sämtliche Dokumente in Auszügen abgedruckt. Gerichtsentscheidungen sind, sofern nicht anders vermerkt, rechtskräftig.

I. Einführung

1. „Mit jedem Streik erstarkt und entwickelt sich in den Arbeitern die Erkenntnis, daß die Regierung ihr Feind ist, daß sich die Arbeiterklasse zum Kampf gegen die Regierung, zum Kampf für die Rechte des Volkes rüsten muß ... Das ist der Grund, warum die Sozialisten die Streiks eine ‚Schule des Krieges' nennen[1]."

„Die aus der Koalitionsfreiheit entspringende Tarifautonomie verfolgt den im öffentlichen Interesse liegenden Zweck, in dem von der staatlichen Rechtsetzung freigelassenen Raum das Arbeitsleben sinnvoll zu ordnen, insbesondere die Höhe der Arbeitsvergütung für die verschiedenen Berufstätigkeiten festzulegen und so letztlich die Gemeinschaft sozial zu befrieden[2]."

Drastischer als mit diesen beiden Zitaten läßt sich die extreme Spannweite der Auffassungen über Art und Aufgabe sozialer Auseinandersetzungen kaum beschreiben. Hie „Klassenkampfideologie", hie „Partnerschaftsideologie" — von solcherart Etikettierung mag auch eine Dokumentation „Arbeitskampf" nicht verschont bleiben. Dieses Risiko ist jedoch fast unvermeidlicher Reflex der Notwendigkeit, aus der schier unübersehbaren Materialfülle eine wenigstens annähernd repräsentative Auswahl zu treffen.

Diese — in ihrer Thematik soweit ersichtlich erste — Textsammlung will dem aktuellen Interesse entgegenkommen, das der Streik im öffentlichen Dienst zu Beginn dieses Jahres, vor allem aber auch die neuen Arbeitskampfrichtlinien des DGB vom Juni 1974, in der Öffentlichkeit ausgelöst haben. Daß dabei die nachgerade klassische Auseinandersetzung um Lega-

[1] Lenin, Über Streiks, 1899, Werke, Bd. 4, S. 305 (313).
[2] Bundesverfassungsgericht, Entscheidungen Bd. 18, S. 18 (28).

lität oder Illegalität von Arbeitskämpfen neuen Auftrieb erhalten hat, dürfte im demokratischen und sozialen Rechtsstaat nicht wundernehmen. Jedem Interessierten sollen daher in praktikabler Form diejenigen Materialien an die Hand gegeben werden, die ihm eine Beteiligung an der Diskussion und deren Verständnis erleichtern können.

Auswahl und Aufbereitung der Texte erfolgten bereits in dem Bemühen, ihre wesentlichen Aussagen trotz ihrer spezifisch juristischen Verflochtenheit einem größeren Kreis näher zu bringen. Im folgenden soll daher lediglich durch einige geraffte Hinweise der Zugang zu häufig wiederkehrenden Grundbegriffen geebnet werden.

2. Obwohl der erste, für Deutschland allgemein bedeutsame Tarifvertrag, der *Buchdruckertarif* von 1873, nunmehr über hundert Jahre zurückliegt, ist es noch immer nicht gelungen, das Arbeitsrecht, ähnlich wie das Bürgerliche Recht und das Strafrecht, geschlossen zu kodifizieren. Bereits die Erfüllung des Art. 157, Abs. 2 der Weimarer Verfassung („Das Reich schafft ein einheitliches Arbeitsrecht") kam über das Stadium eines Gesetzentwurfs nicht hinaus. Den neuesten Versuch unternimmt gegenwärtig die vom Bundesminister für Arbeit und Sozialordnung Ende 1970 berufene Sachverständigenkommission für ein Arbeitsgesetzbuch. Sie setzt sich zusammen aus zehn Vertretern der Tarifpartner, acht Vertretern der Wissenschaft, drei Vertretern der Rechtsprechung und zwei Ländervertretern. Eine Einigung gerade über das denkbar kontroverse Thema Arbeitskampf dürfte allerdings noch auf sich warten lassen.

Der *Arbeitskampf* läßt sich mangels gesetzlicher Definition umschreiben als kollektive Auseinandersetzung zwischen Arbeitnehmer- und Arbeitgeberseite, um durch wechselseitigen wirtschaftlichen Druck bestimmte Ziele zu erreichen. Er ist keineswegs erst ein Kind der industriellen Revolution. In Gestalt der gegen die Zünfte gerichteten Gesellen„aufstände", oft verbunden mit dem „Verruf" ganzer Städte[3], lassen sich solida-

[3] Nachweise bei Dieter Schneider, Der Streik, Begriff und Geschichte, in: Schneider (Hrsg.) Zur Theorie und Praxis des Streiks, 1971, S. 10 ff.

rische Arbeitsverweigerung und gezielte wirtschaftliche Isolierung, d. h. *Streik*[4] und *Boykott*[5] als Hauptkampfmittel der Arbeitnehmerseite, schon im 16. Jahrhundert urkundlich belegen.

Die *Aussperrung*, d. h. die kollektive Verweisung vom Arbeitsplatz unter Lohnverlust, wurde dagegen erst in der Industrialisierungsepoche zum Hauptkampfmittel der Arbeitgeberseite. Hinzu kam die Übernahme des Boykotts, praktiziert vor allem durch die Registrierung mißliebiger Streikteilnehmer in „Schwarzen Listen".

Trotz der begrifflichen Unterschiede sind in der Praxis des Arbeitskampfgeschehens die Übergänge zwischen Streik und Boykott[6] bzw. Boykott und Aussperrung fließend: Ruft zum Beispiel eine Gewerkschaft Nichtstreikende dazu auf, durch Streik „im eigenen Hause" den Forderungen anderer, bereits kämpfender Kollegen Nachdruck zu verleihen (*Solidaritäts- oder Sympathiestreik*[7]), ist dies eine Boykottmaßnahme[8]. Entsprechendes gilt, wenn die Arbeitgeberseite das Gegenstück, eine *Sympathieaussperrung*, propagiert. Praktisch häufigste Boykottmaßnahme ist der Solidaritätsappell von Streikposten an nichtorganisierte Arbeitswillige[9]. Streik und Aussperrung kön-

[4] Das Wort ist zwar vom englischen „to strike" übernommen, im Grunde aber niederdeutschen Ursprungs: striken = herumstreichen. Hamburger Urkunden aus dem 16. Jahrhundert berichten von „strikenden" Wasserknechten, die wegen zu geringen Lohns die Arbeit niedergelegt hatten und „herumstrichen", vgl. Schneider, a.a.O., S. 7.

[5] So benannt nach einem irischen Gutsverwalter: Mr. Boycott war durch unmenschliche Behandlung kleiner Pächter so in Mißkredit geraten, daß die irische Landliga ihn 1879 offiziell ächtete. Weil folglich niemand mehr bei ihm arbeiten und mit ihm verkehren wollte, mußte er, wirtschaftlich und persönlich völlig isoliert, auswandern; vgl. Hampel, „Boykott" in: Staatslexikon 6. Aufl. 1958, Bd. 2.

[6] Vgl. unten III, B. 3.

[7] Vgl. unten III, B. 1.

[8] Hampel, a.a.O.

[9] Vgl. unten III, D 2.

nen jeweils als *Angriffs-* oder *Abwehrstreik* bzw. *-Aussperrung* geführt werden, je nachdem, wer den Arbeitskampf beginnt.

Den größten Formenreichtum weist der *Streik* auf. Die Entwicklung zur technisch und personell hochgradig arbeitsteiligen Industrieproduktion begünstigte seine fortschreitende instrumentale Verfeinerung. So haben sich anstelle der früher üblichen *Voll- oder Flächenstreiks* regional oder sogar lokal begrenzte *Schwerpunktstreiks* eingebürgert[10]: Sie entlasten nicht nur die Streikkassen, sondern erlauben auch die Auswahl besonders sensibler Schlüsselbetriebe, mittels derer ganze Industriezweige lahmgelegt werden können[11]. Beim *Sukzessivstreik* dagegen legt zunächst nur eine Gruppe die Arbeit nieder, ehe die nächste folgt und so fort, bis schließlich die gesamte Belegschaft streikt[12]. Beim *rollenden Streik* wiederum lösen sich einzelne Abteilungen in der Arbeitsverweigerung ab, es streikt jeweils nur eine Gruppe. Weitere Formen sind *Sitzstreiks*, im Zuge derer die Arbeitnehmer nicht ihre Arbeitsplätze verlassen, sondern sie durch Anwesenheit blockieren, ferner *Fabrikbesetzungen*[13]. Eine andere, 1968 bei der italienischen Reifenfabrik Pirelli erfolgreich erprobte Aktion war ein sogenannter „*Leistungsstreik*“[14]: Den Anordnungen und Normen der Firmenleitung und dem gesamten offiziell-hierarchischen Organisationssystem setzten die Arbeitnehmer vorübergehend eigene „Gegen-Normen“ und Organisationstechniken entgegen, mit der Folge, daß die Produktion trotz der teilweise völligen Lahmlegung der überkommenen betrieblichen Entscheidungszentren reibungslos weiterlief.

Mit *Warn- und Proteststreiks* wird, von vornherein kurzzeitig befristet, Unzufriedenheit mit konkreten innerbetrieblichen oder tarifpolitischen Vorgängen signalisiert.

[10] Vgl. dazu und zum folgenden H. Matthöfer, Streiks und streikähnliche Formen des Kampfes der Arbeitnehmer im Kapitalismus, bei Schneider a.a.O., S. 155 (195).

[11] So z. B. 1971, als während des Arbeitskampfes in Nordwürttemberg-Nordbaden die andernorts ansässigen sechs VW-Werke mit zum Schluß 100 000 Arbeitnehmern stillagen.

[12] Nachweise bei Matthöfer, a.a.O.

[13] So z. B. bei der französischen Uhrenfabrik LIP im August 1973.

[14] Vgl. Matthöfer, a.a.O.

Schließlich steht dem von den Gewerkschaften getragenen *regulären* Streik der sogenannte *„wilde“* Streik oder die *„spontane Arbeitsniederlegung“* gegenüber. Ihn hält, im Gegensatz zu differenzierenden Literaturstimmen, die Rechtsprechung einhellig für illegal, was die Gewerkschaftsseite keineswegs als Privileg empfindet[15].

Eine bedeutende Rolle, insbesondere bei Personengruppen ohne Streikrecht, wie den Beamten, spielen die *„Streiksurrogate“*: Aktionen, die, ohne den Leistungsaustausch zu blockieren, Streikeffekt erzielen, indem nicht durch optimale, sondern maximale Befolgung formaler Bestimmungen oder extreme Inanspruchnahme formaler Rechte die Arbeitsleistung faktisch entwertet wird, z. B. „Dienst nach Vorschrift“, „go slow“, „go sick“[16]. *„Passive Resistenz“* bedeutet dagegen Verweigerung ordnungsgemäßer Arbeit durch auch formal arbeitsvertragswidrige Verzögerung.

Unter der Geltung des Grundgesetzes wie schon zuvor nach Art. 159 der Weimarer Verfassung[17] ist die *Arbeitskampffreiheit* unangefochten Bestandteil der *Tarifautonomie*. Grundrechtlich durch die Koalitionsfreiheit (Art. 9, Abs. 3, S. 1 GG) vor jeder staatlichen Einmischung abgeschirmtes Kernstück dieser eigenverantwortlichen Rechtsetzungsbefugnis im Bereich der Arbeits- und Wirtschaftsbedingungen ist der *Tarifvertrag*[18]. Mit ihm vor allem Löhne und Gehälter mit Rechtsnormqualität für gegenwärtige und künftige Einzelarbeitsverträge festzusetzen[19], ist das klassische Ziel des Arbeitskampfes. Die so erstrittene tarifliche Rechtsordnung kann sich wie jede freie Rechtsordnung auf die Dauer nur behaupten, wenn ihre Regelungen von den Betroffenen als Garantie eines fairen Interessenausgleichs akzeptiert werden. Die Arbeitskampffreiheit

[15] Vgl. unten III, A.
[16] Vgl. unten III, E.
[17] Auch Art. 14, Abs. 2 der DDR-Verfassung von 1949 sicherte den Gewerkschaften das Streikrecht zu.
[18] Das Wort „Tarif“ stammt aus dem Arabischen: 'ta'rîf = Preisbestimmung, Preisliste.
[19] Einzelheiten bei Biedenkopf, „Tarifvertrag“, in: Staatslexikon, 6. Aufl., Bd. 11 (1970), m. w. N.

ist infolgedessen ein für die Tarifautonomie wesentlicher Selbstregelungsmechanismus zur Lösung der Interessenkonflikte, die das Arbeitsverhältnis prägen[20]. Können sich die widerstreitenden Interessen nicht im freien Spiel der Kräfte austarieren, werden die nachfolgenden Rechtsetzungsakte leicht als ungerecht empfunden. Das kann zu „Frustrationsexplosionen“ führen, die dann auch vor bestehenden Rechtsnormen nicht Halt machen. Die Problematik z. B. der Fluglotsenaktionen, des Aussperrungsverbots und indirekt auch der wilden Streiks ist vor diesem Hintergrund zu sehen.

Trotz der Tarifautonomie sind staatliche und tarifliche Rechtsordnung keine völlig isolierten Rechtskreise. Vielmehr funktionieren sie — um im Bilde zu bleiben — synchron und einander konzentrisch zugeordnet. Die Arbeitskampffreiheit kann daher weder ausschließliche Machtexklave im demokratischen und sozialen Rechtsstaat sein, noch kann sie als introvertierter Selbstregelungsmechanismus zum Instrument politischer Fernsteuerung gemacht werden. Streiks, Aussperrungen und Boykotts, die nicht auf Arbeits- und Wirtschaftsbedingungen gerichtet sind, verlassen so den Rechtskreis des Art. 9 Abs. 3 GG. Das bedeutet freilich keineswegs automatisch den freien Fall in die Illegalität, sondern zunächst einmal nur den Übertritt aus dem Schutz der Tarifautonomie in die „Zugluft“ anderer Rechtsnormen. Hier öffnet sich das weite und juristisch noch nicht restlos urbar gemachte Feld all jener Aktionen, die entweder, wie der *politische Streik*, lediglich *im* Arbeitsverhältnis, aber nicht obendrein auch *um* das Arbeitsverhältnis geführt werden[21], oder die, wie z. B. *Hungerstreiks* oder der berühmte antike *„Ehestreik“* der Lysistrata, mit dem Begriff „Streik“ sogar nur das Moment des Sich-verweigerns gemein-

[20] Mit aller gebotenen Vorsicht könnte man den Arbeitskampf insoweit vergleichen mit dem politischen Meinungskampf als Vorstufe jeder ähnlich bedeutsamen staatlichen Rechtssetzung.

[21] Vgl. unten III, B. 2; der politische Streik wird eingeteilt in den Kampfstreik, der ein konkretes politisches Ziel durchsetzen soll und den Demonstrationsstreik (Beispiel aus jüngerer Zeit: Die Demonstrationsstreiks anläßlich des konstruktiven Mißtrauensvotums der Opposition im Sommer 1972).

sam haben. Gleiches gilt für Aktionen, die, wie der allgemeine *„Verbraucherstreik“*[22] oder der *„Vorlesungsstreik“*[23] in Wirklichkeit Boykottmaßnahmen darstellen, wenn auch ebenfalls nicht im spezifisch arbeitskampfrechtlichen Sinne.

Diese Aktionen sind nicht mehr im Spannungsverhältnis z. B. der Zivil- oder Strafrechtsordnung mit der Koalitionsfreiheit des Art. 9, Abs. 3 GG zu sehen, sondern womöglich mit der Meinungsfreiheit (Art. 5), dem Recht auf freie Wahl der Ausbildungsstätte (Art. 12), der Versammlungsfreiheit (Art. 8) oder ganz allgemein dem Recht auf freie Persönlichkeitsentfaltung (Art. 2, Abs. 1). Diesen Fragen kann hier nicht weiter nachgegangen werden. Weiterführende Hinweise enthalten jedoch die angegebenen Fundstellen.

3. Abgesehen von den bisher erwähnten Texten wurden die Dokumente des folgenden Teils II („Grundfragen“) zusammengestellt hauptsächlich unter den aktuellen Aspekten Streikfreiheit, Aussperrungsfreiheit, Streik und Urabstimmung, Notarbeiten. Teil III („Einzelfragen“) bemüht sich, das Thema unter möglichst vielen Aspekten — wenn auch notgedrungen nur schlaglichtartig — zu beleuchten. Im Anhang schließlich finden sich u. a. Materialien zum Schlichtungswesen, wie das als Basis des geltenden Schlichtungsrechts noch immer geltende Kontrollratsgesetz Nr. 35.

Aus Platzgründen mußte leider auf einen intensiveren Blick über die Grenzen verzichtet werden. Ausländische Arbeitskampfbestimmungen konnten nur Aufnahme finden, sofern sie in Europa auf Verfassungsebene normiert sind. Dagegen wurde der Beschluß des Bundesarbeitsgerichts vom 21. 4. 1971 auch im tatbestandlichen Teil — von unwesentlichen Kürzungen abgesehen — voll abgedruckt, um dem Außenstehenden mit einem Einblick auch in den tatsächlichen Geschehensablauf den Zugang zu dieser für die Praxis richtungweisenden Entscheidung zu erleichtern.

[22] Vgl. unten, III H. 1; vgl. auch S. Matthöfer, Käuferstreik: Die vergessene Waffe, in: Der Gewerkschafter, 1970, S. 430.
[23] Vgl. unten III, H. 2, 3.

Nicht zuletzt die zentrale Rolle, die Arbeit und Arbeitsplatz im Leben des einzelnen wie der Gemeinschaft spielen, legt es nahe, daß — mit den Worten eines bekannten Gewerkschaftsführers[24] — „die Probleme des Arbeitskampfrechts aus den Studierstuben und Gerichtssälen heraus in eine Diskussion im größeren Kreis der Betroffenen überführt werden."

Auch dazu will der vorgelegte Band ein Beitrag sein.

Allen, die sein Zustandekommen mit ermöglicht haben, sage ich meinen herzlichen Dank. K. H.

[24] Eugen Loderer, Eröffnungsreferat zur wissenschaftlichen Veranstaltung „Streik und Aussperrung" der IG Metall in München am 13. 9. 1973.

II. Grundfragen des Arbeitskampfes

A. Verfassungstexte

1. Grundgesetz für die Bundesrepublik Deutschland vom 23. 5. 1949 i. d. F. des Gesetzes vom 24. 6. 1968[1]

Art. 2 (1) Jeder hat das Recht auf freie Entfaltung seiner Persönlichkeit, soweit er nicht die Rechte anderer verletzt und nicht gegen die verfassungsmäßige Ordnung oder das Sittengesetz verstößt.

. . .

Art. 3 (1) Alle Menschen sind vor dem Gesetz gleich.

. . .

(3) Niemand darf wegen seines Geschlechtes, seiner Abstammung, seiner Rasse, seiner Sprache, seiner Heimat und Herkunft, seines Glaubens, seiner religiösen oder politischen Anschauungen benachteiligt oder bevorzugt werden.

Art. 9 (1) Alle Deutschen haben das Recht, Vereine und Gesellschaften zu bilden.

(2) Vereinigungen, deren Zwecke oder deren Tätigkeit den Strafgesetzen zuwiderlaufen oder die sich gegen die verfassungsmäßige Ordnung oder gegen den Gedanken der Völkerverständigung richten, sind verboten.

(3) Das Recht, zur Wahrung und Förderung der Arbeits- und Wirtschaftsbedingungen Vereinigungen zu bilden, ist für jedermann und für alle Berufe gewährleistet. Abreden, die dieses Recht einschränken oder zu behindern suchen, sind nichtig, hierauf gerichtete Maßnahmen sind rechtswidrig. Maßnahmen nach den Artikeln 12a, 35 Abs. 2 und 3, Artikel 87a Abs. 4 und Artikel 91 dürfen sich nicht gegen Arbeitskämpfe

[1] Abdruck nach: Bundesgesetzblatt, 1949, Teil I, S. 1 ff. und 1968, Teil I, S. 709 ff.

richten, die zur Wahrung und Förderung der Arbeits- und Wirtschaftsbedingungen von Vereinigungen im Sinne des Satzes 1 geführt werden.

Art. 12 (1) Alle Deutschen haben das Recht, Beruf, Arbeitsplatz und Ausbildungsstätte frei zu wählen. Die Berufsausübung kann durch Gesetz oder auf Grund eines Gesetzes geregelt werden.

(2) Niemand darf zu einer bestimmten Arbeit gezwungen werden, außer im Rahmen einer herkömmlichen allgemeinen, für alle gleichen öffentlichen Dienstleistungspflicht.

(3) Zwangsarbeit ist nur bei einer gerichtlich angeordneten Freiheitsentziehung zulässig.

Art. 20 (1) Die Bundesrepublik Deutschland ist ein demokratischer und sozialer Bundesstaat.

(2) Alle Staatsgewalt geht vom Volke aus. Sie wird vom Volke in Wahlen und Abstimmungen und durch besondere Organe der Gesetzgebung, der vollziehenden Gewalt und der Rechtsprechung ausgeübt.

(3) Die Gesetzgebung ist an die verfassungsmäßige Ordnung, die vollziehende Gewalt und die Rechtsprechung sind an Gesetz und Recht gebunden.

(4) Gegen jeden, der es unternimmt, diese Ordnung zu beseitigen, haben alle Deutschen das Recht zum Widerstand, wenn andere Abhilfe nicht möglich ist.

Art. 28 (1) Die verfassungsmäßige Ordnung in den Ländern muß den Grundsätzen des republikanischen, demokratischen und sozialen Rechtsstaates im Sinne dieses Grundgesetzes entsprechen.

. . .

Art. 31 Bundesrecht bricht Landesrecht.

Art. 142 Ungeachtet der Vorschrift des Artikel 31 bleiben Bestimmungen der Landesverfassungen auch insoweit in Kraft, als sie in Übereinstimmung mit den Artikeln 1 bis 18 dieses Grundgesetzes Grundrechte gewährleisten.

2. Länderverfassungen

Verfassung des Landes Baden-Württemberg[2] vom 11. 11. 1953

Art. 2 (1) Die im Grundgesetz für die Bundesrepublik Deutschland vom 23. Mai 1949 festgelegten Grundrechte und staatsbürgerlichen Rechte sind Bestandteil dieser Verfassung und unmittelbar geltendes Recht.

Verfassung des Freistaates Bayern[3] vom 2. 12. 1946

Art. 170 (1) Die Vereinigungsfreiheit zur Wahrung und Förderung der Arbeits- und Wirtschaftsbedingungen ist für jedermann und für alle Berufe gewährleistet.

(2) Alle Abreden und Maßnahmen, welche die Vereinigungsfreiheit einschränken oder zu behindern suchen, sind rechtswidrig und nichtig.

Verfassung von Berlin vom 1. 9. 1950[4]

Art. 18 (1) Alle Männer und Frauen haben das Recht, sich zu gesetzlich zulässigen Zwecken friedlich und unbewaffnet zu versammeln, sowie Vereinigungen und Gesellschaften zu bilden.

(2) Vereinigungen dürfen keine Zwecke verfolgen oder Maßnahmen treffen, durch welche die Erfüllung von Aufgaben verfassungsmäßiger Organe und öffentlich-rechtlicher Verwaltungskörper gefährdet wird.

(3) Das Streikrecht ist gewährleistet.

Landesverfassung der Freien Hansestadt Bremen vom 21. 10. 1947[5]

Art. 48 Arbeitnehmer und Unternehmer haben die Freiheit, sich zu vereinigen, um die Arbeits- und Wirtschaftsbedingungen zu gestalten. Niemand darf gehindert oder gezwungen werden, Mitglied einer solchen Vereinigung zu werden.

[2] Abdruck nach: Gesetzblatt 1953, S. 173 ff.
[3] Abdruck nach: Gesetz- und Verordnungsblatt 1946, S. 333 ff.
[4] Abdruck nach: Verordnungsblatt 1950, S. 433 ff.
[5] Abdruck nach: Gesetzblatt 1947, S. 251 ff.

... Das Streikrecht der wirtschaftlichen Vereinigungen wird anerkannt.

Verfassung des Landes Hessen vom 1. 12. 1946[6]

Art. 29 Für alle Angestellten, Arbeiter und Beamten ist ein einheitliches Arbeitsrecht zu schaffen.

... Das Streikrecht wird anerkannt, wenn die Gewerkschaften den Streik erklären.

Die Aussperrung ist rechtswidrig.

Verfassung für das Land Nordrhein-Westfalen vom 28. 6. 1950[7]

Art. 4 Die im Grundgesetz für die Bundesrepublik Deutschland in der Fassung vom 23. Mai 1949 festgelegten Grundrechte und staatsbürgerlichen Rechte sind Bestandteil dieser Verfassung und unmittelbar geltendes Landesrecht.

Verfassung für Rheinland-Pfalz vom 18. 5. 1947[8]

Art. 66 Die Vereinigungsfreiheit zur Wahrung und Förderung der Arbeits- und Wirtschaftsbedingungen ist für jedermann und für alle Berufe gewährleistet. Abreden oder Maßnahmen, welche diese Freiheit ohne gesetzliche Grundlage einzuschränken oder zu behindern suchen, sind unzulässig.

Das Streikrecht der Gewerkschaften im Rahmen der Gesetze wird anerkannt.

Verfassung des Saarlandes vom 15. 12. 1947[9]

Art. 56 Die Vereinigungsfreiheit zur Wahrung und Förderung der Arbeits- und Wirtschaftsbedingungen ist für jedermann und für alle Berufe gewährleistet. Das Streikrecht der Gewerkschaften ist im Rahmen der Gesetze anerkannt. Streiks dürfen erst dann durchgeführt werden, wenn alle Schlichtungs- und Verhandlungsmöglichkeiten erschöpft sind.

[6] Abdruck nach: Gesetz- und Verordnungsblatt 1946, S. 229 ff.
[7] Abdruck nach: Gesetz- und Verordnungsblatt 1950, S. 127 ff.
[8] Abdruck nach: Verordnungsblatt 1947, S. 209 ff.
[9] Abdruck nach: Amtsblatt 1947, S. 1077 ff.

3. Ausländische Verfassungen[10]

a) I. Verfassung der Französischen Republik vom 28. 9. 1958

Präambel

Das französische Volk verkündet feierlich seine Verbundenheit mit den Menschenrechten und mit den Grundsätzen der Volkssouveränität, wie sie in der Erklärung von 1789 niedergelegt wurden, die durch die Präambel der Verfassung von 1946 bestätigt und ergänzt wurde ...

II. Präambel der Verfassung der Französischen Republik vom 27. 10. 1946.

. . .

Das Streikrecht wird im Rahmen der Gesetze, die es regeln, ausgeübt.

b) Verfassung Griechenlands vom 1. 1. 1952[11]

Art. 11 (1) Die Griechen haben das Recht, Vereinigungen zu bilden unter Beachtung der Gesetze des Staates, welche jedoch niemals dieses Recht von einer vorherigen Erlaubnis der Regierung abhängig machen dürfen.

(4) Der Streik ist den Staatsbeamten und den Beamten der juristischen Personen und Körperschaften des öffentlichen Rechts verboten.

c) Verfassung der Italienischen Republik vom 1. 1. 1948

Art. 40. Das Streikrecht wird ausgeübt im Rahmen der Gesetze, die es regeln.

d) Verfassung des Großherzogtums Luxemburg vom 17. 10. 1869 i. d. F. v. 23. 10. 1956

Art. 11 ...

(5) Das Gesetz trifft Vorsorge für die soziale Sicherheit, den Gesundheitsschutz und die Ruhe der Arbeiter und gewährleistet die gewerkschaftlichen Freiheiten.

[10] Abdruck nach: Mayer-Tasch, Die Verfassungen Europas, 1. Aufl. 1966, mit freundlicher Genehmigung des Hrsg.
[11] Wieder in Kraft seit August 1974 (d. Bearb.).

e) Verfassung der Türkischen Republik vom 27. 5. 1961

. . .

Art. 47. (1) Die Arbeitenden sind berechtigt, zum Schutze oder zur Verbesserung ihrer wirtschaftlichen und sozialen Lage mit ihren Arbeitgebern kollektive Lohnverhandlungen zu führen, und sie haben das Streikrecht.

(2) Die Ausübung des Streikrechts und seine Ausnahmen sowie die Rechte der Arbeitgeber werden durch Gesetz geregelt.

B. Gesetzestexte

1. Betriebsverfassungsgesetz vom 15. 1. 1972[12]

§ 74 (1) Arbeitgeber und Betriebsrat sollen mindestens einmal im Monat zu einer Besprechung zusammentreten. Sie haben über strittige Fragen mit dem ernsten Willen zur Einigung zu verhandeln und Vorschläge für die Beilegung von Meinungsverschiedenheiten zu machen.

(2) Maßnahmen des Arbeitskampfes zwischen Arbeitgeber und Betriebsrat sind unzulässig; Arbeitskämpfe tariffähiger Parteien werden hierdurch nicht berührt. Arbeitgeber und Betriebsrat haben Betätigungen zu unterlassen, durch die der Arbeitsablauf oder der Frieden des Betriebs beeinträchtigt werden. Sie haben jede parteipolitische Betätigung im Betrieb zu unterlassen; die Behandlung von Angelegenheiten tarifpolitischer, sozialpolitischer und wirtschaftlicher Art, die den Betrieb oder seine Arbeitnehmer unmittelbar betreffen, wird hierdurch nicht berührt.

(3) Arbeitnehmer, die im Rahmen dieses Gesetzes Aufgaben übernehmen, werden hierdurch in der Betätigung für ihre Gewerkschaft auch im Betrieb nicht beschränkt.

2. Bundespersonalvertretungsgesetz vom 15. 3. 1974[13]

§ 66 (1) Der Leiter der Dienststelle und die Personalvertretung sollen mindestens einmal im Monat zu Besprechungen

[12] Abdruck nach: Bundesgesetzblatt 1972, Teil I, S. 13 ff.
[13] Abdruck nach: Bundesgesetzblatt 1974, Teil I, S. 693 ff.

zusammentreten. In ihnen soll auch die Gestaltung des Dienstbetriebes behandelt werden, insbesondere alle Vorgänge, die die Beschäftigten wesentlich berühren. Sie haben über strittige Fragen mit dem ernsten Willen zur Einigung zu verhandeln und Vorschläge für die Beilegung von Meinungsverschiedenheiten zu machen.

(2) Dienststelle und Personalvertretung haben alles zu unterlassen, was geeignet ist, die Arbeit und den Frieden der Dienststelle zu beeinträchtigen. Insbesondere dürfen Dienststelle und Personalvertretung keine Maßnahmen des Arbeitskampfes gegeneinander durchführen. Arbeitskämpfe tariffähiger Parteien werden hierdurch nicht berührt.

(3) Außenstehende Stellen dürfen erst angerufen werden, wenn eine Einigung in der Dienststelle nicht erzielt worden ist.

3. Kündigungsschutzgesetz in der Fassung vom 25. 8. 1969[14]

§ 25. Die Vorschriften dieses Gesetzes finden keine Anwendung auf Kündigungen und Entlassungen, die lediglich als Maßnahmen in wirtschaftlichen Kämpfen zwischen Arbeitgebern und Arbeitnehmern vorgenommen werden.

4. Tarifvertragsgesetz in der Fassung vom 25. 8. 1969[15]

§ 1. (1) Der Tarifvertrag regelt die Rechte und Pflichten der Tarifvertragsparteien und enthält Rechtsnormen, die den Inhalt, den Abschluß und die Beendigung von Arbeitsverhältnissen sowie betriebliche und betriebsverfassungsrechtliche Fragen ordnen können.

§ 2. (1) Tarifvertragsparteien sind Gewerkschaften, einzelne Arbeitgeber sowie Vereinigungen von Arbeitgebern.

(2) Zusammenschlüsse von Gewerkschaften und von Vereinigungen von Arbeitgebern (Spitzenorganisationen) können im Namen der ihnen angeschlossenen Verbände Tarifverträge abschließen, wenn sie eine entsprechende Vollmacht haben.

[14] Abdruck nach: Bundesgesetzblatt 1969, Teil I, S. 1317 ff.
[15] Abdruck nach: Bundesgesetzblatt 1969, Teil I, S. 1323.

(3) Spitzenorganisationen können selbst Parteien eines Tarifvertrages sein, wenn der Abschluß von Tarifverträgen zu ihren satzungsgemäßen Aufgaben gehört.

(4) In den Fällen der Absätze 2 und 3 haften sowohl die Spitzenorganisationen wie die ihnen angeschlossenen Verbände für die Erfüllung der gegenseitigen Verpflichtungen der Tarifvertragsparteien.

§ 3. (1) Tarifgebunden sind die Mitglieder der Tarifvertragsparteien und der Arbeitgeber, der selbst Partei des Tarifvertrages ist.

(2) Rechtsnormen des Tarifvertrages über betriebliche und betriebsverfassungsrechtliche Fragen gelten für alle Betriebe, deren Arbeitgeber tarifgebunden ist.

(3) Die Tarifgebundenheit bleibt bestehen, bis der Tarifvertrag endet.

§ 12. Spitzenorganisationen im Sinne dieses Gesetzes sind — unbeschadet der Regelung in § 2 — diejenigen Zusammenschlüsse von Gewerkschaften oder von Arbeitgebervereinigungen, die für die Vertretung der Arbeitnehmer- oder Arbeitgeberinteressen im Arbeitsleben des Bundesgebietes wesentliche Bedeutung haben. Ihnen stehen gleich Gewerkschaften oder Arbeitgebervereinigungen, die keinem solchen Zusammenschluß angehören, wenn sie die Voraussetzungen des letzten Halbsatzes in Satz 1 erfüllen.

C. Internationale Texte

1. Vereinte Nationen

a) Allgemeine Erklärung der Menschenrechte vom 10. 12. 1948[16, 17]

Art. 23 ...

(4) Everyone has the right to form and to join trade unions for the protection of his interests. ...

[16] Abdruck nach „General Assembly Official Records", 3d Session, Resolutions, Part I, A/810, Dec. 1948, S. 71 ff.

[17] Da die bislang vorliegenden deutschen Texte den Begriff „trade unions" teils mit „Gewerkschaften", teils mit „Berufsverbänden",

b) Konvention über wirtschaftliche, soziale und kulturelle Rechte vom 16. 12. 1966[18 19]

... Art. 8: 1. Die Teilnehmerstaaten verpflichten sich, zu gewährleisten:

d) das Streikrecht, soweit es in Übereinstimmung mit der innerstaatlichen Rechtsordnung ausgeübt wird.

2. Dieser Artikel verbietet nicht, daß die Ausübung dieser Rechte durch Mitglieder der Streitkräfte, der Polizei oder der Staatsverwaltung gesetzlichen Einschränkungen unterworfen wird.

...

c) Übereinkommen Nr. 87 der Internationalen Arbeitsorganisation (ILO) vom 9. 7. 1948 über die Vereinigungsfreiheit und den Schutz des Vereinigungsrechts[20 21]

Art. 2. Die Arbeitnehmer und die Arbeitgeber ohne jeden Unterschied haben das Recht, ohne vorherige Genehmigung Organisationen nach eigener Wahl zu bilden und solchen Organisationen beizutreten, wobei lediglich die Bedingung gilt, daß sie deren Satzungen einhalten.

Art. 9 (1) Die innerstaatliche Gesetzgebung bestimmt, inwieweit die in diesem Übereinkommen vorgesehenen Rechte auf das Heer und die Polizei Anwendung finden. ...

Art. 11. Jedes Mitglied der Internationalen Arbeitsorganisation, für das dieses Übereinkommen in Kraft ist, verpflichtet sich, alle erforderlichen und geeigneten Maßnahmen zu treffen, um den Arbeitnehmern und den Arbeitgebern die freie Ausübung des Vereinigungsrechtes zu gewährleisten.

teils mit „Fachvereinigungen" übersetzen, wurde hier der offizielle englische Originaltext abgedruckt (d. Bearb.).

[18] Beschlossen von der Generalversammlung der Vereinten Nationen, in der Bundesrepublik Deutschland z. Z. noch nicht in Kraft (d. Bearb.).

[19] Abdruck nach: Bundesgesetzblatt 1973, Teil II, S. 1569 ff.

[20] Geltung mit Gesetzeskraft in der Bundesrepublik Deutschland seit dem 20. 3. 1958 (BGBl. II, S. 113).

[21] Abdruck nach Bundesgesetzblatt 1956, Teil II, S. 2072 ff.

d) Übereinkommen Nr. 98 der ILO vom 1. 7. 1949 über die Anwendung der Grundsätze des Vereinigungsrechtes und des Rechtes zu Kollektivverhandlungen[22] [23]

Art. 4. Soweit erforderlich, sind den Landesverhältnissen angepaßte Maßnahmen zu treffen, um im weitesten Umfang Entwicklung und Anwendung von Verfahren zu fördern, durch die Arbeitgeber oder Organisationen von Arbeitgebern einerseits und Organisationen von Arbeitnehmern anderseits freiwillig über den Abschluß von Gesamtarbeitsverträgen zur Regelung der Lohn- und Arbeitsbedingungen verhandeln können.

2. Europa

a) Konvention zum Schutze der Menschenrechte und Grundfreiheiten vom 4. 11. 1950[24] [25]

Art. 11. (1) Alle Menschen haben das Recht, sich friedlich zu versammeln und sich frei mit anderen zusammenzuschließen, einschließlich des Rechtes, zum Schutze ihrer Interessen Gewerkschaften zu bilden und diesen beizutreten.

(2) Die Ausübung dieser Rechte darf keinen anderen Einschränkungen unterworfen werden als den vom Gesetz vorgesehenen, die in einer demokratischen Gesellschaft im Interesse der äußeren und inneren Sicherheit, zur Aufrechterhaltung der Ordnung und zur Verbrechensverhütung, zum Schutze der Gesundheit und der Moral oder zum Schutze der Rechte und Freiheiten anderer notwendig sind. Dieser Artikel verbietet nicht, daß die Ausübung dieser Rechte für Mitglieder der Streitkräfte, der Polizei oder der Staatsverwaltung gesetzlichen Einschränkungen unterworfen sind.

[22] Geltung mit Gesetzeskraft in der Bundesrepublik Deutschland seit dem 8. 6. 1957 (BGBl. II, S. 1231).
[23] Abdruck nach Bundesgesetzblatt 1955, Teil II, S. 1122 ff.
[24] Abdruck nach: Bundesgesetzblatt 1952, Teil II, S. 686 ff.
[25] Geltung mit Gesetzeskraft in der Bundesrepublik Deutschland seit dem 3. 9. 1952 (BGBl. 1954, II, S. 14).

b) Europäische Sozialcharta vom 18. 10. 1961[26] [27]

Artikel 5

Das Vereinigungsrecht

Um die Freiheit der Arbeitnehmer und Arbeitgeber zu gewährleisten oder zu fördern, örtliche, nationale oder internationale Organisationen zum Schutze ihrer wirtschaftlichen und sozialen Interessen zu bilden und diesen Organisationen beizutreten, verpflichten sich die Vertragsparteien, diese Freiheit weder durch das innerstaatliche Recht noch durch dessen Anwendung zu beeinträchtigen. Inwieweit die in diesem Artikel vorgesehenen Garantien auf die Polizei Anwendung finden, bestimmt sich nach innerstaatlichem Recht. Das Prinzip und gegebenenfalls der Umfang der Anwendung dieser Garantien auf die Mitglieder der Streitkräfte bestimmen sich gleichfalls nach innerstaatlichem Recht.

Artikel 6

Das Recht auf Kollektivverhandlungen

Um die wirksame Ausübung des Rechtes auf Kollektivverhandlungen zu gewährleisten, verpflichten sich die Vertragsparteien,

1. gemeinsame Beratungen zwischen Arbeitnehmern und Arbeitgebern zu fördern;
2. Verfahren für freiwillige Verhandlungen zwischen Arbeitgebern oder Arbeitgeberorganisationen einerseits und Arbeitnehmerorganisationen andererseits zu fördern, soweit dies notwendig und zweckmäßig ist, mit dem Ziele, die Beschäftigungsbedingungen durch Gesamtarbeitsverträge zu regeln;
3. die Einrichtung und die Benutzung geeigneter Vermittlungs- und freiwilliger Schlichtungsverfahren zur Beilegung von Arbeitsstreitigkeiten zu fördern;

und anerkennen

[26] Abdruck nach: Bundesgesetzblatt 1964, Teil II, S. 1262 ff.
[27] Geltung mit Gesetzeskraft in der Bundesrepublik Deutschland seit dem 26. 2. 1965, BGBl. 1965, II, S. 1122.

4. das Recht der Arbeitnehmer und der Arbeitgeber auf kollektive Maßnahmen einschließlich des Streikrechts im Falle von Interessenkonflikten, vorbehaltlich etwaiger Verpflichtungen aus geltenden Gesamtarbeitsverträgen.

Artikel 30

Notstandsklausel

(1) In Kriegszeiten oder bei einem anderen öffentlichen Notstand, der das Leben der Nation bedroht, kann jede Vertragspartei Maßnahmen treffen, die von ihren Verpflichtungen aus dieser Charta abweichen, soweit es auf Grund der Lage unbedingt erforderlich ist, vorausgesetzt, daß diese Maßnahmen nicht zu ihren anderen völkerrechtlichen Verpflichtungen im Widerspruch stehen. . .

Artikel 31

Einschränkungen

(1) Die in Teil I niedergelegten Rechte und Grundsätze dürfen nach ihrer Verwirklichung ebenso wie ihre in Teil II vorgesehene wirksame Ausübung anderen als den in diesen Teilen vorgesehenen Einschränkungen oder Begrenzungen nur unterliegen, wenn diese gesetzlich vorgeschrieben und in einer demokratischen Gesellschaft zum Schutze der Rechte und Freiheiten anderer oder zum Schutze der öffentlichen Sicherheit und Ordnung, der Sicherheit des Staates, der Volksgesundheit und der Sittlichkeit notwendig sind.

(2) Von den nach dieser Charta zulässigen Einschränkungen der darin niedergelegten Rechte und Verpflichtungen darf für keinen anderen als den vorgesehenen Zweck Gebrauch gemacht werden.

Anhang zur Sozialcharta

Persönlicher Geltungsbereich

Artikel 6 Abs. 4

Es besteht Einverständnis darüber, daß jede Vertragspartei für sich die Ausübung des Streikrechts durch Gesetz regeln kann, vorausgesetzt, daß jede weitere Einschränkung dieses Rechtes auf Grund des Artikels 31 gerechtfertigt werden kann.

D. Rechtsprechung

1. Grundsätze der Sozialadäquanz

Bundesarbeitsgericht
Großer Senat-Beschluß v. 28. 1. 1955[28]
(1 AZR 165/54)
— nur Leitsätze[29] —

1. Die rechtliche Bewertung des Streiks und des Arbeitskampfes überhaupt muß einheitlich erfolgen und seinem kollektiv-rechtlichen Wesen gerecht werden.

2. Bei dem legitimen gewerkschaftlichen Streik gibt diese Legitimität der Gesamtaktion ihr entscheidendes rechtliches Gepräge, so daß nicht nur die zum Streik auffordernde Gewerkschaft, sondern auch die daraufhin die Arbeit ohne Kündigung niederlegenden Arbeitnehmer nicht vertragswidrig und nicht rechtswidrig handeln.

3. Der von einer Gewerkschaft beschlossene, von den Arbeitnehmern ohne fristgemäße Kündigung durchgeführte legitime Streik um die Arbeitsbedingungen berechtigt die bestreikten Arbeitgeber nicht zur außerordentlichen fristlosen Einzelentlassung des einzelnen Arbeitnehmers oder mehrerer einzelner Arbeitnehmer wegen Vertragsverletzung ...

4. Bei dem legitimen Arbeitskampf gilt der Grundsatz der Kampfparität und der Freiheit der Wahl der Kampfmittel.

5. Die kollektivrechtlich legitime Aussperrung bedarf keiner Kündigung der Arbeitsverträge, und zwar weder einer befristeten, noch einer fristlosen Kündigung. § 123 Ziff. 3 GewO und die entsprechenden Vorschriften gelten nicht. Auch bestehen bei sofortiger Aussperrung zur Erreichung eines legitimen kollektiven Kampfzieles keine Vergütungsansprüche der Arbeitnehmer aus dem Gesichtspunkt des Annahmeverzugs.

[28] Fundstelle: Entscheidungen des Bundesarbeitsgerichts, Bd. 1, S. 291 ff.; Juristenzeitung, 1955, S. 387.

[29] Da die wesentlichen Gedanken dieser Entscheidung im unten D. 3 abgedruckten Beschluß des Großen Senats referiert werden, konnte von ihrem Abdruck an dieser Stelle abgesehen werden (d. Bearb.).

6. Der von einer Gewerkschaft ohne fristgemäße Kündigung der Arbeitsverhältnisse durchgeführte Streik um die Arbeitsbedingungen berechtigt die bestreikten Arbeitgeber, im Wege der kollektiven Abwehraussperrung die Arbeitsverhältnisse der streikenden Arbeitnehmer fristlos zu lösen.

7. Sperren die bestreikten Arbeitgeber gemäß Ziffer 6 aus, so steht die Wiedereinstellung der Arbeitnehmer nach Beendigung des Arbeitskampfes beim Fehlen einer Wiedereinstellungsklausel in ihrem unternehmerischen Ermessen. Dieses Ermessen darf jedoch nicht offensichtlich mißbräuchlich ausgeübt werden.

2. Friedenspflicht

Bundesarbeitsgericht
Urteil v. 31. 10. 1958 (1 AZR 632/57)[30]
— Leitsätze —

2) Eine Schlichtungsvereinbarung zwischen tariffähigen Parteien, die auch Bestimmungen über Friedenspflicht und Arbeitskämpfe, aber keine normativen Bestimmungen enthält, ist als Tarifvertrag anzusehen...

8) Als Kampfmaßnahmen sind — jedenfalls im Hinblick auf die Friedenspflicht — alle Maßnahmen anzusehen, die den Verhandlungspartner bewußt und gewollt unter den unmittelbaren Druck eingeleiteter Arbeitskämpfe setzen und damit seine Entschließungsfreiheit beeinträchtigen sollen. Das gilt auch für die eingeleiteten, die jederzeit mögliche unmittelbare Auslösung des Arbeitskampfes sich zum Ziel setzenden Maßnahmen. Darunter fällt der verlautbarte oder jedenfalls der Kampfpartei als verlautbart zuzurechnende Beschluß über die Streikurabstimmung, mit dem den Mitgliedern empfohlen wird, durch eine Urabstimmung sich für den Streik zu entschließen...

13) Wer einen tarifwidrigen Arbeitskampf beginnt, kann sich zum Ausschluß seines Verschuldens nicht ohne weiteres darauf berufen, daß er die Rechtslage unrichtig beurteilt hätte. Ein solcher Rechtsirrtum ist in der Regel vermeidbar. Pflicht

[30] Fundstelle: Entscheidungen des Bundesarbeitsgerichts, Bd. 6, S. 321 ff.; Neue Juristische Wochenschrift, 1959, S. 356.

der Tarifpartner ist es, im Hinblick auf die Folgen des Streiks sorgfältig zu prüfen, ob ihr Verhalten mit den Regeln eines Tarifvertrages und mit der Rechtsordnung vereinbar ist. Eine sorgfältige Prüfung in dieser Hinsicht setzt ein Abwägen des Für und Wider voraus. Wer einen Arbeitskampf entfesselt, muß damit rechnen, daß die von ihm vertretene Rechtsauffassung nicht zutrifft. Wird er gleichwohl aktiv, so muß er das Risiko tragen. Das gilt vor allem dann, wenn er durch eine ausdrückliche Erklärung seines Tarifpartners darauf hingewiesen ist, daß sein beabsichtigtes Verhalten tarifwidrig ist und die Gegenseite sich alle Schadenersatzansprüche vorbehält.

15) Ist in einer Schlichtungsvereinbarung klar erkennbar ein Unterbleiben der Einleitung von Arbeitskämpfen für eine bestimmte Zeit vereinbart, so ist nach dem Sinn des Vertrages die Unzulässigkeit des gegen diese Friedenspflicht eingeleiteten Arbeitskampfes eine definitive, keine bloße vorübergehende. Daher ist und bleibt der einmal unzulässig eingeleitete Kampf unzulässig, so daß seine weitere Durchführung auch nach Ablauf der Frist gegen die Friedenspflicht verstieß.

18) Wer unter Verletzung einer tariflichen Friedenspflicht eine Arbeitskampfmaßnahme ergreift, kann sich nicht darauf berufen, daß der Arbeitskampf auch ohne diese Verletzung in jedem Fall durchgeführt worden wäre, wenn sein Beginn vielleicht auch um eine geringe Zeit hinausgezögert worden wäre. Im Arbeitskampfrecht würden Vereinbarungen über eine Friedenspflicht illusorisch sein, wenn man sich zur Berücksichtigung eines möglichen anderen, und zwar dann zulässigen Streiks als Reserveursache herbeiließe.

3. Verhältnismäßigkeit

Bundesarbeitsgericht

Großer Senat, Beschluß v. 21. 4. 1971 (GS 1/68)[31]

— geringfügig gekürzter Wortlaut —

1. Arbeitskampfmaßnahmen stehen unter dem Gebot der Verhältnismäßigkeit.

[31] Fundstelle: Entscheidungen des Bundesarbeitsgerichts Bd. 23, S. 292 ff.

2. Streiks führen zur Suspendierung der Arbeitsverhältnisse. Auch Aussperrungen haben im allgemeinen nur suspendierende Wirkung.

3. Nach dem Gebot der Verhältnismäßigkeit kann eine Aussperrung mit lösender Wirkung zulässig sein. In einem solchen Fall hat der Arbeitnehmer nach Beendigung des Arbeitskampfes einen Wiedereinstellungsanspruch nach billigem Ermessen.

4. Insoweit werden die Rechtsgrundsätze der Entscheidung des Großen Senats vom 28. Januar 1955 — GS 1/54 — BAG 1, 291 ff. — abgeändert und fortentwickelt.

Teil I: Tatbestandlicher Teil

Die beklagte Kommanditgesellschaft betreibt die staatlich konzessionierten Spielbanken in Bad Neuenahr und Bad Dürkheim. Die Kläger — im Falle Nr. 7 deren Rechtsvorgänger (im folgenden kurz auch insoweit als Kläger bezeichnet) — waren seit längerer Zeit als Croupiers in der Spielbank Bad Neuenahr beschäftigt. Als Vergütung erhielten sie ein Gehalt, welches monatlich nach einem Punktsystem errechnet und dem gemeinsamen Tronc beider Spielbanken entnommen wurde. Es war ihnen jedoch ein Grundgehalt garantiert, das sich zuletzt für die Mehrzahl der Kläger auf 1600,— DM, 1400,— DM oder 1200,— DM belief. Alle Kläger sind Mitglieder der Gewerkschaft Handel, Banken und Versicherungen (HBV) im Deutschen Gewerkschaftsbund (DGB). Zwischen dieser Gewerkschaft und der Beklagten wurden in der Vergangenheit laufend Tarifverträge abgeschlossen. Die letzten Tarifverträge datierten vom 31. Dezember 1963. Diese wurden von der Beklagten fristgemäß zum 30. Juni 1965 gekündigt. Versuche der Gewerkschaft HBV, mit der Beklagten neue Tarifverträge abzuschließen, blieben ohne Ergebnis. Die letzte Tarifverhandlung fand am 11. November 1966 statt.

Verhandlungen der Beklagten mit der Deutschen Angestellten-Gewerkschaft (DAG) führten im Herbst 1966 mit dem Abschlußdatum vom 17. November 1966 zum Abschluß eines Tarifvertrages, der den Inhalt der früheren Tarifverträge mit der Gewerkschaft HBV im wesentlichen übernahm. Die Beklagte hat diesen Tarifvertrag nach ihren Angaben am 16. Dezember 1966 unterschrieben. Von diesem Tarifvertrag erfuhren die Kläger und die Landesbezirksleitung der Gewerkschaft HBV am 22. Dezember 1966. Mit Schreiben von demselben Tage teilte die Gewerkschaft HBV der Beklagten mit, sie betrachte die Tarifverhandlungen als gescheitert und fühle sich an die

Friedenspflicht nicht mehr gebunden. Gleichzeitig forderte sie nochmals den Abschluß eines neuen Tarifvertrages und setzte dafür unter Androhung eines Arbeitskampfes eine Frist bis 24. Dezember 1966, 12 Uhr. Ein Tarifvertrag kam innerhalb der Frist nicht zustande. Daraufhin ließ die Gewerkschaft HBV am 27. Dezember 1966 in Bad Neuenahr und am 29. Dezember 1966 in Bad Dürkheim eine Urabstimmung über die Einleitung von Kampfmaßnahmen durchführen. Die satzungsgemäß erforderliche Dreiviertelmehrheit wurde dabei überschritten. Am 30. Dezember 1966 beschloß der Hauptvorstand der Gewerkschaft HBV, für die Arbeitnehmer der Beklagten in Bad Neuenahr zum Abschluß eines neuen Tarifvertrages einen befristeten Streik vom 31. Dezember 1966, 13 Uhr, bis 2. Januar 1967, 8 Uhr, auszurufen (1. Streik). Der Streik wurde ausgerufen und durchgeführt. Die Kläger beteiligten sich an dem Streik. Zu Verhandlungen mit der Beklagten kam es nicht. In der Spielbank Bad Neuenahr hielt die Beklagte einen Notbetrieb aufrecht.

Nach Beendigung des Streiks unterbreitete die Gewerkschaft HBV am Vormittag des 2. Januar 1967 der Beklagten ein neues Verhandlungsangebot, ohne darauf eine Antwort zu erhalten. Der Hauptvorstand der Gewerkschaft HBV beschloß daraufhin einen weiteren Streik auf 2. Januar 1967, 13 Uhr, zunächst befristet bis 9. Januar 1967, 8 Uhr (2. Streik). Der Streik wurde ausgerufen und der Beklagten vor 13 Uhr bekanntgegeben. Die Kläger beteiligten sich auch an diesem Streik.

Die Beklagte stellte nunmehr ihren Betrieb in Bad Neuenahr ein. Sie sandte an die Streikleitung ein Telegramm, das am 2. Januar 1967 nach 18 Uhr dort einging und folgenden Inhalt hatte (1. Aussperrung):

„Betrifft: Ihr Streikbeschluß vom 2. Januar 1967. Hiermit werden alle Arbeitnehmer, die an dem von Ihnen ausgerufenen Streik in Bad Neuenahr beteiligt sind, mit sofortiger Wirkung ausgesperrt."

Noch an demselben Tage wurde jedem einzelnen Streikenden folgendes Schreiben zugestellt:

„Wir haben heute der Streikleitung der HBV folgendes dringendes Telegramm übersandt:

— folgt Text des Telegrammes vom 2. Januar 1967 —

Auch für Sie ist damit Ihr Arbeitsverhältnis mit Wirkung vom heutigen Tage beendet. Das Betreten der Betriebsräume und Betriebsstätten wird Ihnen hiermit ab sofort untersagt. Wir machen Sie darauf aufmerksam, daß Ihre sämtlichen Pflichtversicherungen ruhen, und stellen Ihnen anheim, eine freiwillige Versicherung abzuschließen."

Ab 7. Januar 1967, 15 Uhr, wurde auch der Betrieb der Beklagten in Bad Dürkheim bestreikt, und zwar bis 9. Januar 1967, 2 Uhr.

In Bad Neuenahr endete der zweite Streik am 9. Januar 1967, 8 Uhr. Gegen 10.15 Uhr an diesem Tag fand durch Vermittlung des Bürgermeisters R. in dessen Gegenwart eine Unterredung zwischen dem Direktor K. und dem Prokuristen v. d. G. von der Beklagten und dem Gewerkschaftssekretär N. vom DGB statt. Bei diesem Gespräch lehnte es K. ab, eine Abordnung der Streikenden oder der Tarifkommission zu empfangen, bot aber an, die Streikenden einzeln zu empfangen und mit ihnen Einzelarbeitsverträge abzuschließen. Auf Wunsch von N. übergab er diesem ein Muster der vorgesehenen neuen Verträge. K. erklärte, er könne jedoch nicht verbindlich sagen, ob alle Streikenden wieder eingestellt würden, denn er habe während des Streiks neues Personal einstellen müssen, wodurch ein Teil der Stellen besetzt sei. Kurz nach dieser Unterredung teilte die Beklagte dem Bürgermeister R. telefonisch mit, die Arbeitswilligen brauchten keinen schriftlichen Arbeitsvertrag zu unterschreiben, es werde ihnen lediglich ein Bestätigungsschreiben über die Wiederaufnahne der Arbeit ausgehändigt. Der Inhalt dieses Telefongesprächs wurde der Streikleitung sogleich mitgeteilt.

Durch einen Portier ließ die Beklagte am 9. Januar 1967 einen Handzettel mit folgendem Wortlaut an die Streikenden verteilen:

„Hinweis!

An einer Wiedereinstellung interessierte Herren wollen bitte in der Personalabteilung vorstellig werden."

An demselben Tage gab die Beklagte der Presse folgende Mitteilung:

„Die Direktion der Spielbank teilt mit, daß sie nach Ablauf des Streiks am Montag, dem 9. Januar 1967, 8 Uhr, allen Arbeitswilligen angeboten hat, in der Personalabteilung zwecks Arbeitsaufnahme und Wiedereinstellung vorstellig zu werden, wobei sie nicht die Absicht hat, die wohlerworbenen Rechte des vorherigen Vertrages anzutasten."

An alle Streikenden richtete die Beklagte am 10. Januar 1967 folgendes Schreiben:

„Nach Ihren eigenen Mitteilungen ist der Streik seit gestern vormittag 8 Uhr bzw. 2 Uhr beendet. Trotzdem hat sich noch niemand von Ihnen für eine eventuelle Neueinstellung angemeldet, obwohl wir dies in entsprechender Weise kundgetan hatten. Um alle Unklarheiten zu beseitigen, ersuchen wir deshalb hiermit alle diejenigen, die eine Neueinstellung wünschen, sich unverzüglich im Personalbüro deswegen anzumelden. Das Personalbüro wird dann diese Anmeldungen entgegennehmen und den Betreffenden umgehend einen schriftlichen Bescheid über ihre evtl. Wiedereinstellung zukommen lassen."

In einer von der Beklagten auch den Klägern zugesandten Mitteilung für die Presse vom 11. Januar 1967 heißt es u. a.:

„...

Nach wie vor steht es jedem Streikteilnehmer frei, im Personalbüro vorzusprechen. Die Wiedereinstellung ist an keinerlei Bedingung geknüpft und gewährt das Fortbestehen der wohlerworbenen Rechte. Diskriminierungen jeglicher Art sind ebenfalls ausgeschlossen, und es wird keine Unterschrift unter einen neuen Vertrag verlangt.

..."

Am 13. Januar 1967 führte die Gewerkschaft HBV eine Urabstimmung über die Fortsetzung des Arbeitskampfes durch, die eine qualifizierte Mehrheit dafür ergab. Daraufhin beschloß der Vorstand der Gewerkschaft HBV einen unbefristeten Streik ab 18. Januar 1967, 15 Uhr (3. Streik). Der Streikbeschluß wurde der Beklagten mitgeteilt, der Streik ausgerufen und durchgeführt. Die Kläger beteiligten sich daran. Die Beklagte erwiderte unter dem 18. Januar 1967 telegrafisch, sie halte die Aussperrung vom 2. Januar 1967 nach wie vor für gültig, sperre jedoch vorsorglich alle am Streik Beteiligten mit Lösungswirkung aus (2. Aussperrung). Der Inhalt des Telegramms wurde jedem einzelnen streikenden Arbeitnehmer mit Schreiben vom 18. Januar 1967 mitgeteilt.

Der Streik wurde am 21. Januar 1967, 8 Uhr, beendet. Das Ende des Streiks wurde der Beklagten mit Telegrammen vom 21. Januar 1967, 1 Uhr und 2 Uhr, mitgeteilt. Diese enthielten auch das Angebot der Arbeitnehmer, ihre Tätigkeit bei der Beklagten wieder aufzunehmen. Die 27 Kläger erklärten sich außerdem teils persönlich, teils durch bevollmächtigte Vertreter schriftlich bei der Beklagten zur Wiederaufnahme der Arbeit im Laufe des 21. Januar 1967 (Samstag) bereit.

In der Zeit vom 18. bis zum Mittag des 21. Januar 1967 meldeten sich auch die übrigen Streikenden bei der Beklagten, um die Arbeit wieder aufzunehmen. Sie wurden sofort zu den früheren Bedingungen wieder eingestellt. Es wurde ihnen ein Schreiben folgenden Inhalts ausgehändigt:

„Wir haben zur Kenntnis genommen, daß Sie nach Streik und Aussperrung wieder ein Arbeitsverhältnis mit uns begründen wollen. Hiermit stellen wir Sie in Ihrer alten Position zu den Bedingungen Ihres alten Arbeitsvertrages neu ein. Mit Aufnahme der Arbeit erkennen Sie an, daß die Bedingungen Ihres alten Arbeitsverhältnisses auch für die Zukunft für Sie in vollem Umfange rechtsverbindlich sind."

Die Kläger wurden dagegen nicht weiterbeschäftigt und auch nicht neu eingestellt. Sie erhielten folgendes Schreiben der Beklagten vom 23. Januar 1967:

„Wir besitzen Ihr Wiedereinstellungsgesuch vom 21. Januar 1967, das am Sonnabend, dem 21. Januar 1967, nachmittags, bei unseren Telefonisten abgegeben wurde, und müssen Ihnen mitteilen, daß die noch vorhandenen Einstellungsmöglichkeiten zu diesem Zeitpunkt bereits erschöpft waren. Wir bedauern, Ihnen keinen besseren Bescheid geben zu können, dürfen aber darauf hinweisen, daß wir Sie mehrfach zur Neubegründung Ihres Arbeitsplatzes ergebnislos aufgefordert hatten."

In der Zeit vom 4. bis 30. Januar 1967 ergänzte die Beklagte ihr spieltechnisches Personal, indem sie 19 Croupiers teils neu verpflichtete, teils aus den Reihen ihres sonstigen Personals und der Aushilfskräfte übernahm. Acht Teilnehmern an einem Ausbildungslehrgang für Croupiers stellte die Beklagte am 11. Januar 1967 bei Erbringung genügender Leistungen eine Festanstellung in Aussicht und gab ihnen am 21. Februar 1967 die Zusicherung, sie fest anzustellen, falls sie das bisher im Kursus gezeigte Niveau beibehielten.

Die Kläger sind der Auffassung, die Aussperrungen vom 2. und 18. Januar 1967 seien rechtswidrig und deshalb unwirksam. Sie haben Klage erhoben und eine entsprechende Feststellung sowie die Zahlung der Garantiegehälter für Februar 1967 begehrt.

... Mit der Revision verfolgen die Kläger ihr Klageziel weiter. Die Revision rügt die Verletzung formellen und materiellen Rechts.

Der zur Entscheidung über die Revision zuständige Erste Senat hat durch Beschluß vom 3. September 1968 (AP Nr. 39 zu Art. 9 GG Arbeitskampf) dem Großen Senat die folgende Rechtsfrage zur Beantwortung vorgelegt:

„Hält der Große Senat an seiner bisher vertretenen Auffassung fest, daß der Arbeitgeber einem von der Gewerkschaft geführten legalen Streik mit einer die Arbeitsverhältnisse lösenden Aussperrung begegnen kann, oder billigt der Große Senat die Auffassung, daß der Arbeitgeber durch Aussperrung die Arbeitsverhältnisse nur suspendieren kann?"

... Der Große Senat des Bundesarbeitsgerichts hat am 20. Januar 1971 über die ihm vorgelegte Rechtsfrage mündlich verhandelt.

Teil II: Fragestellung, Entwicklung und Kritik

A. Fragestellung

Der Große Senat hat seine Zuständigkeit geprüft und hält sie jedenfalls gemäß § 45 Abs. 2 Satz 2 ArbGG für gegeben.

Der Große Senat geht davon aus, daß er nicht darauf beschränkt ist, die vorgelegte Rechtsfrage lediglich mit „ja" oder mit „nein" zu beantworten, sondern daß er befugt ist, im Interesse der Fortbildung des Rechts und der Sicherung einer einheitlichen Rechtsprechung eine differenziertere Antwort zu geben.

... Nach der Beschlußformel des Ersten Senats wird nicht nach den Rechtswirkungen eines legalen Streiks der Arbeitnehmer gefragt — insoweit will der Erste Senat offenbar an der grundlegenden Entscheidung vom 28. Januar 1955 (Teil I) festhalten —, sondern es sollen lediglich die Ausführungen in Teil II und III des damaligen Beschlusses über die Rechtswirkungen einer Aussperrung des Arbeitgebers erneut überprüft werden.

Der Große Senat hält an den Grundgedanken über den kollektiven Charakter des Sreiks fest. Nach Ablauf von 16 Jahren muß aber die gesamte Problematik des Arbeitskampfrechts neu überdacht werden, soweit dies sachdienlich erscheint.

B. Entwicklung der Rechtsprechung

1. Während nach der bis zum Jahre 1933 herrschenden Meinung Arbeitskampfmaßnahmen eine Verletzung der Arbeitsverträge darstellen, sofern nicht unter Einhaltung der Kündigungsfristen gekündigt wurde, bekannte sich der Beschluß des Großen Senats vom 28. Januar 1955 zu einer grundlegenden Änderung der Rechtsauffassung. Er enthält kurz zusammengefaßt folgende Gedankengänge, soweit sie für die erneute Vorlage des Ersten Senats von Bedeutung sind, und zwar zunächst zum Streik (Teil I):

Der Streik sei nicht als Bruch des Arbeitsvertrages anzusehen. Arbeitskämpfe seien zwar unerwünscht, aber zugelassen, soweit sie sozialadäquat seien. Beim legitimen gewerkschaftlichen Streik gebe diese Legitimität der Gesamtaktion ihr entscheidendes rechtliches Gepräge; weder die Gewerkschaften noch die ihre Arbeit ohne Kündigung niederlegenden Arbeitnehmer handelten rechtswirig (Ziff. I 4). In der Rechtswirklichkeit wollten die Streikenden die Arbeitsverhältnisse nur suspendieren, nicht lösen (Ziff. I 6). Mit Streiks müsse auch der Arbeitgeber immer rechnen; auch deshalb liege kein Vertragsbruch der Arbeitnehmer vor. Bei den Arbeitgeberverbänden gelte dasselbe. Der Arbeitgeber habe auch kein schutzwertes Interesse, Arbeitnehmer nur wegen der Streikbeteiligung fristlos zu entlassen; das führe leicht zu Mißbräuchen, zu unnötiger Verbitterung und widerspreche dem kollektiven Wesen des Streiks. Schließlich wird unter Ziff. I 7 des Beschlusses ausgeführt, ältere gesetzliche Bestimmungen, die bei Arbeitskämpfen von der Möglichkeit einer fristlosen Kündigung ausgingen (§ 19 Abs. 5 SchwBeschG), stünden einer geläuterten Rechtsauffassung nicht im Wege. Der Arbeitgeber sei somit zur fristlosen Einzelentlassung streikender Arbeitnehmer wegen Arbeitsvertragsbruchs nicht berechtigt.

In Teil II des Beschlusses geht der Große Senat zur Erörterung der Abwehrkampfmaßnahmen des Arbeitgebers über. Die Kampfmittel beider Seiten dürften nicht ungleich behandelt werden; das gebiete der Grundsatz der Waffengleichheit, der Kampfparität (Ziff. II 1). Es gelte aber auch der Grundsatz der Freiheit der Kampfmittel im Rahmen des historisch Überkommenen. Dem Streik der Gewerkschaften entspreche die Aussperrung. Deren rechtliches Wesen sei von der individualrechtlichen Auffassung genau so verkannt worden wie das des Streiks (Ziff. II 2). Auch die Aussperrung, selbst die seitens des einzelnen Arbeitgebers, sei Kollektivakt. Es bedürfe daher keiner Kündigung der Arbeitsverträge. Das Kampfmittel der Arbeitgeberseite werde aber nicht richtig verstanden, wenn man es nur als Suspendierung der Lohnzahlungspflicht des Arbeitgebers ansehe und nicht als Lösung der Arbeitsverhältnisse (Ziff. II 3). Die Aussperrung sei von jeher Lösung der Arbeitsverhältnisse und habe sich historisch so entwickelt, wenn auch in der Form der individualrechtlichen Kündigung. Selbst wenn man aber die Lösungswirkung nicht als begriffswesentlich für die Aussperrung ansehe, so sei der Arbeitgeber doch nicht darauf beschränkt, Aussperrungen mit suspendierender Wirkung auszusprechen. Dem stehe der Grundsatz der Freiheit der Kampfmittel und das Prinzip der Kampfparität entgegen. Gegenüber schon streikenden Arbeitnehmern sei eine Abwehraussperrung lediglich mit Suspensivwirkung sinnlos. Der Arbeitgeber hätte dann überhaupt kein Kampfmittel. Er müsse jedoch in der Lage sein, den Arbeitnehmern das volle Risiko der Lösung der Arbeitsverhältnisse vor Augen zu führen, ohne von vornherein eine rechtliche Verpflichtung zu übernehmen, die Arbeitnehmer unter allen Umständen wieder einzustellen. Die sachgemäße Verteilung des Risikos des

Arbeitskampfes sei nicht nur ein Gebot der Kampfparität, sondern auch staatspolitische Notwendigkeit, um Arbeitskämpfe nicht zu erleichtern. Schließlich stellt der Große Senat unter Teil II abschließend fest, die Annahme, die Aussperrung müsse deshalb suspendierend sein, weil der Streik auch nur suspendiere, verkenne die Interessenlage, wie sie insbesondere bei der Abwehraussperrung bestehe, und das Prinzip der Freiheit der Kampfmittel.

In einem letzten Teil III befaßt sich der Große Senat mit der Frage einer Wiedereinstellung ausgesperrter Arbeitnehmer nach dem Ende des Arbeitskampfes. Der Große Senat hat eine allgemeine Wiedereinstellungspflicht abgelehnt. Das wird wiederum aus den Prinzipien der Kampfparität, des Kampfrisikos und auch aus dem Grundsatz der Vertragsfreiheit abgeleitet. Die Wiedereinstellungen sollen im unternehmerischen Ermessen des Arbeitgebers liegen (Ziff. III 3), wobei sich aber unter Umständen eine Wiedereinstellungspflicht ergeben könne, da zum Begriff der Aussperrung die Absicht des Arbeitgebers zur späteren Wiedereinstellung der Arbeitnehmer gehöre. Rechtlich gesehen handele es sich um die kollektive Aufforderung an die Arbeitnehmer, dem Arbeitgeber Offerten zur Erneuerung der Arbeitsverträge zu machen. Jeder Arbeitnehmer könne als Glied der ausgesperrten Gruppe seine Arbeit wieder anbieten. Der Arbeitgeber wiederum dürfe die Chance der Arbeitnehmer, wieder in den Betrieb zu kommen, „nicht offensichtlich mißbräuchlich vernichten". Es liege aber kein Mißbrauch vor, wenn der Arbeitgeber andere Arbeitnehmer einstelle oder den Betrieb rationalisiere. Bei der Auswahl der wiedereinzustellenden Arbeitnehmer brauchten nicht die Maßstäbe des § 1 Abs. 3 KSchG zugrunde gelegt zu werden.

2. Der Erste Senat hat im Anschluß an die Entscheidung des Großen Senats vom 28. Januar 1955 eine Reihe weiterer Fälle aus dem Arbeitskampfrecht entschieden und sich dabei mit den Wirkungen einer Aussperrung befaßt. In dem Verfahren 1 AZR 165/54, das Anlaß zu dem Beschluß vom 28. Januar 1955 war, ist der Erste Senat von den neu aufgestellten Grundsätzen ausgegangen (das Urteil vom 25. Mai 1955 ist nicht veröffentlicht worden). In einem weiteren Urteil vom 5. September 1955 (AP Nr. 3 zu Art. 9 GG Arbeitskampf) bemerkt das Bundesarbeitsgericht, eine Kündigung durch den Arbeitgeber nach dem Ende des Streiks stelle eine klare Einzelmaßnahme dar; die Abwehrkampfmaßnahme der Aussperrung setze voraus, daß der Arbeitskampf selbst noch geführt werde. Das Urteil vom 27. September 1957 (AP Nr. 6 a.a.O.) baut die bisherige Rechtsprechung dahin aus, die Gesamtlösung der Arbeitsverhältnisse bei der legitimen Aussperrung könne sich auch auf Arbeitnehmer

erstrecken, die wegen Krankheit oder Urlaub nicht am Streik teilgenommen hätten. Auch wenn der Arbeitgeber entsprechend dem früheren Sprachgebrauch von Kündigungen rede, so liege doch keine Kündigung vor, sondern ein Lösungstatbestand „sui generis". Nach der folgenden Entscheidung vom 14. Oktober 1960 (BAG 10, 88 = AP Nr. 10 a.a.O.) kann eine Aussperrung statt durch einen einheitlichen Akt auch zeitlich nacheinander in einem angemessenen Zeitraum durchgeführt werden, sofern der einheitliche, auf Lösung der Arbeitsverhältnisse gerichtete Kampfentschluß deutlich bleibe. Der Erste Senat betont anläßlich dieser Entscheidung, der Wille des Arbeitgebers zur Wiedereinstellung nach Ende der Aussperrung brauche nicht ausdrücklich erklärt zu werden; er verstehe sich von selbst.

Besondere Probleme tauchten in einem Fall auf, in dem dem Mutterschutzgesetz unterliegende streikbeteiligte Arbeitnehmerinnen ausgesperrt worden waren. Das Bundesarbeitsgericht hat in seinem Urteil vom 19. Oktober 1960 (BAG 10, 111 = AP Nr. 11 a.a.O.) erklärt, es halte zwar an der Auffassung fest, daß auch bei werdenden Müttern und Wöchnerinnen die Aussperrung als Lösungstatbestand eigener Art zur Beendigung des Arbeitsverhältnisses führe. Die in Art. 6 Abs. 4 GG und im Mutterschutzgesetz zum Ausdruck gekommenen Grundsätze gehörten aber zu den tragenden Rechtsgedanken des deutschen Arbeitsrechts. Daher habe der Arbeitgeber im Regelfall eine besondere sittliche und auch rechtliche Pflicht, diese Arbeitnehmerinnen wieder einzustellen. Mit demselben Personenkreis befaßte sich der Erste Senat nochmals im Urteil vom 25. Januar 1963 (BAG 14, 52 = AP Nr. 24 a.a.O.). In diesem Fall waren die Arbeitnehmerinnen nicht am Streik beteiligt. Gleichwohl wurde es für zulässig angesehen, auch diese Frauen auszusperren; das Bundesarbeitsgericht verlangte aber eine alsbaldige Wiedereinstellung entsprechend § 19 Abs. 5 SchwBeschG[32].

In dem Urteil vom 6. Dezember 1963 (BAG 15, 145 = AP Nr. 31 a.a.O. ging es um die Beurteilung einer lösenden Abwehraussperrung, bei der der Arbeitgeber zugleich mit der Aussperrungserklärung die Arbeitnehmer aufgefordert hatte, ihre Arbeitskraft sofort wieder anzubieten. Der Erste Senat läßt die erneut aufgeworfene Frage dahingestellt, ob der Abwehraussperrung wirklich lösende oder etwa nur suspendierende Wirkung zukomme. Jedenfalls bedeute hier die Erklärung des Arbeitgebers ein Ultimatum, aus dem sich ergebe, daß er nicht den Willen gehabt habe, nach dem Ende des

[32] Leitsätze abgedruckt unten III. C. 1, b (d. Bearb.).

Streiks über eine Wiederbeschäftigung zu verhandeln. Wörtlich heißt es: „Eine solche endgültige Lösung ist aber mit einer Abwehraussperrung im Sinne der Rechtsprechung des Großen Senats nicht zu vereinbaren". Die Abwehraussperrung sei deshalb unwirksam. Die letzte einschlägige Entscheidung des Ersten Senats stammt vom 15. Juni 1964 (BAG 16, 123 = AP Nr. 36 a.a.O.). Es ging in diesem Rechtsstreit um einen Urlaubsabgeltungsanspruch für das abgelaufene Kalenderjahr nach Ausscheiden des Arbeitnehmers aufgrund eigener Kündigung im folgenden Kalenderjahr. Die Höhe des Abgeltungsanspruchs hing auch davon ab, ob der Zeitraum einer Aussperrung vom Oktober bis zum Jahresende miteinzubeziehen war oder nicht. Das Bundesarbeitsgericht hat dem Abgeltungsverlangen in vollem Umfang entsprochen, da auch die lösende Aussperrung nicht alle auf dem Arbeitsverhältnis beruhenden Bande zwischen dem aussperrenden Arbeitgeber und dem ausgesperrten Arbeitnehmer löse.

C. Kritik und ihre Berechtigung

1. Diese Rechtsprechung, und zwar sowohl der Beschluß des Großen Senats vom 28. Januar 1955 als auch die weiteren Entscheidungen des Ersten Senats zum Arbeitskampfrecht haben in der Literatur Zustimmung (vgl. die Nachweise bei Hueck-Nipperdey, Lehrbuch des Arbeitsrechts, 7. Aufl., Bd. II 2, § 47 Anm. 43 b, S. 936 f.; ferner Richardi, RdA 1970, 65 ff. [72]; Säcker, Betrieb 1969, 1890 ff., 1940 ff.), aber auch Kritik erfahren (Hueck-Nipperdey, a.a.O., Anm. 43 e mit Nachweisen; ferner van Gelder-Böttner, ArbuR 1970, 35 ff.; Söllner, Betrieb 1969, 838 f.; Wiedemann, RdA 1969, 321 [331 ff.]). In zunehmendem Maße wurde der Rechtsprechung zum Arbeitskampfrecht der Vorwurf gemacht, sie sei widersprüchlich und beruhe nicht mehr auf einem logisch befriedigenden System. Der Erste Senat hebt in seinem Vorlagebeschluß ferner hervor, es bestehe die Gefahr der Rechtsunsicherheit.

2. In der Tat lassen sich unter Zugrundelegung des Beschlusses vom 28. Januar 1955 mit dessen Lösungstheorie u. a. die folgenden vier Probleme nicht befriedigend entscheiden:

a) Der Arbeitskampf dient der Erreichung bestimmter Kampfziele, regelmäßig dem Abschluß eines Tarifvertrages (BAG 2, 75 [77] = AP Nr. 2 zu Art. 9 GG Arbeitskampf; Brox, Festschrift für Nipperdey, 1965, S. 55 [58]; Hueck-Nipperdey, Lehrbuch a.a.O., § 47 A II, S. 870, 888 ff.). Nach Erreichung dieses Ziels oder dem Abbruch des Arbeitskampfes soll die Arbeit jedoch zu den neuen oder auch den bisherigen Bedingungen fortgesetzt werden. Deshalb ist jeder Arbeitskampf nach Zweck und Ziel nur auf eine vorübergehende

Unterbrechung der beiderseitigen Rechte und Pflichten angelegt. Damit ist aber nicht zu vereinbaren, daß Arbeitskämpfe ohne weiteres lösende Wirkung haben. Denn dann führen sie nicht zur Fortsetzung der Arbeitsverhältnisse, sondern zu deren Beendigung.

b) Die Lösungstheorie kann nicht erklären, wieso die Ämter der Betriebsratsmitglieder und der aus den Unternehmen kommenden Arbeitnehmervertreter im Aufsichtsrat während des Arbeitskampfes fortbestehen. Die Funktionsfähigkeit dieser Gremien kann aber gerade in einem Arbeitskampf auch für den Arbeitgeber besonders wichtig sein.

c) Die Arbeitnehmer verlieren bei echter Lösung der Arbeitsverhältnisse ihre betrieblichen Anwartschaftsrechte sowie den Schutz nach dem Kündigungsschutz- und dem Mutterschutzgesetz. Diese Rechtsfolgen gehen weit über das hinaus, was als rechtmäßiges Ziel eines Arbeitskampfes bezeichnet werden kann.

d) Das rechtliche Gebot, Erhaltungsarbeiten auszuführen, kann nicht begründet werden, wenn alle Pflichten, nicht nur die normalen Hauptpflichten, aus dem Arbeitsverhältnis entfallen.

3. Hinzu kommt die Fortentwicklung des Arbeitsrechts in den letzten 16 Jahren. Im Rahmen der stärkeren Hervorhebung des Gedankens des sozialen Rechtsstaates (Art. 20 Abs. 1, Art. 28 Abs. 1 GG) haben Gesetzgebung und Rechtsprechung den Bestandsschutz des Arbeitsplatzes ausgedehnt. In diesem Zusammenhang sei nur an die Verlängerung der Kündigungsfristen in § 622 Abs. 2 BGB und vor allem an die neu eingeführte Möglichkeit erinnert, daß der Arbeitnehmer eine ausgesprochene Änderungskündigung isoliert mit der Kündigungsschutzklage angreifen kann, ohne den Bestand des Arbeitsverhältnisses zu gefährden (§§ 2, 8 KSchG n. F.). Das Bundesarbeitsgericht hat von Anfang an in ständiger Rechtsprechung der Umgehung des Kündigungsschutzes der Arbeitnehmer Grenzen gesetzt (vgl. BAG 1, 128 [132] = AP Nr. 7 zu § 1 KSchG und BAG 1, 136 [138] = AP Nr. 1 zu § 620 BGB Befristeter Arbeitsvertrag; BAG 1, 185 [193] = AP Nr. 2 zu § 13 KSchG). Dem Bestandsschutz des Arbeitsverhältnisses dient auch die Einengung der dem Arbeitgeber eingeräumten Gestaltungsfreiheit bei der Bestimmung vertraglicher Leistungen, die an sich ohne Ausspruch einer Änderungskündigung modifiziert werden könnten. Das Bundesarbeitsgericht tendiert seit einigen Jahren zu einer Verstärkung der richterlichen Billigkeitskontrolle und prüft regelmäßig nicht nur nach, ob ein Widerruf etwa ermessensmißbräuchlich war, sondern darüber hinaus, ob die Änderung billigem Ermessen i. S. des § 315 BGB entspricht (vgl. BAG AP Nr. 10 zu § 315 BGB; AP Nr. 5 zu § 611 BGB

Lohnzuschläge Ziff. 3 b; AP Nr. 8 zu § 611 BGB Fleischbeschauer-Dienstverhältnis Ziff. II 2; BAG 22, 252 [266 ff.] = AP Nr. 142 zu § 242 BGB Ruhegehalt [Ziff. B IV 3]; AP Nr. 144 zu § 242 BGB Ruhegehalt Ziff. II 1 b; Urteil vom 21. Dezember 1970 — 3 AZR 510/69 —, BAG 23, 160 = AP Nr. 1 zu § 305 BGB Billigkeitskontrolle, und Urteil vom 22. Dezember 1970 — 3 AZR 52/70 — AP Nr. 2 zu § 305 BGB Billigkeitskontrolle sowie Urteil vom 7. Januar 1971 — 5 AZR 92/70 — AP Nr. 12 zu § 315 BGB). Der Beschluß des Großen Senats vom 28. Januar 1955 wollte aber für seinen Bereich nach dem letzten Satz seiner Gründe einen Wiedereinstellunganspruch nur bei „offensichtlichem Mißbrauch des Ermessens" gewähren.

Teil III: Erwägungen des Großen Senats

Der Entscheidung des Großen Senats liegen die folgenden Überlegungen zugrunde.

A. Gebot der Verhältnismäßigkeit

1. Die Lösungstheorie im Beschluß vom 28. Januar 1955 vermag vor allem die gekennzeichneten vier Probleme deshalb nicht befriedigend zu entscheiden, weil im Arbeitskampfrecht überhaupt — also für Aussperrungen und Streiks — nicht alle rechtlichen Wertvorstellungen genügende Beachtung gefunden haben.

Arbeitskämpfe müssen zwar nach unserem freiheitlichen Tarifvertragssystem möglich sein, um Interessenkonflikte über Arbeits- und Wirtschaftsbedingungen im äußersten Fall austragen und ausgleichen zu können. In unserer verflochtenen und wechselseitig abhängigen Gesellschaft berühren aber Streik wie Aussperrung nicht nur die am Arbeitskampf unmittelbar Beteiligten, sondern auch Nichtstreikende und sonstige Dritte sowie die Allgemeinheit vielfach nachhaltig. Arbeitskämpfe müssen deshalb unter dem obersten Gebot der Verhältnismäßigkeit stehen. Dabei sind die wirtschaftlichen Gegebenheiten zu berücksichtigen, und das Gemeinwohl darf nicht offensichtlich verletzt werden. Diese Gesichtspunkte hat das Bundesarbeitsgericht wegen der möglichen tiefgreifenden wirtschaftlichen und sozialen Folgen von Arbeitskämpfen sowie im Hinblick auf die Verantwortung der Tarifvertragsparteien gegenüber der Allgemeinheit schon mehrfach betont (vgl. zuletzt BAG 20, 175 [195] = AP Nr. 13 zu Art. 9 GG Ziff. IV 5).

2. Das führt im wesentlichen zu drei Folgerungen:

a) Arbeitskämpfe dürfen nur insoweit eingeleitet und durchgeführt werden, als sie zur Erreichung rechtmäßiger Kampfziele und des nachfolgenden Arbeitsfriedens geeignet und sachlich erforderlich sind. Jede Arbeitskampfmaßnahme — sei es Streik, sei es Aussperrung — darf ferner nur nach Ausschöpfung aller Verständigungsmöglichkeiten ergriffen werden; der Arbeitskampf muß also das letzte mögliche Mittel (ultima ratio) sein (vgl. BAG 1, 291 [309] = AP Nr. 1 zu Art. 9 GG Arbeitskampf[33], BAG 12, 184 [190] = AP Nr. 13 zu § 2 TVG; BAG 15, 211 = AP Nr. 34 zu Art. 9 GG Arbeitskampf, Ziff. III 2 a; Hueck-Nipperdey, Lehrbuch a.a.O., § 47 B VI 2, S. 939—944 und § 49 B II 7, a—d, S. 1023—1025). Deshalb ist auch ein Schlichtungsverfahren erforderlich.

b) Auch bei der Durchführung des Arbeitskampfes selbst, und zwar sowohl beim Streik als auch bei der Aussperrung, ist der Grundsatz der Verhältnismäßigkeit zu beachten. Die Mittel des Arbeitskampfes dürfen ihrer Art nach nicht über das hinausgehen, was zur Durchsetzung des erstrebten Zieles jeweils erforderlich ist. Das Prinzip der Verhältnismäßigkeit betrifft also nicht nur Zeitpunkt und Ziel, sondern auch die Art der Durchführung und die Intensität des Arbeitskampfes. Der Arbeitskampf ist deshalb nur dann rechtmäßig, wenn und solange er nach Regeln eines fairen Kampfes geführt wird. Ein Arbeitskampf darf nicht auf Vernichtung des Gegners abstellen, sondern er hat den gestörten Arbeitsfrieden wieder herzustellen.

c) Nach beendetem Arbeitskampf müssen wegen des Grundsatzes der Verhältnismäßigkeit beide Parteien ebenfalls dazu beitragen, daß sobald wie möglich und in größtmöglichem Umfang der Arbeitsfriede wieder hergestellt wird.

3. Entsprechende Regeln können einmal in den Satzungen der Koalitionen festgelegt werden, wie das zum Beispiel für das

[33] Leitsätze abgedruckt oben unter 1 (d. Bearb.).

Urabstimmungsverfahren schon jetzt allgemeine Praxis ist. Darüber hinaus sind Vereinbarungen zwischen den Tarifvertragsparteien über die Austragung der Interessengegensätze erforderlich. Solche Regelungen und Vereinbarungen sind grundsätzlich ähnlich dem Vorrangprinzip des Tarifvertrages gegenüber gesetzlichen Vorschriften anzuerkennen. Sie zu setzen ist in erster Linie Recht und Pflicht der Tarifvertragsparteien als Ausfluß der Tarifautonomie. Die Koalitionen müssen den von der staatlichen Gesetzgebung freigehaltenen Raum gerade im Interesse der Aufrechterhaltung der Tarifautonomie und als ein Gebot derselben durch Aufstellung von verbindlichen Regeln ausfüllen. Das erfordert zudem die Rücksicht auf die wirtschaftliche Gesamtlage. Vor allem ist es Sache der Tarifvertragsparteien, ein Schlichtungsverfahren des näheren zu vereinbaren; sie sind in besonderer Weise verantwortlich und sachnahe. Die Arbeitskampfregeln müssen u. a. Bestimmungen darüber enthalten, wie die Erhaltungsmaßnahmen für bestreikte Betriebe zu gewährleisten sind, ob und welche für die Allgemeinheit lebensnotwendigen Betriebe vom Arbeitskampf ausgenommen werden und ob und in welchem Umfang Vorsorge getroffen wird, daß Anwartschaften oder Versicherungen nicht verfallen. Nach Abschluß des Arbeitskampfes obliegt es den Tarifvertragsparteien, Vereinbarungen zur Frage der Maßregelungsverbote und Wiedereinstellungen zu treffen.

Wenn und solange derartige Regelungen und Vereinbarungen noch nicht bestehen, ist nach dem Grundsatz der Verhältnismäßigkeit zu prüfen, ob ein Arbeitskampf nach Anlaß, Beginn, Art der Durchführung und weiterer Entwicklung rechtlich zulässig ist.

B. Zulässigkeit von Aussperrungen

1. Im Rahmen des Prinzips der Verhältnismäßigkeit sind nicht nur Streiks der Arbeitnehmer, sondern auch als Kampfmaßnahme der Arbeitgeber Aussperrungen zulässig. Unsere Rechtsordnung geht davon aus, daß der Arbeitgeber derartige Maßnahmen — und zwar auch als den ersten Akt eines Arbeitskampfes — ergreifen kann. Denn andernfalls wäre nicht gewährleistet, daß es im Rahmen der Tarifautonomie durch Ver-

handlungen und notfalls durch Ausübung von Druck und Gegendruck zum Abschluß von Tarifverträgen und damit zu einer kollektiven Regelung von Arbeitsbedingungen kommt. Könnte die eine Seite, nämlich die Arbeitnehmerschaft, vertreten durch die Gewerkschaft, allein das Kampfgeschehen bestimmen und wäre der Arbeitgeber auf ein Dulden und Durchstehen des Arbeitskampfes beschränkt, so bestünde die Gefahr, daß die Regelung der Arbeitsbedingungen nicht mehr auf einem System freier Vereinbarungen beruht, das Voraussetzung für ein Funktionieren und innerer Grund des Tarifvertragssystems ist. Vorbehaltlich der konkreten, insbesondere auch der wechselnden wirtschaftlichen Situation, die vorgegeben ist, muß im Prinzip sichergestellt sein, daß nicht eine Tarifvertragspartei der anderen von vornherein ihren Willen aufzwingen kann, sondern daß möglichst gleiche Verhandlungschancen bestehen. Auf andere Weise kann die Tarifautonomie unter Ausschluß der staatlichen Zwangsschlichtung nicht funktionieren (BGH AP Nr. 38 zu Art. 9 GG Arbeitskampf, Leitsatz 1 und Ziff. 2 der Gründe; BAG 21, 98 [101 f.] = AP Nr. 25 zu § 2 TVG Ziff. 2). Alle geltenden Vorschriften, die Arbeitskampfmaßnahmen erwähnen und von ihrem rechtlichen Bestand ausgehen, ohne sie zu regeln (neutrale Rechtsnormen), meinen offensichtlich Kampfmaßnahmen der Arbeitnehmer wie der Arbeitgeber (vgl. Art. 9 Abs. 3 Satz 3 GG, Art. 6 Abs. 4 Europ. Sozialcharta, § 19 Abs. 5 SchwBeschG, § 25 KSchG n. F., § 49 Abs. 2 Satz 2 und 3 BetrVG, § 55 Abs. 2 Satz 2 und 3 PersVG, §§ 17, 116 AFG, § 2 Abs. 1 Nr. 1 ArbGG). Das gilt auch für das Land Rheinland-Pfalz, in dem die Beklagte ihren Sitz hat. Wenn die Verfassung dieses Landes (Art. 66 Abs. 2) das Streikrecht der Gewerkschaften im Rahmen der Gesetze anerkennt, so ist damit nicht gesagt, die Aussperrung sei verboten. Aus den angeführten Gründen kann der gelegentlich vertretenen Meinung nicht gefolgt werden, die Aussperrung sei kein zulässiges Kampfmittel (so Frey, ArbuR 1963, 301 [304]; Kunze ArbuR 1969, 289 [291], hinsichtlich lösender Aussperrung; Radke, Gewerkschafter 1963, 205 [208]; ders. Die Arbeitskammer Saar 1960, 127 [131, 140]; Wiedemann, RdA 1969, 321 [331 ff.]; Zeuner, JZ 1962, 425 [428]).

2. Auch der einzelne Arbeitgeber hat das Aussperrungsrecht. Art. 9 Abs. 3 GG besagt nichts Gegenteiliges. Er geht vielmehr nach seinem Wortlaut gerade von der Koalitionsfreiheit des einzelnen aus. Das kollektive Element beim Arbeitskampf auf der Seite des einzelnen Arbeitgebers kommt darin zum Ausdruck, daß bei ihm gebündelt die zahlreichen Arbeitsverhältnisse der bei ihm beschäftigten Arbeitnehmer zusammenlaufen. Für den Bereich seines Unternehmens kann eine kollektive Regelung der Arbeitsbedingungen erfolgen. Die gleiche Möglichkeit hat der einzelne Arbeitnehmer nicht.

Auch das Bundesverfassungsgericht sieht offenbar nicht als problematisch an, wenn der einfache Gesetzgeber in § 2 Abs. 1 TVG auch dem einzelnen Arbeitgeber die Tariffähigkeit und damit zwangsläufig auch die Arbeitskampffähigkeit verliehen hat (vgl. BVerfGE 20, 312 [318] = AP Nr. 24 zu § 2 TVG Ziff. C I 1 der Gründe; ebenso BAG 15, 174 [192] = AP Nr. 32 zu Art. 9 GG Arbeitskampf, Ziff. B II 3 a). Dementsprechend erkennt die Praxis neben dem Verbandstarifvertrag auch den Unternehmenstarifvertrag als gleichermaßen gültig an.

Ob die gesetzliche Regelung des § 2 Abs. 1 TVG in jedem denkbaren Fall anwendbar ist, insbesondere bei den „kleinen" Arbeitgebern, die nicht in der Lage sind, einen wirkungsvollen Druck oder Gegendruck auszuüben (vgl. den Beschluß des Ersten Senats BAG 21, 98 [101 f.] = AP Nr. 25 zu § 2 TVG Ziff. 2), kann hier offenbleiben. Die Beklagte war jedenfalls in der Lage, Arbeitskampfmaßnahmen durchzuführen, wie dieser Fall zeigt. Diese Arbeitskampffähigkeit ist insbesondere bei großen einzelnen Arbeitgebern (z. B. Verwaltungen des Bundes, große Unternehmen) überhaupt nicht zu bezweifeln.

3. Auch die Aussperrung arbeitswilliger Arbeitnehmer, seien sie nun gewerkschaftlich organisiert oder nicht, ist grundsätzlich zulässig, soweit nicht etwa für anders Organisierte eine Friedenspflicht besteht. An dieser Auffassung, die der Große Senat schon in seinem Beschluß vom 28. Januar 1955 vertreten hat (BAG 1, 291 [307]), ist festzuhalten. An einem von einer Gewerkschaft getragenen Streik können sich auch die nicht organisierten und gegebenenfalls auch die anders organisierten

Arbeitnehmer beteiligen; dann dürfen sie aber auch ausgesperrt werden (vgl. BAG 20, 175 [195] = AP Nr. 13 zu Art. 9 GG Ziff. IV 5 mit weiteren Literaturangaben). Die soziale Wirklichkeit des Kampfgeschehens kann nicht ohne rechtliche Folgen bleiben. Wenn durchweg auch nicht- und anders organisierte Arbeitnehmer streiken und damit den gewerkschaftlichen Kampfaufruf unterstützen, so tragen sie das Risiko des Arbeitskampfes mit. Weiterhin genießen sie regelmäßig auch die Vorteile eines neuen Tarifabschlusses. Der Arbeitgeber kann die Arbeitnehmerschaft als Einheit sehen und werten. Das gilt auch, wenn die Arbeitgeberseite den Arbeitskampf eröffnet. An diesen Grundsätzen ist trotz der neuerlich geäußerten Bedenken (van Gelder-Leinemann, BlStSozArbR 1970, 253 [255]; vgl. auch dieselben ArbuR 1970, 1; Wiedemann, RdA 1969, 321 [326]) festzuhalten. Sie gelten nicht zuletzt, wenn die Gewerkschaft aus taktischen Gründen zunächst einen Schwerpunktstreik ausruft, die übrigen organisierten, nicht- oder anders organisierten Arbeitnehmer aber „arbeitswillig" sind. Auch wenn die Frage der Lohnzahlung an die nichtstreikenden Arbeitnehmer u. U. schon mit der Lehre vom Betriebsrisiko dahin gelöst werden kann, daß auch diese Arbeitnehmer keinen Vergütungsanspruch haben (BAG AP Nr. 4 zu § 615 BGB Betriebsrisiko), so kann es dem Arbeitgeber doch nicht verwehrt werden, sich des für ihn gegebenen kollektiven Kampfmittels auch diesem Personenkreis gegenüber zu bedienen und damit in der Auseinandersetzung um Arbeits- und Wirtschaftsbedingungen Druck und Gegendruck auszuüben. Auch die Aussperrung Arbeitswilliger steht allerdings unter dem Grundsatz der Verhältnismäßigkeit.

C. Suspendierende Aussperrung

1. Nach dem Grundsatz der Verhältnismäßigkeit hat jede einen Arbeitskampf eröffnende Maßnahme, sowohl Streik wie Aussperrung, zunächst nur suspendierende Wirkung, d. h. nur die Hauptpflichten des Arbeitsverhältnisses ruhen. Im Regelfall wird aber auch die Aussperrung als Antwort auf einen Streik die Arbeitsverhältnisse wenigstens am Anfang nur suspendieren. Eine Aussperrung mit lösender Wirkung kommt nur unter

erschwerten Voraussetzungen in Betracht, worauf weiter unten einzugehen ist (siehe unter D.).

Eine suspendierende Aussperrung des Arbeitgebers als Antwort auf einen Streik der Arbeitnehmer ist auch nicht sinnlos, wie der Große Senat unter Ziff. II 3 der Gründe seines Beschlusses vom 28. Januar 1955 für schon streikende Arbeitnehmer seinerzeit angenommen hat. In den letzten Jahren sind in verstärktem Maße seitens der Gewerkschaften Schwerpunktstreiks ausgerufen worden, die nur einen verhältnismäßig kleinen Kreis von Arbeitnehmern betrafen. Sperrt demgegenüber die Arbeitgeberseite die noch nicht streikenden Arbeitnehmer des Betriebes oder der Branche aus, so hat eine suspendierende Aussperrung durchaus ihren Sinn. Gegenüber schon streikenden Arbeitnehmern hat eine derartige Maßnahme ebenfalls Bedeutung. Einmal kann der Arbeitgeber u. U. zu einem späteren Zeitpunkt noch zur lösenden Aussperrung übergehen und insoweit bereits jetzt ein „Warnsignal" setzen. Zum anderen hat es der Arbeitgeber nach einer Aussperrung in der Hand, wann er die Arbeitnehmer nach Streikbeendigung, je nach den betrieblichen Gegebenheiten, stufenweise wieder beschäftigt.

2. Wird eine Aussperrung mit suspendierender Wirkung ausgesprochen, so besteht nach Beendigung des Arbeitskampfes die Verpflichtung beider vom Arbeitskampf betroffenen Arbeitsvertragsparteien zur Wiederaufnahme aller Rechte und Pflichten aus dem Arbeitsverhältnis. Es ist in erster Linie Aufgabe der Tarifvertragsparteien, entsprechende Vereinbarungen generell und (oder) im Einzelfall zu treffen. Der Arbeitnehmer hat die Arbeit wieder aufzunehmen und seine Dienstleistungspflichten zu erfüllen, sobald der Streik beendet ist und/oder der Arbeitgeber die Beendigung der Aussperrung erklärt hat. Der Arbeitgeber ist verpflichtet, nach Beendigung einer nur suspendierenden Aussperrung den Arbeitnehmer zur Arbeit wieder zuzulassen. Der Arbeitgeber hat es als Folge der Erklärung der suspendierenden Aussperrung lediglich in der Hand, den Beginn der Wiederaufnahme der Arbeiten den betrieblichen und marktmäßigen Erfordernissen anzupassen, die sich aus der Arbeitsunterbrechung ergeben. Ebenso wie die Aussperrung nicht nur gegenüber sämtlichen Arbeitnehmern, sondern auch gegenüber

Gruppen oder wenigen Arbeitnehmern zulässig ist, kann sie auch insgesamt oder gruppenweise beendet werden. So ist der Arbeitgeber berechtigt, z. B. zunächst nur in der Abteilung die Aussperrung für beendet zu erklären, in der Vorarbeiten für die Wiederaufnahme der Arbeit im ganzen Betrieb verrichtet werden müssen.

Der Arbeitgeber kann aber nicht die Aufhebung der suspendierenden Aussperrung ohne Rücksicht auf betriebliche Notwendigkeiten beliebig hinauszögern und auf diese Weise zusätzlichen Druck ausüben. Ist der Streik beendet und wird die demgegenüber ausgesprochene suspendierende Aussperrung vom Arbeitgeber nicht mehr als eigenes Kampfmittel, etwa zur Erreichung weitergehender eigener Kampfziele aufrechterhalten, muß er die Suspendierung im Rahmen der betrieblichen Möglichkeiten zurücknehmen, weil in jeder zusätzlichen, durch betriebliche und marktmäßige Notwendigkeiten nicht gedeckten Aufrechterhaltung der suspendierenden Maßnahme seitens des Arbeitgebers ein Übermaß gesehen werden müßte, das nicht mehr dem Gedanken der Verhältnismäßigkeit im Arbeitskampf entspräche. Der Arbeitgeber hätte dann aus dem Gesichtspunkt des Annahmeverzuges (§ 615 BGB) gegebenenfalls das Entgelt von dem Zeitpunkte an zu zahlen, an dem der Arbeitnehmer seine Arbeit anbot und die betrieblichen Möglichkeiten zur Wiederaufnahme der Arbeit bestanden.

3. Das Arbeitsverhältnis als solches hat während des Arbeitskampfes dem rechtlichen Bande nach fortbestanden. Inwieweit das auch Auswirkungen auf Anwartschaftsrechte arbeits- und sozialrechtlicher Art hat, ist im Einzelfall je nach der gegebenen Sach- und Rechtslage zu entscheiden.

4. Dem einzelnen Arbeitnehmer ist es unbenommen, während eines die Arbeitsverhältnisse suspendierenden Arbeitskampfes (Streik, Aussperrung) sein Arbeitsverhältnis durch Kündigung unter Einhaltung der Kündigungsfristen — unter den Voraussetzungen des § 626 Abs. 1 BGB auch fristlos — jederzeit zu lösen. Daneben kann er innerhalb der Zeit, in der er suspendierend ausgesperrt ist, seinerseits „abkehren“, d. h. das bereits dem Rande nach gelockerte Arbeitsverhältnis durch einseitige,

empfangsbedürftige Willenserklärung fristlos lösen. Da der Arbeitnehmer auch bei nur suspendierender Aussperrung im weiteren Verlauf des Arbeitskampfes noch damit rechnen muß, daß er seinen Arbeitsplatz durch Übergang zur lösenden Aussperrung verliert, muß er seinerseits die Möglichkeit haben, die arbeitsvertragliche Bindung endgültig und sofort zu lösen, Damit begegnet er der Unsicherheit, der sein Arbeitsverhältnis durch die zusätzliche Arbeitskampfmaßnahme des Arbeitgebers ausgesetzt ist. Das gleiche Recht der Abkehr steht dem einzelnen Arbeitnehmer aber nicht zu, wenn die Arbeitsverhältnisse lediglich aufgrund eines Streiks suspendiert sind, ohne daß der Arbeitgeber diese Maßnahme arbeitskampfrechtlich beantwortet hat. Denn es würde der kollektiven Situation auf seiten der Arbeitnehmerschaft widersprechen, wenn trotz der nur suspendierenden Wirkung der Streiks der einzelne Arbeitnehmer durch eine sofortige Einzellösung seines Arbeitsverhältnisses aus dem nur von Arbeitnehmerseite geführten Arbeitskampf ausbrechen könnte. Darin läge ein Übermaß zum Nachteil des Arbeitgebers.

5. Der Gedanke der Verhältnismäßigkeit gebietet, daß gegenüber dem durch besondere gesetzliche Regelung geschützten Personenkreis Aussperrungen nur mit suspendierender Wirkung erfolgen können. Das gilt jedenfalls für Betriebsratsmitglieder (§ 53 BetrVG[34] und § 15 KSchG n. F.), Personalratsmitglieder (§ 59 BPersVG)[35], Arbeitnehmervertreter im Aufsichtsrat, soweit sie aus dem Unternehmen kommen (§§ 76 Abs. 2, 53 BetrVG), Schwerbeschädigte (§§ 14, 19 Abs. 5 SchwBeschG)[36] und für Frauen, die unter den Schutz des § 9 Abs. 1 MuSchG fallen. Die Arbeitsverhältnisse dieser Arbeitnehmer dürfen wegen eines Arbeitskampfgeschehens nicht enden. Das Fortbestehen des rechtlichen Bandes des Arbeitsverhältnisses liegt bei Betriebsrats-, Personalratsmitgliedern und Arbeitnehmervertretern im Aufsichtsrat auch im Interesse des Arbeitgebers. Denn wären die Arbeitsverhältnisse gelöst, bestünde keine Rechtsgrundlage für deren weitere Tätigkeit in dieser für das

[34] Ersetzt durch BetrVG 1972 (d. Bearb.).
[35] Ersetzt durch BPersVG 1974 (d. Bearb.).
[36] Ersetzt durch SchwBehG 1974 (d. Bearb.).

Unternehmen kritischen Zeitspanne. Auch für die unter das Mutterschutzgesetz fallenden Frauen und für die Schwerbeschädigten muß der gesetzlich gewährte Bestandsschutz Vorrang haben. Im übrigen kann der Kreis von Arbeitnehmern, die nur mit suspendierender Wirkung ausgesperrt werden können, in der Arbeitskampfordnung festgelegt werden (siehe oben A. 3).

6. Soweit Arbeitnehmer des Betriebes Erhaltungsarbeiten durchführen sollen, muß deren Arbeitsverhältnis bestehen bleiben. Es kommt also bei diesen Arbeitnehmern höchstens eine suspendierende Aussperrung in Betracht. Denn von mit lösender Wirkung ausgesperrten Arbeitnehmern können Erhaltungsarbeiten wegen des Abbuchs der arbeitsrechtlichen Beziehungen nicht verlangt werden.

D. Lösende Aussperrung

Eine wirksame Lösung der Arbeitsverhältnisse durch Aussperrung, die der Arbeitgeber eindeutig erklären muß, kommt nur unter bestimmten Voraussetzungen in Betracht. Bei der Frage nach der lösenden Wirkung von Aussperrungen als Antwort auf einen Streik ist zwischen der Gegenmaßnahme auf einen rechtmäßigen und auf einen rechtswidrigen Streik (einschließlich des sog. wilden Streiks) zu unterscheiden.

1. Im Anfangsstadium eines Arbeitskampfes wird regelmäßig kein schutzwertes Interesse des Arbeitgebers daran bestehen, gegenüber dem Streik mehr als ein „Warnsignal" zu setzen, daß es seinerseits nicht bei dem schlichten Hinnehmen des Streiks sein Bewenden haben soll, d. h. der Arbeitgeber wird mit der suspendierenden Aussperrung antworten. Diese Situation kann sich aber im Verlaufe des Arbeitskampfes durch die Entwicklung der Lage auf Arbeitnehmer- oder Arbeitgeberseite verändern und ausnahmsweise schon von Anfang an anders liegen. Zusätzliche Umstände können es nach dem Gebot der Verhältnismäßigkeit rechtfertigen, daß der Arbeitgeber zur lösenden Aussperrung übergeht bzw. diese von vornherein erklärt. Auf Arbeitnehmerseite kann sich der Arbeitskampf zu besonderer Intensität entwickeln. Diese Kampfintensität kann etwa dadurch eintreten, daß der Streik längere Zeit andauert. Da der Arbeitskampf den Neuabschluß eines

Tarifvertrages bezweckt und der Arbeitsfriede als Normalzustand möglichst bald wieder hergestellt werden soll, kann es erforderlich werden, daß der Arbeitgeber auf einen länger dauernden Streik nunmehr mit der lösenden Aussperrung aus diesen oder anderen Gründen antwortet, mag er vorher schon suspendierend ausgesperrt haben oder auch nicht. Der Arbeitgeber kann ferner versuchen, die Arbeitsplätze „einzusparen" (Rationalisierung) bzw. anderweit zu besetzen, insbesondere wenn eine längere Dauer des Arbeitskampfes zu erwarten ist. Fallen dadurch Arbeitsplätze endgültig weg, so kann der Arbeitgeber die davon betroffenen Arbeitnehmer lösend aussperren, unbeschadet der Möglichkeit, aus drigenden betrieblichen Erfordernissen zu kündigen. Die verschiedenen Gründe einer Lösung können auch zusammen bzw. nacheinander eintreten und jeweils eine kampfweise Lösung aller oder eines Teils der Arbeitsverhältnisse rechtfertigen.

2. a) Liegt rechtswidriger Streik vor, so wird der Arbeitgeber bei Beachtung des Grundsatzes der Verhältnismäßigkeit eher zur lösenden statt zur suspendierenden Aussperrung greifen können, soweit es sich nicht um ganz kurze Arbeitsniederlegungen handelt oder die Rechtmäßigkeit des Streiks zweifelhaft ist. Grundsätzlich kann der Arbeitgeber die kollektive — wenn auch rechtswidrige — Kampfmaßnahme der Arbeitnehmerseite mit der kollektiven Kampfmaßnahme der Arbeitgeberseite beantworten. Einem Mißbrauch der Tarifautonomie und des kollektiven Instituts des Arbeitskampfes muß die Arbeitgeberseite mit einer entsprechenden kollektiven Maßnahme begegnen können.

b) Der Arbeitgeber kann aber auch auf individuellem Wege vorgehen. Der rechtswidrige Streik ist Arbeitsvertragsbruch, der gegenüber dem streikenden Arbeitnehmer zur ordentlichen oder auch zur außerordentlichen Kündigung führen kann (BAG 14, 52 [57] = AP Nr. 24 zu Art. 9 GG Arbeitskampf, Ziff. 3 der Gründe). Wählt der Arbeitgeber statt der lösenden Aussperrung den Weg der Kündigung, so muß er diese deutlich erklären. Nur dann kann nämlich der Arbeitnehmer die Mitteilung des Kündigungsgrundes verlangen (§ 626 Abs. 2 Satz 3

BGB) und die Dreiwochenfrist des § 4 KSchG n. F. einhalten. Insoweit ist gerichtlich nachprüfbar, ob die Voraussetzungen des § 626 Abs. 1 BGB oder bei Ausspruch einer ordentlichen Kündigung die des § 1 KSchG gegeben waren. Denn die die Anwendung des Kündigungsschutzgesetzes ausschließende Bestimmung des § 25 KSchG n. F. greift hier nicht Platz. Der Arbeitgeber hat gerade nicht mit kollektivrechtlichen Mitteln auf den rechtswidrigen Streik geantwortet, sondern mit der individualrechtlichen Kündigung auf den Bruch des individuellen Arbeitsvertrages. Gemäß § 25 KSchG n. F. findet dieses Gesetz vorbehaltlich der sonstigen allgemeinen Voraussetzungen immer Anwendung, wenn es sich nicht lediglich um Arbeitskämpfe und die dadurch bedingten Entlassungen handelt. § 25 KSchG n. F. beschränkt sich darauf, Grenzen für die Anwendung dieses Gesetzes zu setzen (Herschel, Betrieb 1970, 253 [254]; a. M. Säcker, Betrieb 1969, 1890 ff., 1940 ff., vgl. auch BAG 14, 52 [59] = AP Nr. 24 zu Art. 9 GG Arbeitskampf, Ziff. 5). Damit, daß auch in der Neufassung des Kündigungsschutzgesetzes durch das Erste Arbeitsrechtsbereinigungsgesetz vom 25. August 1969 diese Bestimmung unverändert übernommen wurde, ist für Kampfmaßnahmen und deren rechtliche Folgen der Rechtsprechung freier Raum gelassen.

3. Nach Erklärung der lösenden Aussperrung ist das Arbeitsverhältnis zunächst beendet. Dem Arbeitnehmer steht es — ebenso wie bei der suspendierenden Aussperrung — nach entsprechender Mitteilung seiner Absichten an den Arbeitgeber frei, einen anderen Arbeitsplatz zu suchen und zu behalten. Der Arbeitgeber braucht keine Rücksicht auf die noch vorhandenen Arbeitsplätze zu nehmen. Er kann versuchen, den Arbeitsplatz anderweit zu besetzen oder durch Rationalisierung, Produktionsverlagerung, Produktionseinstellung oder anderweite Vergabe der Arbeit einzusparen.

4. Wird der Arbeitskampf nach einer insgesamt oder teilweise lösenden Aussperrung beendet, ist der Arbeitgeber jedoch bei Wiedereinstellung der lösend ausgesperrten Arbeitnehmer nicht völlig ungebunden. Zwar stellt die lösende Aussperrung eine Steigerung des Arbeitskampfmittels der Arbeitgeberseite

dar, die deshalb auch zur Auflösung des rechtlichen Bandes des Arbeitsverhältnisses führt. Selbst nach der Steigerung des Arbeitskampfes unter Lösung des rechtlichen Bandes zwischen Arbeitnehmer und Arbeitgeber entspricht es aber nicht dem Grundsatz der Verhältnismäßigkeit, den Bestandsschutz der Arbeitsverhältnisse völlig außer acht zu lassen. Ein Arbeitskampf dient der Erreichung begrenzter Ziele und führt nach seinem Ende im allgemeinen zur Fortsetzung der beiderseitigen Beziehungen und zur Wiederaufnahme der Arbeit. Eine Wiedereinstellung kann daher nicht allein im Belieben des Arbeitgebers stehen. Eine solche Freiheit könnte ferner dazu führen, daß er sich unkontrolliert und unkontrollierbar von Arbeitsverhältnissen löst, die er als unbequem und lästig empfindet. Es wäre dann nicht auszuschließen, daß der Arbeitgeber solche Arbeitnehmer nicht wieder einstellt, die nicht mehr so leistungsfähig sind, sei es weil sie krank sind, sei es, daß sie älter sind oder gar ihre Kräfte im Betrieb verbraucht haben, und daß u. a. solche Arbeitnehmer nicht mehr wieder eingestellt werden, die vom Arbeitgeber als treibende Kräfte des Arbeitskampfes angesehen werden.

Deshalb müssen entsprechend dem richtig verstandenen Begriff des Arbeitskampfes nach dessen Ende im allgemeinen die Arbeitnehmer auch nach lösender Aussperrung wieder eingestellt werden, soweit die Arbeitsplätze noch vorhanden sind. Nach der seit jeher gültigen Begriffsbestimmung der Aussperrung gehört die Wiedereinstellung nach Beendigung des Arbeitskampfes notwendig zum Begriff des Arbeitskampfes und vor allem auch der Aussperrung (so schon Hueck-Nipperdey, Lehrbuch a.a.O., 2. und 3. Aufl. 1930, Bd. II, § 70 I 2, S. 572). Wenn demgegenüber der Beschluß des Großen Senats vom 28. Januar 1955 der Aussperrung eine lösende Wirkung zuerkannte und die Wiedereinstellung in das Ermessen des Arbeitgebers stellte, das als unternehmerisches Ermessen nur daraufhin nachgeprüft werden könnte, ob es offensichtlich mißbräuchlich ausgeübt wird, so ist nunmehr deutlich geworden, daß damit dem Ziele des Arbeitskampfes als einem letztlich auf den Frieden hin angelegten Ereignis nicht genügend Rechnung getragen wird. Soll nämlich der Arbeitskampf seinem Sinn und

Zweck nach nicht Kampf zur Vernichtung des Gegners, sondern Mittel zur Erreichung eines Kampfzieles und anschließender Wiederherstellung des Arbeitsfriedens sein, muß auch mit lösend ausgesperrten Arbeitnehmern nach Beendigung des Arbeitskampfes das Vertragsverhältnis im Rahmen des Möglichen wieder aufgenommen werden. Demgegenüber kann auch nicht die Überlegung ausschlaggebend sein, die Lösung des Arbeitsverhältnisses sei in Deutschland von jeher Folge der Aussperrung gewesen und habe sich, wenn auch entsprechend der früheren individualrechtlichen Meinung in der Form der Kündigung, so entwickelt. Dabei wird nicht genügend beachtet, daß die lösende Wirkung zwar ein zusätzliches Druckmittel darstellt, aber nach Ende des Arbeitskampfes von dessen Ziel und Zweck als eines zeitlich befristeten Kampfes her die Wiederherstellung des Arbeitsfriedens notwendig ist. Die Wiedereinstellung der Arbeitnehmer kann nicht nur im freien Ermessen des Arbeitgebers liegen, sondern steht in seinem billigen Ermessen.

Demgegenüber läßt sich nicht einwenden, eine lösende Aussperrung mit nachfolgender Wiedereinstellung sei im Ergebnis nichts anderes als eine suspendierende Aussperrung (Herschel, ArbuR 1964, S. 65 ff.). Die lösende Aussperrung stellt vielmehr auch dann eine erhebliche Steigerung der Intensität des Arbeitskampfes dar, wenn Arbeitnehmer später nach billigem Ermessen wieder einzustellen sind. Der Arbeitgeber braucht nämlich nach Beendigung des Arbeitskampfes mit Lösungswirkung keineswegs sämtliche Arbeitnehmer wieder einzustellen.

Bei der Wiedereinstellung sind Diskriminierungen verboten. Im übrigen ist die Art und Härte des vorausgegangenen Arbeitskampfes zu berücksichtigen. Es stellt außerdem einen erheblichen Unterschied dar, ob die lösende Aussperrung gegenüber einem rechtmäßigen oder gegenüber einem rechtswidrigen Streik ausgesprochen worden ist. Nach einem rechtmäßigen Streik geht die Wiedereinstellungspflicht des Arbeitgebers weiter. Er ist in einem solchen Fall nicht berechtigt, Arbeitnehmern die Wiedereinstellung zu versagen, weil sie am rechtmäßigen Streik teilgenommen haben, ohne sich Verfehlungen zuschulden kommen zu lassen. War der Streik dagegen rechtswidrig, braucht der Arbeitgeber solche Arbeitnehmer nicht wieder einzustellen, die die Rechtswidrigkeit des Streiks erkannten oder erkennen mußten und sich trotzdem in diesem Streik hervorgetan oder ihn sogar angezettelt haben. Gleichwohl besteht auch nach einem rechtswidrigen Streik sonst eine Wiedereinstellungspflicht nach dem billigen, nachprüfbaren Ermessen des Arbeitgebers, wenn er nicht mit Kündigungen, sondern mit dem kollektivrechtlichen Mittel der lösenden Aussperrung geantwortet hat. Der Arbeitgeber ist in einem solchen Fall im Rahmen seines billigen Ermessens nur freier gestellt.

Bei der Auflösung eines Arbeitsplatzverhältnisses kann es auch dann bleiben, wenn der Arbeitsplatz während des Arbeitskampfes endgültig anderweit besetzt worden oder durch Rationalisierung bzw. andere betriebliche Maßnahmen endgültig weggefallen ist.

E. Gerichtliche Nachprüfung der Wiedereinstellung lösend ausgesperrter Arbeitnehmer

Die Gerichte für Arbeitssachen haben im Streitfall nachzuprüfen, ob der Arbeitgeber die Wiedereinstellung lösend ausgesperrter Arbeitnehmer nach dem Ende des Arbeitskampfes im Rahmen seines billigen Ermessens aus den soeben genannten Gründen zu Recht ablehnen konnte. Der Arbeitgeber hat die Gründe wegen seiner Sach- und Beweisnähe darzulegen und zu beweisen. Die gerichtliche Überprüfung erfolgt im allgemeinen erst nach Beendigung des Arbeitskampfes, wenn der Arbeitnehmer seine Wiedereinstellung begehrt. Eine Prüfung, auch der lösenden Wirkung der Aussperrung wegen Wegfalles der Arbeitsmöglichkeit und des Arbeitsplatzes, kann erst erfolgen, wenn feststeht, ob der Arbeitskampf abgebrochen wird oder durch einen neuen Tarifabschluß bzw. eine sonstige Vereinbarung mit Maßregelungsverbot endet. Deshalb kann während des Arbeitskampfes grundsätzlich noch nicht auf die Feststellung des Fortbestandes des Arbeitsverhältnisses geklagt werden.

Zudem läßt sich auch erst am Ende des Arbeitskampfes übersehen, ob und in welchem Umfange die anderweite Besetzung von Arbeitsplätzen oder deren Wegfall endgültig ist und die Ablehnung der Wiedereinstellung sachgerecht war und daher billigem Ermessen entsprach. Die Wiedereinstellung nach billigem Ermessen ist nicht nur daraufhin zu prüfen, ob der Arbeitsplatz dieses Arbeitnehmers endgültig anderweit besetzt oder durch betriebliche Maßnahmen weggefallen ist, sondern auch daraufhin, ob die endgültige Lösung des Arbeitsverhältnisses gerade mit dem betroffenen Arbeitnehmer geboten war. Fallen von mehreren gleichartigen Arbeitsplätzen durch anderweite Besetzung oder Einsparung nur einzelne Arbeitsplätze weg, muß die Frage der sachgerechten Auswahl geprüft werden. Der Arbeitgeber ist nicht berechtigt, beliebig zu erklären, von mehreren Arbeitsplätzen sei gerade derjenige Arbeitsplatz weggefallen oder anderweit besetzt, der bisher von einem ihm u. U. aus anderen Gründen mißliebigen oder unbequemen Arbeitnehmer besetzt war. Der Bestandsschutz des Arbeitsverhältnisses bezieht sich vielmehr gerade auch auf die sachgerechte Auswahl bei Entlassungen, wie das für den Bereich des Kündigungsschutzrechts in § 1 Abs. 3 KSchG zum Ausdruck kommt. Nicht zuletzt ist bei der Prüfung der Wiedereinstellung von Arbeitnehmern nach billigem Ermessen des Arbeitgebers auch die Situation nach dem Ende des Arbeitskampfes zu berücksichtigen.

Ob und in welchem Umfange das Arbeitsverhältnis nach Wiedereinstellung des Arbeitnehmers als Fortsetzung des bisherigen Arbeitsverhältnisses oder als Beginn eines neuen Arbeitsverhältnisses anzusehen ist, richtet sich nach den Umständen. Wenn ein Maßregelungsverbot besteht, gilt jedenfalls das Arbeitsverhältnis als nicht unterbrochen.

F. Wirkung der geänderten Rechtsprechung für den konkreten Rechtsstreit

Der Erste Senat wird nach vorstehenden Ausführungen zu entscheiden haben, ob die Arbeitskampfmaßnahmen beider Seiten nach den Grundsätzen der Verhältnismäßigkeit berechtigt waren und inwiefern nach einer gegebenenfalls wirksamen lösenden Aussperrung ein Wiedereinstellungsanspruch der Kläger besteht. Dabei könnte bei der Gesamtabwägung zu berücksichtigen sein, daß die Beklagte ihr Verhalten an dem Beschluß des Großen Senats vom 28. Januar 1955 ausrichtete.

Die heute viel erörterte Frage der Rückwirkung von Gesetzen und einer geänderten Rechtsprechung (vgl. dazu zuletzt Grunsky, Grenzen der Rückwirkung bei einer Änderung der Rechtsprechung, Karlsruhe 1970 mit Angaben) stellt sich insoweit nicht, obwohl auf dem Gebiet des Arbeitskampfrechts die Rechtsprechung an die Stelle des untätigen Gesetzgebers getreten ist. Im Zivilprozeß kann nämlich einer gerichtlichen Entscheidung jedenfalls dann nicht die Rückwirkung versagt werden, wenn eine der beiden Parteien eine Änderung der bisherigen Rechtsprechung erstrebt und erstritten hat. Wenn jetzt der Große Senat dementsprechend seine bisherige Auffassung abändert, muß das auch für den vorgelegten Fall Geltung haben. Der Beschluß kann nicht nur für die Zukunft mit der Folge wirken, daß die Kläger, die diesen Prozeß angestrengt und dem Großen Senat überhaupt erst Gelegenheit zur Änderung seiner Auffassung gegeben haben, nicht einen Rechtsvorteil dieser Änderung erfahren und zudem die Kosten des Rechtsstreits tragen müssen, wenn der Beschluß als gesetzesvertretendes Richterrecht nur für die Zukunft Wirkung entfaltete. Eine solche Betrachtungsweise würde auch nicht der Tatsache gerecht, daß Richterrecht nur anhand des an die Gerichte herangetragenen Falles entwickelt und geändert werden kann und der Richter nicht wie der Gesetzgeber frei ist, eine Änderung sofort bei auftretender Notwendigkeit und zu einem von ihm zu bestimmenden Zeitpunkt vorzunehmen. Das Prozeßrisiko erstreckt sich auch auf eine erstmals ausgesprochene Änderung der bisherigen Rechtsprechung (vgl. auch BVerfGE 18, 224 [240]). Im übrigen mußte die Beklagte mit Rücksicht auf die zum Teil kritischen Stellungnahmen mit der Möglichkeit einer Fortentwicklung des Arbeitskampfrechts rechnen.

4. Befugnisse von Streikleitung und Betriebsrat

Bundesarbeitsgericht

Urteil v. 26. 10. 1971 (1 AZR 113/68)[37]

— Leitsätze —

1. Die Streikleitung ist befugt, für alle Streikteilnehmer verbindliche Erklärungen abzugeben und solche Erklärungen des Arbeitgebers, die sich, wie z. B. Aussperrungen, auf das Streikgeschehen beziehen, wirksam für alle Arbeitnehmer entgegenzunehmen.

2. Betriebsratsmitgliedern, die sich Streikausschreitungen zuschulden kommen lassen, kann gegebenenfalls außerordentlich gekündigt werden.

[37] Fundstelle: Entscheidungen des Bundesarbeitsgerichts Bd. 23, 484 ff.

3. Allein die Dauer eines Streiks kann diesen nicht rechtswidrig machen.

4. Ein Streik, der dazu dient, den tarifunwilligen Arbeitgeber an den Verhandlungstisch zu bringen, ist nicht schon um dieser Zielrichtung willen rechtswidrig.

... 6. Rechtswidrig ist der Streik, der um die Herbeiführung eines Tarifvertrages mit einem unzulässigen Inhalt geführt wird.

... 8. Während eines Streikgeschehens ist der Betriebsrat — ohne Rücksicht auf seine Teilnahme am Streik — nicht in der Lage, bei Arbeitgebermaßnahmen wie Einstellungen, Versetzungen und Entlassungen mitzuwirken.

9. Der Arbeitgeber muß den Arbeitnehmer, wenn dieser das verlangt, beschäftigen; er darf sich nicht damit begnügen, lediglich den Lohn zu zahlen (Bestätigung von BAG 2, 221 [224, 225] = AP Nr. 2 zu § 611 BGB Beschäftigungspflicht).

10. Der Arbeitgeber muß das Vorliegen der Böswilligkeit i. S. von § 615 Satz 2 BGB beweisen (Bestätigung von BAG 6, 306 [310] = AP Nr. 1 zu § 615 BGB Böswilligkeit).

5. Benachteiligungsverbot

Bundesarbeitsgericht

Urteil v. 26. 10. 1971 (1 AZR 245/68)[38]

— Leitsätze —

1. Ein aus Anlaß der Beendigung eines Arbeitskampfes in einem Tarifvertrag vereinbartes Benachteiligungsverbot verpflichtet die Arbeitgeber zur unbedingten Weiterbeschäftigung der am Streik beteiligten Arbeitnehmer nach Streikende nur dann, wenn die Tarifvertragsparteien eine dahingehende Verpflichtung des Arbeitgebers eindeutig und unmißverständlich zum Ausdruck gebracht haben.

2. Fehlt es an einer dahingehenden Verpflichtung, kann der Arbeitgeber, wenn nach Streikende infolge der durch den

[38] Fundstelle: Entscheidungen des Bundesarbeitsgerichts Bd. 23, 512 ff.

Streik entstandenen personellen, technischen oder wirtschaftlichen Schwierigkeiten die Arbeitsplätze nicht besetzt werden können, die Arbeitsverhältnisse durch fristgerechte Kündigung beenden.

3. Die von dem Bundesarbeitsgericht aufgestellten Rechtsgrundsätze über die Betriebsrisikoverteilung bei Streik sind auch dann anzuwenden, wenn der Arbeitgeber infolge der Auswirkungen eines Streiks auf seinen Betrieb zeitweilig oder für immer die am Arbeitskampf beteiligten Arbeitnehmer nach dem Ende des Arbeitskampfes nicht weiterbeschäftigen kann. Insoweit verlieren die Arbeitnehmer ihren Anspruch auf Lohnzahlung.

6. Lohnfortzahlungsgesetz und Arbeitskampf

Bundesarbeitsgericht

Urteil v. 8. 3. 1973 (5 AZR 491/72)[39]

... vielmehr geht es darum, ob sich der in § 1 Lohnfortzahlungsgesetz genannte Zeitraum von 6 Wochen (ab Krankheitsbeginn) um die Aussperrungs- und Streiktage verlängert hat ...

... Zieht man die tatsächliche Lage eines Arbeitskampfes unter Berücksichtigung der Entscheidung des Großen Senats vom 21. 4. 1971 ... in Betracht, wonach die Aussperrung im Regelfall nur suspendierende Wirkung hat, das Arbeitsverhältnis also nicht ... löst, dann liegt auf Seiten des (gesunden) Arbeitnehmers in den Kampftagen eine der für den Schlechtwetterfall durchaus vergleichbare Lage vor: Wie dort ist nämlich die Wiederaufnahme der Arbeit nicht bestimmt und meist wohl auch nicht bestimmbar ... Alles in allem können auf Arbeitskampfmaßnahmen beruhende Ausfallzeiten ... jedenfalls nicht denjenigen Tatbeständen zugerechnet werden, für die das BAG ... ausgeführt hat, daß ... eine Verlängerung der nach dem Kalender berechneten Sechs-Wochen-Frist eintritt ..."

[39] Fundstelle: Der Betriebsberater 1973, 1490.

7. Rechtmäßigkeitsvermutung bei Gewerkschaftsstreik

Bundesarbeitsgericht

Urteil v. 19. 6. 1973 (1 AZR 521/72)[40]

... Die Gewerkschaften spielen ebenso wie die Arbeitgeberverbände eine durch Art. 9 Abs. 3 GG verfassungsrechtlich anerkannte besondere Rolle, die sich u. a. in der Normsetzungsbefugnis durch Tarifvertrag ausgeprägt hat. Damit im Zusammenhang steht das Recht, den Abschluß von Tarifverträgen notfalls durch einen Arbeitskampf zu erzwingen. Dann hat aber der Streik um Arbeits- und Wirtschaftsbedingungen die rechtliche Vermutung der Rechtmäßigkeit für sich. Nur besondere, von der Gegenseite zu beweisende, zusätzliche Umstände können zur Rechtswidrigkeit eines derartigen Streiks führen. Hier streiten nun allerdings die Parteien gerade darüber, ob der Streik die Regelung von Arbeits- und Wirtschaftsbedingungen zum Gegenstand hatte. Eine tatsächliche Vermutung, deren Unrichtigkeit die bestreikte Partei beweisen muß, spricht aber auch hier für die Verfolgung legaler Ziele. Es ist zwar durchaus möglich, aber nicht zu vermuten, daß ein von einer Gewerkschaft getragener Streik rechtswidrige Ziele verfolgt ...

8. Krankenversicherung und Arbeitskampf

Bundessozialgericht

Urteil v. 15. 12. 1971 (3 RK 87/68)[41]

... Abschließend ist somit festzustellen, daß die Teilnahme an einem legitimen Streik grundsätzlich das ... Versicherungsverhältnis in seinem Bestand nicht berührt ... dieses endet jedoch — infolge des Verlustes der „Entgeltlichkeit" — mit dem Ablauf von drei Wochen nach Streikbeginn ...

Die Auswirkungen der Abwehraussperrung ... sind ähnlich ... zu beurteilen ... Demnach beendet eine Aussperrung jedenfalls dann, wenn sie das Arbeitsverhältnis nicht löst, nicht

[40] Fundstelle: Neue Juristische Wochenschrift 1973, S. 1994.
[41] Fundstelle: Neue Juristische Wochenschrift, 1972, S. 1101.

das Beschäftigungsverhältnis. Auch für sie gilt ..., daß erst mit Ablauf ... von drei Wochen — die Zeit eines vorangegangenen Streiks mitgerechnet — das Beschäftigungsverhältnis ... beendet ist ...

9. Rentenversicherung und Arbeitskampf

Bundessozialgericht

Großer Senat, Beschluß v. 11. 12. 1973 (GS 1/73)[42]

... Bei streikenden Versicherten besteht in der Regel nach wie vor der — lediglich gegenwärtig nicht zu realisierende — Wille, in ihrem Betrieb, wenn auch unter noch auszuhandelnden neuen Arbeitsbedingungen, pflichtversichert beschäftigt zu bleiben ... Unter diesen Umständen ist hier erst recht anzunehmen, daß das während des Streiks nur suspendierte versicherungspflichtige Beschäftigungsverhältnis eines solchen Arbeitnehmers durch eine nach Streikbeendigung einsetzende Arbeitslosigkeit im Sinne des § 1259 Abs. 1 Nr. 3 RVO unterbrochen wird, die Zeitspanne des gewerkschaftlich geführten Streiks somit als eine Überbrückungszeit zu werten ist ...

10. Streikunterstützungen einkommensteuerpflichtig

Bundesfinanzhof

Urteil v. 30. 10. 1970 (VI R 273/67)[43]

... In der Individualsphäre des Arbeitnehmers übernimmt die Streikunterstützung wirtschaftlich eine dem Arbeitslohn entsprechende Aufgabe, nämlich die Sicherung des Lebensunterhalts. An diesem wirtschaftlichen Sachverhalt knüpft die Besteuerung an.

... Ein Streik hat zwangsläufig den unfreiwilligen Verlust des Arbeitslohnes zur Folge. Als wirtschaftlicher Ersatz wird dem Arbeitnehmer die Streikunterstützung gewährt. Die Streik-

[42] Fundstelle: Der Betriebsberater, 1974, S. 740 ff.
[43] Fundstelle: Der Betriebsberater, 1971, S. 208 f.

unterstützungen sind deshalb als Einkünfte aus nichtselbständiger Arbeit zur Einkommensbesteuerung heranzuziehen ...

11. Gemeinsame Organisation von Notarbeiten

Landesarbeitsgericht Frankfurt

Urteil v. 22. 4. 1969 (5 Sa 627/68)[44]

... Würde eine Gewerkschaft ihrer Verpflichtung zur Mitwirkung bei der Organisation der Notarbeiten nicht nachkommen, so wäre nach allgemeiner Ansicht der Streik rechtswidrig mit der Folge, daß die Gewerkschaft Schadensersatz leisten müßte.

... Daraus darf aber nicht der Schluß gezogen werden, daß die Gewerkschaften nur bei Streiks an der Organisation der Notarbeiten mitzuwirken hätten. Diese Pflicht obliegt ihnen auch bei jeder Aussperrung, die legitimerweise gegenüber nichtstreikenden Arbeitnehmern ausgesprochen wird.

... Allerdings würde bei einer Aussperrung eine Pflichtverletzung durch die Gewerkschaften logischerweise nicht dazu führen, daß der gesamte Arbeitskampf rechtswidrig ist. Die Gewerkschaften hätten in einem solchen Falle nur für den konkreten, durch die unterbliebene Notarbeit entstandenen Schaden aufzukommen. Schließlich sind auch bei Streiks Fälle denkbar, in denen eine entsprechende Pflichtverletzung nicht dem gesamten Arbeitskampf die Rechtmäßigkeit nimmt, sondern nur zu einer Schadenshaftung im Einzelfalle führt.

Die Haltung, die von den Gewerkschaften in der Frage der Notarbeiten bisher eingenommen wurde, und schließlich auch das Risiko, das sie bei Pflichtverletzungen tragen, garantieren eine entsprechende Mitwirkung ...

... Sollten die Arbeitgeber unter dem Vorwand, es handele sich um Notarbeiten, versuchen, die Produktion wenigstens teilweise fortzuführen, so können die Gewerkschaften dagegen den Erlaß einer einstweiligen Verfügung beantragen. Sollte eine Gewerkschaft die Mitwirkung an echten Notarbeiten verweigern, dann obliegt es allein dem Arbeitgeber, die Notarbeiten zu organisieren. Sollten ihm dabei von der Gewerkschaft Schwierigkeiten bereitet werden (etwa dadurch, daß die Streikposten den Notarbeitnehmern das Betreten des Betriebes verweigern würden), so können die Arbeitgeber ebenfalls im Wege der einstweiligen Verfügung eine entspr. Duldung erzwingen ...

[44] Fundstelle: Arbeit und Recht, 1970, S. 349.

12. Streik ohne Urabstimmung

Arbeitsgericht Düsseldorf

Urteil v. 21. 8. 1972 (7 Ca 1995/71)[45]

. . .Die Klage mußte der Abweisung unterliegen, soweit der Kläger bei künftigen Tarifauseinandersetzungen um die Verurteilung der Beklagten nachsucht, die Einleitung von Angriffsstreikmaßnahmen ohne vorherige Urabstimmung zu unterlassen. Im übrigen war die Beklagte antragsgemäß zu verurteilen.

. . . Es entspricht heute allgemeiner Rechtsauffassung im Schrifttum, daß die den Koalitionen in Art. 9 Abs. 3 GG gewährleistete Autonomie unter der Voraussetzung der Einhaltung der leitenden Prinzipien des Grundgesetzes und der Erhaltung eines inneren demokratischen Aufbaus steht. Die den Koalitionen von der Gesellschaftsordnung gestellte Aufgabe bei der Gestaltung von Arbeitsbedingungen, insbesondere ihre Befugnis zur Rechtssetzung, ihre Beteiligung an der Rechtsprechung und Verwaltung im Arbeitsrecht, lassen es notwendig werden, ihre Einfügung in die verfassungsrechtliche Gesamtordnung zu sichern. Dies um so mehr, als die Koalitionen trotz der ihnen zugewiesenen Aufgaben keiner Staatsaufsicht unterworfen sind.

Vornehmlich Ramm (Freiheit der Willensbildung, 1960), ist dafür eingetreten, wegen der weitreichenden Folgen einer Streikanordnung für den Arbeitnehmer dem Gewerkschaftsmitglied ein unmittelbares Entscheidungsrecht bei der Willensbildung des Gewerkschaftsorgans durch die Urabstimmung einzuräumen. Eine andere Entscheidung setze sich in Widerspruch zur Sozialstaatsklausel, weil es als Mißbrauch sozialer Macht zu qualifizieren sei, die Streikanordnung durch Satzung ausschließlich den Vereinsorganen zu überlassen. Dies sei wegen der faktischen Auswirkungen des Streiks, insbesondere des Lohnwegfalls und Arbeitsplatzrisikos, geboten. Dadurch werde in das verfassungsrechtlich über das Sozialstaatsprinzip garantierte Recht am Arbeitsplatz eingegriffen und ein solcher Eingriff könne nicht ohne Mitwirkung des einzelnen Arbeitnehmers erfolgen. Die Streikurabstimmung sei damit notwendiger Bestandteil der Willensbildung der Gewerkschaft. Satzungsbestimmungen, die

[45] Fundstelle: Der Betriebsrat, Schriftenreihe der Betriebsräte der IG Chemie - Papier - Keramik 1973, S. 174.

diesem verfassungsrechtlich gebotenen Schutz des Individuums gegen die Gemeinschaft widersprächen, seien wegen Verstoßes gegen die guten Sitten (§ 138 BGB) nichtig. Auch Ridder (Zur verfassungsrechtlichen Stellung der Gewerkschaften im Sozialstaat nach dem Grundgesetz, 1960, S. 43) geht davon aus, daß jedenfalls bei Entscheidungen, die wie die Streikanordnung einschneidende Folgen für die Arbeitnehmer haben, Bedenken gegen ein Alleinentscheidungsrecht der Verbandsorgane bestehen.

Zunächst einmal hält es die Kammer nicht für rechtlich begründbar, den Gewerkschaften und damit der Beklagten allein aus ihrer Rechtsstellung im Sozial- und Wirtschaftsleben eine unmittelbare demokratische Strukturierung dergestalt abverlangen zu müssen, daß die Arbeitnehmer bei für sie bedeutsamen Beschlüssen der Gewerkschaftsorgane unmittelbar an der Willensbildung beteiligt werden müssen. Hält man die Gewerkschaft mit der einhelligen Meinung angesichts der ihnen in der Gesellschaftsordnung in der Bundesrepublik Deutschland zuerteilten öffentlichen Funktion für verpflichtet, in ihrem inneren Aufbau demokratisch strukturiert zu sein, so ist diesem Erfordernis Genüge getan, wenn sich die Gewerkschaften an den Grundsätzen einer repräsentativen Demokratie orientieren und *insoweit* sicherstellen, daß die Gewerkschaftsmitglieder Träger der Gewerkschaftsmacht bleiben (Maunz/Dürig, GG, 1966, Art. 20 Anm. 31 und 35). Da sich der Verfassungsgeber — von Ausnahmefällen abgesehen — für die repräsentative Demokratie entschieden hat, braucht der Willensbildungsprozeß der Gewerkschaften nicht demokratischer vonstatten zu gehen, als es der Staat selbst seinen Organen abfordert (vgl. Gitter, JZ 1965, 199).

Legt man diesen Maßstab zugrunde, so genügt es für die Bejahung eines formalen — demokratischen Aufbaus der Gewerkschaften, daß den Gewerkschaftsmitgliedern in angemessenen Abständen die Einflußnahme offensteht, die Handlungen des Vorstandes zu kontrollieren und daraus für diesen Konsequenzen zu ziehen. Für das Demokratieverständnis im zuletzt beschriebenen Sinne gehört allerdings auch — wie Gitter (a.a.O., S. 200) im Anschluß an Dürig (JZ 1953, 193 ff.) bemerkt hat —, daß das einzelne Gewerkschaftsmitglied mitgestaltend und mitveranwortend an der Ausübung der Gemeinschaftsgewalt beteiligt zu sein hat.

Die geschichtliche Entwicklung des Arbeitskampfes in der Bundesrepublik Deutschland bis in die jüngste Vergangenheit verdeutlicht, daß die Arbeitnehmer aufgrund ihres sozial und rechtlich abgesicherten Status keineswegs nur die Befehlsempfänger der Gewerkschaft sind und sich etwaigen Verbandsbeschlüssen ihrer Gewerkschaft rückhaltlos beugen und unterordnen. Bei solidarischem Verhalten brauchen die Arbeitnehmer auch nicht die Befürchtung zu hegen, daß die in der Gewerkschaftssatzung vorgesehene Sanktion des Ausschlusses auf sie zukommt, weil der Ausschluß einer Vielzahl von Mitgliedern, die Gewerkschaft selbst erheblich schwächen und ihre Existenz und Tariffähigkeit in Frage stellen würde. Es entspricht daher der Lebenswirklichkeit im Arbeitskampfgeschehen viel eher, daß die Mitglieder der Gewerkschaft letztlich nur durch „tätiges Verhalten" dem Streikaufruf nachkommen, unabhängig davon, ob eine entsprechende Verbandspflicht dahintersteht oder nicht. Ein Streikbeschluß des Gewerkschaftsorgans ohne Befragung der betroffenen Gewerkschaftsangehörigen ist angesichts dessen nur realisierbar, wenn ihm die Mitglieder der Gewerkschaft tatsächlich Folge leisten. Die Gewerkschaft wird sich sehr wohl vor einem Streikbeschluß ohne Urabstimmung auf andere Weise genau vergewissern, ob der Streik die Zustimmung der Mitglieder findet, um nicht durch seine Nichtausführung oder einen schnellen Zusammenbruch das angestrebte Kampfziel in Frage zu stellen. Von einem Mißbrauch sozialer Macht kann hier nicht die Rede sein. Abgesehen von diesem faktischen Moment tritt die befürchtete Entrechtung der Gewerkschaftsmitglieder auch bei Durchführung einer Urabstimmung ein. Es läßt sich nämlich nicht leugnen, daß die möglichen Rechtsnachteile eines Arbeitsplatzverlustes auch diejenigen Gewerkschaftsangehörigen treffen, die gegen den Arbeitskampf gestimmt, sich aus irgendwelchen vertretbaren Gründen (Krankheit, Urlaub) nicht an der Abstimmung beteiligt haben, oder als Nichtgewerkschaftler überhaupt keinen Einfluß auf die Beschlußfassung der Streikanordnung nehmen können. Diese unterschiedliche Behandlung, die in ihrer Zulässigkeit bisher nicht angezweifelt wurde, kann nicht einfach mit dem Hinweis darauf gerechtfertigt werden, der Streik führe regelmäßig zu einer Verbesserung der Arbeitsbedingungen auch für diesen Personenkreis, weshalb er sich den Streik gefallen lassen müßte. Im Ergebnis lassen sich die Bedenken der vorerwähnten Autoren nur schlüssig ausräumen, wenn man für den Streikbeschluß eine Solidarität sämtlicher Arbeitnehmer forderte, was einem Verbot des Streikrechts gleichkäme. Arbeitskämpfe müssen aber — wie der Große Senat des Bundesarbeitsgerichts in seinem Beschluß vom 21. 4. 1971 nachdrücklich betont hat

— nach unserem freiheitlichen Tarifvertragssystem möglich sein, um Interessenkonflikte über Arbeits- und Wirtschaftsbedingungen im äußersten Fall austragen und ausgleichen zu können. Ihre Zulässigkeit ergibt sich aus den Grundsätzen des freiheitlichen sozialen Rechtsstaates (Art. 18, 20, 21, 28 GG) aus der allgemeinen Entfaltungsfreiheit (Art. 2 Abs. 1 GG), sowie aus dem Gesamtzusammenhang unserer Wirtschafts- und sozialverfassungsrechtlichen Grundprinzipien, zu denen das freie Spiel der wirtschaftlichen Kräfte gehört.

§ 15 der Satzung der Beklagten[46] dient zudem nicht dem Bestreben, ihre Mitglieder willkürlich zu entrechten und über ihren Kopf hinweg einfach einen Arbeitskampf anzetteln zu können; vielmehr muß der Beklagten der Wille unterstellt werden bei der Durchführung eines Arbeitskampfes strategisch beweglicher und wirksamer sein zu wollen, um die Zeit der Einstellung des Sozialpartners auf den Arbeitskampf zu verkürzen und ihn damit empfindlicher zu treffen und stärker unter Druck setzen zu können. Einmal nimmt die Durchführung der Urabstimmung keinen unerheblichen Zeitraum in Anspruch; zum anderen läßt es sich nicht vermeiden, daß das Ergebnis der Urabstimmung nach draußen verlautbart wird und damit den Sozialpartner in die Lage versetzt, seine Verhandlungsposition besser einschätzen zu können. Diesen Vorteil genießt die Gewerkschaft nicht, weil der Umfang der Vergleichs- und Verhandlungsbereitschaft des Sozialpartners regelmäßig leicht geheimzuhalten ist und auch tatsächlich nicht an die Öffentlichkeit dringt.

In Anbetracht dessen ist die Kammer davon ausgegangen, daß § 15 der Satzung der Beklagten keiner rechtlichen Beanstandung unterliegt ...

b) ... Ebensowenig verstößt die Verhaltensweise der Beklagten, Arbeitskampfmaßnahmen ohne Urabstimmung einzuleiten, gegen das Prinzip fairer Kampfführung als Gebot der Verhältnismäßigkeit. Eine Verletzung des Fairneßgebots als Kampfregel liegt in jedem Mißbrauch der Arbeitskampffreiheit gegenüber dem Gegner, der den Arbeitskampf aus dem Bereich sozialer Adäquanz herausträgt ...

... Von einem derartigen Mißbrauch als unzulässiger Rechtsausübung könnte nur dann die Rede sein, wenn die Gewerkschaft unter Berücksichtigung der Interessenlage und der berechtigten Erwartung des Kampfgegners unter Zurückdrängung ihrer eigenen Belange zunächst eine Urabstimmung durchführen müßte, bevor sie weitere

[46] IG Chemie - Papier - Keramik, vgl. II, E. 4,0 (d. Bearb.).

Aktionen des Arbeitskampfes beschließt und durchführen läßt. Soweit es zunächst um die Interessenlage des Kampfgegners geht, ist dies nicht anzunehmen. Voraussetzung dafür wäre nämlich, daß es im Hinblick auf die Situation der Arbeitgeberseite grob unbillig wäre, sie mit einem Streik ohne Urabstimmung zu überraschen. Der Effekt eines Angriffsstreiks ohne Urabstimmung liegt vor allem darin, den bestreikten Unternehmer härter zu treffen, indem er sehr kurzfristig mit dem Streik konfrontiert wird. Es entfällt bei einem Streik ohne Urabstimmung die Warnfunktion der Arbeitnehmerbefragung (Gitter, JZ 1965, 202) mit der Folge, daß der Unternehmer gezielter und vor allem unvorbereiteter durch den Arbeitskampf unter Druck gesetzt werden kann. Es wäre jedoch verfehlt, aus dieser für den Unternehmer sicherlich nachteiligen Konsequenz den Schluß zu ziehen, die Gewerkschaft sei stets gehalten, die akute Phase des Arbeitskampfes durch eine Urabstimmung zeitlich hinauszögern zu müssen. Das hieße von der Interessensituation im Arbeitskampf den Sinngehalt der Urabstimmung völlig verkennen. Die in den Gewerkschaftssatzungen regelmäßig vorgesehene Urabstimmung soll für die Gewerkschaft selbst ein Reagenz dafür bilden, ob die Masse der Arbeitnehmer hinter einem Beschluß steht, die aufgestellten Forderungen notfalls auch über einen Arbeitskampf durchfechten zu wollen. Die Gewerkschaft legt sich diese „Fessel" nicht aus Rücksichtnahme auf den Sozialpartner und seine Interessenlage an, sondern allein deshalb, um in weitestgehender Übereinstimmung mit ihren Mitgliedern zu handeln und ihrer Solidarität sicher zu sein. Die Urabstimmung ist abgesehen von ihrer Wirkung auf den Kampfgegner zunächst nichts anderes als ein Instrument des innergewerkschaftlichen Willensbildungsprozesses.

Gewichtig erscheint allein das Argument des Klägers, der Unternehmer als Kampfgegner müsse aus der historischen Entwicklung des Arbeitskampfes in der Bundesrepublik Deutschland stets von der berechtigten Erwartung ausgehen, der akuten Phase des Arbeitskampfes ginge eine Urabstimmung voraus.

Da die Urabstimmung — wie bereits oben dargelegt — rechtlich bereits als Arbeitskampfmaßnahme zu gelten hat, müßte die Durchführung einer Urabstimmung als eine fundamentale Grundregel des kollektiven Arbeitsrechts und Arbeitskampfrechts betrachtet werden, quasi als institutionelle Vorphase akuten Kampfgeschehens. Diese Bedeutung scheint Nipperdey (Lehrbuch des Arbeitsrechts, II/2, 1970, S. 1026) der Urabstimmung tatsächlich beimessen zu wollen, wenn er für Aggressivkampfmaßnahmen die Urabstimmung als Mitentscheidungsrecht der Mitglieder über die Führung des Arbeitskampfes zum elementaren Bestandteil der freien, unmittelbaren Willensbildung der Gemeinschaft erhebt, ohne den die demokratische Legitimation des Berufsverbandes und damit seiner Tariffähigkeit verneint werden müßte. Auch Adams (Kölner Diss. 1969, S. 131 ff.) meint, es habe sich ein allgemeiner nach außen manifestierter Rechtsgeltungswille der Arbeitgeber und Arbeitnehmer aufgrund langjähriger Übung herausgebildet, daß zur Rechtmäßigkeit von Lohnstreiks die Durchführung von Urabstimmungen gehöre.

Eine derartige Betrachtung erweist sich nach Auffassung der Kammer indes nicht als stichhaltig, weil der Urabstimmung im Arbeitskampfgeschehen nicht die grundsätzliche Bedeutung beizumessen ist, daß sie im Sinne einer arbeitsrechtlichen Grundregel Rechtsgeltung zu beanspruchen hätte. Richtig ist zwar, daß die Gewerkschaften dem Streik regelmäßig Urabstimmungen vorgeschaltet haben und daß ein Urabstimmungsverfahren in den Richtlinien des Deutschen Gewerkschaftsbundes zur Führung von Arbeitskämpfen seinen positiven Niederschlag gefunden hat[47]. Daß die Urabstimmung zudem im Interesse der Unternehmerseite liegt, weil ihr retardierendes Moment die Phase des akuten Arbeitskampfes verzögert und damit die Vorbereitungszeit der betroffenen Arbeitgeber verlängert, liegt auf der Hand. Es ist auch zutreffend, daß der Kläger und die von ihm vertretenen Unternehmer im vorliegenden Fall vor der Streikbeschlußfassung eine Urabstimmung erwartet haben und daher ihrer Behauptung gemäß durch die Kampfmaßnahmen der Beklagten besonders nachhaltig betroffen und überrascht worden sind.

Diese Umstände rechtfertigen es jedoch keineswegs, die Durchführung einer Urabstimmung als gewohnheitsrechtliche Grundregel mit entsprechender Rechtsqualität auszustatten. Denn die Macht des Faktischen allein vermag keinen verbindlichen Rechtssatz zu erzeugen; vielmehr bedarf es zur Entstehung von Gewohnheitsrecht wie bei gesetztem Recht als Rechtsquelle des Gemeinschaftswillens, der sich dann in einer tatsächlichen Übung manifestiert (Enneccerus/Nipperdey, Allg. Teil des bürgerlichen Rechts, §§ 38, 39) ... Hinsichtlich des Erfordernisses einer Urabstimmung bestehen keine ausreichenden Anhaltspunkte für eine derartige Gewohnheitsrechtsbildung. In einer Zeit entwickelter staatlicher Gesetz-

[47] Gemeint ist § 2 der Richtlinien von 1949. Vgl. dazu jetzt § 6 der Richtl. v. 1974, abgedruckt unten II, E 2 (d. Bearb.).

gebung entsteht das Gewohnheitsrecht nahezu ausschließlich durch Gerichtsgebrauch. Die ständige Rechtsprechung muß sich durchgesetzt und allgemeine Anerkennung erfahren haben, also weder bei den beteiligten Kreisen noch in der Rechtswissenschaft auf nennenswerten Widerstand stoßen (RGZ 115, 314; BGHZ 1, 373 ff.). Wie bereits erwähnt, hat sich die Rechtsprechung des Bundesarbeitsgerichts mit dem hier entschiedenen Rechtsproblem noch nicht befaßt und im Sinne der Erwägungen des Klägers gelöst. (*Wird ausgeführt.*)

... Schließlich würde die vom Kläger erhobene Forderung, dem Angriffsstreik stets eine Urabstimmung vorgehen lassen zu müssen, zu einer nicht gerechtfertigten Reglementierung der Strategie und Taktik des Arbeitskampfes auf seiten der Gewerkschaft führen. Hierin läge ein erklatanter Verstoß gegen den Grundsatz der Freiheit der Wahl der Kampfmittel (BAG, AP Nr. 24 zu Art. 9 GG Arbeitskampf). Die Koalitionen sind in der Auswahl der ihnen gemäßen Kampfmittel frei. Jeder Koalitionspartner ist befugt, sich im Rahmen der durch die allgemeinen arbeitskampfrechtlichen Verhaltensnormen gesetzten Grenzen des für ihn wirkungsvollsten Kampfmittels zu bedienen, um seiner Forderung Nachdruck zu verleihen und auf den Willen des Kampfgegners nachhaltig einzuwirken. Denn die Koalitionsfreiheit umfaßt — um mit dem Bundesverfassungsgericht (AP Nr. 15 zu § 2 TVG) zu sprechen — „die Bildung, die Betätigung und die Entwicklung der Koalitionen in ihrer Mannigfaltigkeit und überläßt ihnen grundsätzlich die Wahl der Mittel, die sie zur Erreichung des Zweckes für geeignet halten“ ...

E. Dokumente der Tarifpartner

1. Gesetzliches Verbot der Aussperrung

DGB, 9. ordentlicher Bundeskongreß[48], Antrag Nr. 180[49] (angenommen)

Antragsteller: Gewerkschaft Handel — Banken und Versicherungen (HBV)

[48] 25. 6. bis 1. 7. 1972 in Berlin.
[49] Voller Wortlaut.

Betrifft: Sicherung des Grundrechts der Koalitionsfreiheit

Der 9. ordentliche Bundeskongreß möge beschließen:

Der DGB wird aufgefordert, nachdrücklich der von der Rechtsprechung und einem Teil der Arbeitsrechtswissenschaft vorgenommenen einschränkenden Auslegung des Grundrechts der Koalitionsfreiheit entgegenzuwirken. Insbesondere muß alles unternommen werden, die durch das Bundesarbeitsgericht vorgenommene Einschränkung der Arbeitskampffreiheit der Gewerkschaften wieder aufzuheben.

Im einzelnen bedarf es dazu unter anderem:

1. einer Neuformulierung der Arbeitskampfrichtlinien des DGB,
2. eines gesetzlichen Verbots der Aussperrung,
3. einer gesetzlichen Regelung der Zulässigkeit von differenzierenden Klauseln, Effektiv- und Verdienstsicherungsklauseln in Tarifverträgen.

Begründung:

In Rechtslehre und Rechtswissenschaft haben sich in den vergangenen Jahren Tendenzen bemerkbar gemacht, die langfristig die Koalitionsfreiheit beeinträchtigen können. So hat das Bundesarbeitsgericht in seinem Beschluß vom 21. 4. 1971 Arbeitskampfregeln aufgestellt, die die gewerkschaftliche Verteidigung der Freiheit im Arbeitskampf noch weiter einzuschränken in der Lage sind, als dies durch die bisherige Rechtsprechung schon der Fall war. So soll angeblich eine vorangegangene Schlichtung Rechtmäßigkeitsvoraussetzung für die Durchführung von Arbeitskämpfen sein. Darüber hinaus soll der verfassungsmäßige Grundsatz der Verhältnismäßigkeit, der bisher immer nur auf staatliche Maßnahmen Anwendung gefunden hat, um Freiheitsrechte gegen Eingriffe des Staates zu sichern, auf eben die Ausübung solcher Freiheitsrechte Anwendung finden. Damit wird durch die Verkehrung der bisherigen Rechtslage ein Grundsatz zur Verteidigung der Freiheitsrechte zu einem Prinzip, das auf Einengung von Freiheitsrechten hinzielt. Solchen Tendenzen muß konsequent entgegengetreten werden.

2. DGB, Neue Arbeitskampfrichtlinien

(beschlossen am 5. 6. 1974 vom Bundesausschuß des DGB)[50] [51]

§ 1 Die Regelung der Arbeits- und Wirtschaftsbedingungen und die Führung von Arbeitskämpfen ist grundsätzlich Angelegenheit der zuständigen Gewerkschaften. Den im Deutschen Gewerkschaftsbund vereinigten Gewerkschaften wird

[50] Voller Wortlaut. Fundstelle: Die Quelle, 1974, S. 307.

[51] Damit sind die vom Gründungskongreß des DGB im Oktober 1949 beschlossenen Richtlinien überholt. Als Grundlage für die Satzungs- und sonstigen Streikbestimmungen der Einzelgewerkschaften sind sie jedoch noch von Interesse (d. Bearb.):

Die Regelung der Arbeitsbedingungen und die Führung von Arbeitskämpfen ist grundsätzlich Angelegenheit der zuständigen Gewerkschaften. Die dem Deutschen Gewerkschafts-Bund angeschlossenen Gewerkschaften verpflichten sich jedoch zur Einhaltung folgender gemäß § 2 Abs. 2 m der Bundessatzung beschlossener Richtlinien:

I. Regeln für Arbeitskämpfe einzelner Gewerkschaften

§ 1. 1. Es ist Aufgabe jeder Gewerkschaft, in ihrer Satzung diesen Richtlinien entsprechende Bestimmungen über die Einleitung und Durchführung von Bewegungen und Arbeitskämpfen sowie über die Leistung von Unterstützungen aufzunehmen.

2. Die Arbeitsniederlegung ist nur als letztes Mittel zur Durchsetzung gewerkschaftlicher Forderungen, insbesondere besserer Lohn- und Arbeitsbedingungen oder zur Abwehr von Verschlechterungen anzuwenden.

3. Vor jeder Arbeitseinstellung sind alle Verhandlungsmöglichkeiten auszuschöpfen.

§ 2. 1. Die Einleitung und Durchführung von Arbeitskämpfen bedarf der Genehmigung des Haupt-Vorstandes der Gewerkschaft.

2. Anträge auf Einleitung oder Fortsetzung eines Arbeitskampfes erfordern die durch geheime Abstimmung festzustellende Unterstützung von mindestens 75 % der abstimmungsberechtigten Beteiligten.

§ 3. 1. Abstimmungsberechtigt sind alle an der Bewegung beteiligten Gewerkschaftsmitglieder, die mindestens 17 Jahre alt und 3 Monate gewerkschaftlich organisiert sind und sich nicht im Lehrverhältnis befinden. Ausnahmen hiervon kann der Hauptvorstand der Gewerkschaft vornehmen.

2. Bei der Entscheidung über die Genehmigung von Arbeitskämpfen haben die Haupt-Vorstände nicht nur das Abstimmungsergebnis, sondern auch die Gesamtumstände, wie Konjunktur und

Auswirkung auf andere Betriebe und andere Wirtschaftszweige, zu berücksichtigen.

§ 4. Bei größeren Bewegungen, bei denen ein Streik geplant oder eine Aussperrung angekündigt wird, haben die Haupt-Vorstände dem Bundes-Vorstand zu berichten.

II. Gemeinsame Bewegungen (gleichlautend mit § 7, Abs. 2 ff. der neuen Richtlinien, d. Bearb.).

III. Arbeitskämpfe in lebenswichtigen Betrieben und Notstandsarbeiten

§ 6. Die Haupt-Vorstände sind verpflichtet, vor Einleitung von Arbeitskämpfen in lebenswichtigen Betrieben, wie Lebensmittel-Erzeugungsbetrieben, solchen der Kraft-, Gas- oder Wasserversorgung, der Kanalisation, des öffentlichen Gesundheitswesens, der Bestattung, des Verkehrs, des Kohlenbergbaus u. a. dem Bundes-Vorstand von diesem Vorhaben Mitteilung und dabei Angaben über die Gründe, Art und das geplante Ausmaß der Kampfmaßnahmen zu machen, sowie auch darüber, welche Notstandsarbeiten im Falle der Arbeitsniederlegung verrichtet werden sollen. Falls nach Auffassung des Bundes-Vorstandes durch eine solche Kampfmaßnahme das Allgemeininteresse es geboten erscheinen läßt, kann er Maßnahmen ergreifen, um eine Verständigung zwecks Behebung der Differenzen, herbeizuführen. Die Kampfmaßnahme ist solange auszusetzen, bis alle vertretbaren Möglichkeiten zur Behebung des Konflikts ausgeschöpft sind. Bei Meinungsverschiedenheiten zwischen dem Bundes-Vorstand und den am Konflikt beteiligten Gewerkschaften kann der Bundes-Ausschuß zur Entscheidung angerufen werden.

§ 7. Jede Gewerkschaft hat in ihren Satzungen für alle Arbeitskämpfe Vorschriften aufzunehmen, daß die vom Haupt-Vorstand bezeichneten bzw. im Einzelfall angeordneten Notstandsarbeiten auszuführen sind.

Diese Bestimmungen müssen für die Mitglieder eine bindende Verpflichtung enthalten. Mitglieder, die sich weigern, angeordnete Notstandsarbeiten zu übernehmen und auszuführen, haben keinerlei Anspruch auf gewerkschaftliche Unterstützung während des Arbeitskampfes. Die Verweigerung von Notstandsarbeiten ist als grobe Schädigung gewerkschaftlicher Interessen zu behandeln.

IV. Allgemeine Bestimmungen

... § 9. Bei Streiks, die nicht nach diesen Richtlinien eingeleitet und nicht von dem Haupt-Vorstand genehmigt sind, ist die Unterstützung aus Gewerkschaftsmitteln zu versagen.

§ 10. Jede Gewerkschaft, in deren Bereich ein nicht beschlossener und nicht genehmigter Streik ausbricht, hat die Pflicht, durch ihre Vertreter unter möglichster Wahrung der Interessen der Ar-

empfohlen, die gemäß § 2 Ziff. 4 g der Bundessatzung beschlossenen Arbeitskampfrichtlinien zu beachten.

§ 2 Arbeitskampfmaßnahmen im Sinne dieser Richtlinien sind gemeinschaftliche Arbeitsniederlegungen und sonstige auf eine Behinderung des Arbeitsablaufs zielende Maßnahmen, soweit sie gewerkschaftlich getragen sind. Die Vorbereitungen derartiger Maßnahmen einschließlich der Urabstimmung sind keine Arbeitskampfmaßnahmen.

§ 3 Arbeitskampfmaßnahmen werden zur Durchsetzung gewerkschaftlicher Forderungen insbesondere auf dem Gebiet der Arbeits- und Wirtschaftsbedingungen eingesetzt.

§ 4 Vor Beginn eines Arbeitskampfes sollen Verhandlungsmöglichkeiten wahrgenommen werden, soweit dies den Gewerkschaften sinnvoll erscheint.

§ 5 Die Durchführung gewerkschaftlicher Arbeitskämpfe bedarf der Zustimmung der zuständigen Organe der Gewerkschaften. Ein ohne die erforderliche Zustimmung begonnener Arbeitskampf ist verbandswidrig, es sei denn, daß der Arbeitskampf von den zuständigen Organen der Gewerkschaft genehmigt wird.

§ 6 Die Satzungen bzw. die Arbeitskampfrichtlinien der Gewerkschaften regeln die Frage, ob und gegebenenfalls wie vor der Einleitung von Kampfmaßnahmen eine Urabstimmung durchzuführen ist.

§ 7 1. Über Arbeitskämpfe ist der Bundesvorstand zu unterrichten.

2. Erstreckt sich ein Arbeitskampf über den Zuständigkeitsbereich mehrerer Gewerkschaften, so ist bei Einleitung und Durchführung desselben zwischen den Hauptvorständen eine

beitnehmer auf eine baldige Wiederaufnahme der Arbeit hinzuwirken. Kommen mehrere Gewerkschaften in Betracht, so haben sie in diesem Sinne zusammenzuwirken. Von den gewerkschaftlich organisierten Mitgliedern muß verlangt werden, daß sie unbedingt den gewerkschaftlichen Weisungen Folge leisten.

V. Bundeshilfe (gleichlautend mit §§ 9 und 10 der neuen Richtlinien d. Bearb.)

Verständigung über das Ziel des Arbeitskampfes und ein gemeinsames Vorgehen herbeizuführen. Auf Antrag einer der beteiligten Gewerkschaften kann der Bundesvorstand bei dieser Verständigung mitwirken.

3. Der Bundesvorstand kann, wenn die Gesamtsituation es erfordert, auf einzelne Gewerkschaften einwirken, Arbeitskämpfe zu beenden, er kann aber auch am Arbeitskampf bis dahin nicht beteiligte Gewerkschaften zur gewerkschaftlichen Solidarität anhalten.

§ 8. 1. Die arbeitskampfführende Gewerkschaft hat Regelungen zu treffen, ob und wie zur Erhaltung der Arbeitsplätze erforderliche Notstandsarbeiten zu verrichten sind.

2. Die Satzungen oder Arbeitskampfrichtlinien der Gewerkschaften sollen die Gewerkschaftsmitglieder verpflichten, von den Gewerkschaften gebilligte Notstandsarbeiten durchzuführen.

3. Sie sollen Bestimmungen darüber enthalten, daß Notstandsarbeiten für den Fall von Aussperrungen nicht geleistet werden. Dies gilt nicht, wenn schwerwiegende und nicht wiedergutzumachende Schäden für die Allgemeinheit verhindert werden müssen.

4. Bei Arbeitskämpfen in Bereichen der Versorgung der Bevölkerung mit lebensnotwendigen Gütern ist dafür Sorge zu tragen, daß eine Notversorgung aufrechterhalten bleibt.

§ 9 Der Bundesausschuß kann in besonderen Fällen, wenn die Durchführung des Arbeitskampfes im allgemeinen Gewerkschaftsinteresse liegt, der am Arbeitskampf beteiligten Gewerkschaft finanzielle Hilfe aus Bundesmitteln gewähren. Solche Hilfe durch den Bund hat zur Voraussetzung, daß:

1. die Gewerkschaft bei der Einleitung des Kampfes die gebotene Vorsicht geübt und die gewerkschaftlichen Regeln, insbesondere die Richtlinien, beachtet hat;

2. die Unterstützungssätze der Gewerkschaften sich im Rahmen der vom Bundesausschuß beschlossenen Richtlinien halten;

3. die Gewerkschaft dem Bundesvorstand das Mitbestimmungsrecht über alle taktischen Maßnahmen und bei der Leitung des Kampfes bis zu seiner Beendigung einräumt.

Die Bundeshilfe kann davon abhängig gemacht werden, daß die Gewerkschaft die eigenen Mitglieder in angemessener Weise über die normale Beitragsleistung hinaus zur Finanzierung des Arbeitskampfes heranzieht.

§ 10 In besonderen Fällen kann der Bundesausschuß Sammlungen veranlassen. DGB-Kreise oder Landesbezirke sind nicht berechtigt, ohne Auftrag des Bundesvorstands solche Sammlungen vorzunehmen. Alle bei solchen Sammlungen eingehenden Gelder sind an die Bundeskasse abzuführen.

3. Bundesvereinigung der deutschen Arbeitgeberverbände BdA Presseerklärung vom 31. 7. 1974[52]

Neue Arbeitskampfrichtlinien des DGB im Widerspruch zum geltenden Recht

Als ein Zeichen zunehmender Radikalisierung wertet die Bundesvereinigung der Deutschen Arbeitgeberverbände die kürzlich bekanntgewordenen neuen Arbeitskampfrichtlinien des DGB. Während die bisher geltenden Richtlinien aus dem Jahre 1949 ein Verantwortungsbewußtsein für die Existenz der Betriebe habe erkennen lassen, sei von einer solchen, der Ordnungsfunktion der Tarifpartner entsprechenden Grundhaltung in den neuen Richtlinien nichts zu spüren. Dies zeige sich vor allem in den neuen Bestimmungen für Notstands- und Erhaltungsarbeiten, die bei Arbeitskämpfen die Existenz der Betriebe und damit der Arbeitsplätze gefährden würden.

Die Richtlinien widersprächen in wesentlichen Punkten dem geltenden Arbeitskampfrecht und forderten zu seiner Mißachtung geradezu auf. Offenbar wollten die Gewerkschaften sich im Arbeitskampf von allen rechtlichen Bindungen lösen, ohne die der Arbeitskampf als letztes Mittel des Interessenausgleichs in einer funktionsfähigen Tarifautonomie nicht denkbar sei.

Bemerkenswert sei im Hinblick auf die immer wieder erhobene Demokratisierungsforderung der Gewerkschaften das er-

[52] Voller Wortlaut. Fundstelle: Pressedienst der deutschen Arbeitgeberverbände, Nr. 28/74.

neute Infragestellen der Urabstimmung als Voraussetzung zur Einleitung von Streiks.

4. Arbeitskampfbestimmungen einzelner Vereinigungen[53]

a) Arbeitsring der Arbeitgeberverbände der deutschen Chemischen Industrie e. V.

Hinweise für den Arbeitskampf (1971)[54]

... Die Aussperrung

Bei einem vom Verband geführten Arbeitskampf treffen dessen Organe die hierfür maßgeblichen Entscheidungen, insbesondere über Dauer und Reichweite der Aussperrung.

Hat der Verband als Gegenmaßnahme die Aussperrung beschlossen, so ist sie durch Erklärung des Arbeitgebers bekanntzugeben. Dies kann durch Anschlag am Fabriktor bzw. am Eingang zum Werksgelände erfolgen, zweckmäßigerweise auch noch durch Zusendung eines Briefes in die Wohnung des Arbeitnehmers, der bei Ausländern in deren Muttersprache abgefaßt sein sollte.

Die Aussperrungserklärung muß so formuliert sein, daß für die betroffenen Arbeitnehmer keine Zweifel über die beabsichtigte Wirkung der Aussperrung entstehen können. Insbesondere darf keine Verwechslung mit einer Kündigung möglich sein.

Es empfiehlt sich, in dem Schreiben an die Arbeitnehmer bereits darauf hinzuweisen, daß der Zeitpunkt der Wiederaufnahme der Arbeit nicht durch Einzelschreiben, sondern nur durch Anschlag an den Fabriktoren oder gegebenenfalls durch

[53] Vom Abdruck der wegen gegenwärtiger Neufassung nicht zugänglichen Bestimmungen folgender Vereinigungen wurde abgesehen: Gewerkschaft Textil-Bekleidung im DGB, Gewerkschaft Holz und Kunststoff im DGB, Industriegewerkschaft Bau-Steine-Erden im DGB, Gewerkschaft der Eisenbahner Deutschlands im DGB, Gewerkschaft Handel, Banken und Versicherungen im DGB (d. Bearb.)

[54] Im Chemiebereich und in der Metallindustrie existieren zusätzlich sog. *Streikhilfeabkommen,* d. h. interne Hilfevereinbarungen über die unten genannten Solidaritätsmaßnahmen. Das Muster eines solchen Abkommens ist abgedruckt bei *Säcker,* Streikhilfeabkommen und Kartellrecht, Zeitschrift f. d. gesamte Handels- u. Wirtschaftsrecht 1973, S. 455 ff. (d. Bearb.).

die öffentlichen Nachrichtenmittel — Presse, Rundfunk, Fernsehen und dergleichen — bekanntgegeben wird. Wird ein solcher Hinweis in das Aussperrungsschreiben nicht aufgenommen, dann muß den ausgesperrten Arbeitnehmern der Zeitpunkt der Arbeitsaufnahme rechtzeitig wieder durch Einzelschreiben mitgeteilt werden.

Befinden sich die streikenden Arbeitnehmer im Betrieb (z. B. Sitzstreik), so genügt eine mündliche Erklärung der Aussperrung, nach Möglichkeit in Gegenwart von Zeugen.

Beginn, Art und Umfang jeder Aussperrung müssen frühzeitig mit dem Verband abgestimmt werden. Die Erfahrung hat deutlich gezeigt, daß im Interesse des betroffenen Betriebes die Entscheidung über die Aussperrung, die Formulierung der Aussperrungserklärung und die erforderlichen Verhandlungen mit der Belegschaft, dem Betriebsrat und der Gewerkschaft nur unter Beteiligung des Verbandes vorgenommen werden sollten.

... Solidaritätsmaßnahmen

Die erfolgreiche Abwehr eines Arbeitskampfes, der gegen alle oder einzelne Mitglieder des Verbandes geführt werden, setzt voraus, daß alle Arbeitgeber volle Solidarität wahren. Bei Arbeitskämpfen ist es daher erforderlich, die bestreikten Betriebe nach Kräften zu unterstützen und alles zu unterlassen, was diese schädigen könnte. Dies gilt auch, wenn fachfremde oder räumlich entfernte Betriebe bestreikt werden.

Zur Solidarität gehört, daß die Betriebe

— keine Arbeiter aus einem bestreikten Betrieb einstellen;
— keine Konsequenzen ziehen, wenn infolge des Streiks Fristen überschritten werden;
— vereinbarte Lieferfristen möglichst weitgehend hinausschieben und Kredite stunden;
— keine Kunden abwerben;
— den betroffenen Betrieben bereits übertragene Aufträge nicht an andere Betriebe vergeben, die nicht bestreikt werden;
— bei der Erteilung neuer Aufträge bestreikte Firmen nicht benachteiligen;

— vereinbarte Abschlagszahlungen auch dann zu den festgelegten Fristen leisten, wenn der Betrieb infolge des Streiks mit seinen Leistungen in Verzug gerät;
— an bestreikte Betriebe vergebene Aufträge nur mit deren vorheriger Genehmigung übernehmen.

... Strafrechtliche Hinweise

... Streikausschreitungen

Häufig kommt es während des Streiks zu Ausschreitungen, die sich erfahrungsgemäß vor allem gegen die Arbeitswilligen richten. Auf Grund ihrer besonderen Funktion sind oft Streikposten und Mitglieder der Streikleitung in solche Vorfälle verwickelt. Werden derartige Übergriffe begangen, z. B. tätliche Angriffe auf Arbeitswillige oder auf betriebliche Einrichtungen, Beleidigungen, Nötigungen, Körperverletzungen und anderes mehr, so ist es erforderlich, im Interesse der Beweissicherung nach Möglichkeit sofort Täter und Zeugen namentlich festzustellen. Es empfiehlt sich ferner, Meldung an die Polizei, unter Umständen auch an die Streikleitung zu machen, erforderlichenfalls ist Polizeischutz anzufordern und Strafanzeige zu erstatten. Der Verband sollte eingeschaltet werden ...

... Notdienstarbeiten

Die vorbereitenden Maßnahmen zur Sicherstellung der Notdienstarbeiten während des Streiks gehören zu den wichtigsten und vordringlichsten betrieblichen Aufgaben vor einem drohenden Arbeitskampf.

Bei der Durchführung dieser Vorbereitungsmaßnahmen können sich besondere Schwierigkeiten ergeben, insbesondere im Hinblick auf den mit Notdienstarbeiten zu betrauenden Personenkreis sowie im Hinblick auf die Abgrenzung der Notdienstarbeiten gegenüber einer lediglich eingeschränkten Produktion.

Bei allen entsprechenden betrieblichen Maßnahmen sollte immer wieder gegenüber Belegschaft, Betriebsrat und Gewerkschaft darauf hingewiesen werden, daß es bei der Durchführung der Notdienstarbeiten nicht nur um Interessen des

Unternehmens geht, sondern vor allem auch um die Erhaltung und Sicherung der Arbeitsplätze für die Zeit nach dem Streik.

... Definition der Notdienstarbeiten:

Unter Notdienstarbeiten sind solche Arbeiten zu verstehen, die aus Sicherheits- oder Erhaltungsgründen aus- oder weitergeführt werden müssen. Man unterscheidet:

— Arbeiten, die zur Abwendung einer Gemeingefahr nötig sind, die von Einrichtungen, Vorräten oder Fertigwaren des Betriebes ausgehen kann, wenn dieser völlig stillgelegt wird oder ohne Aufsicht bliebe;
— Erhaltungsarbeiten, um die spätere Wiederaufnahme der Betriebsarbeit sicherzustellen;
— Abwicklungsarbeiten, die noch geleistet werden müssen, um Verluste durch Verderben empfindlicher Rohstoffe und Fertigwaren zu verhüten, oder die noch erledigt werden müssen, um dem Betrieb seinen Kundenstamm zu erhalten.

... Keine Notdienstarbeiten in diesem Sinne sind Arbeiten, die eine lediglich verringerte Produktion gewährleisten sollen. Es ist darauf zu achten, daß nur solche Arbeiten zu Notdienstarbeiten erklärt werden, die wirklich aus Sicherheits- oder Erhaltungsgründen aus- oder weitergeführt werden müssen (kein Mißbrauch!).

b) Christlich-demokratische Postgewerkschaft und Deutscher Postverband im Christlichen Gewerkschaftsbund CGB

Gemeinsame Streikordnung der Tarifgemeinschaft i. d. F. vom Februar 1968

1. Der DPV und die CGP bejahen den Streik bei Angestellten und Arbeitern (Mitglieder) als Kampfmittel zur Erreichung der gestellten Ziele. Vor dem Einsatz gewerkschaftlicher Kampfmaßnahmen, insbesondere Streik, müssen alle Möglichkeiten der Verhandlung mit dem Tarifpartner auf Arbeitgeberseite ausgeschöpft sein.
2. Für die Durchführung von Streiks muß ein Antrag der kampfwilligen Mitgliedschaft vorliegen. Kampfwilligkeit ist gegeben, wenn sich 75 Prozent der Mitglieder für die Durchführung des Arbeitskampfes in geheimer Urabstimmung ausgesprochen haben.

Die Genehmigung zum Streik muß durch einen gemeinsamen Beschluß der beiden Vorstände von DPV und CGP erteilt werden. Die Genehmigung kann nur dann erfolgen, wenn alle Verhandlungs- und Schlichtungsmöglichkeiten erschöpft sind und Aussichten für eine erfolgreiche Beendigung des Streiks gegeben sind.

3. Die beiden Vorstände (DPV-CGP) müssen für die Kampfmaßnahmen gemeinsame Bevollmächtigte einsetzen, die sofort die Abstimmung nach 2. einleiten und durchführen, soweit nicht die Abstimmung zentral durchgeführt wird. Die Abstimmung muß mit Stimmzetteln erfolgen, auf denen ein genaues Kampfziel angegeben ist. Suggestivziele dürfen auf keinem Stimmzettel enthalten sein. Wird bei einer Abstimmung gegen diese Bestimmung verstoßen, kann bei den gemeinsamen Vorständen DPV-CGP Beschwerde eingelegt werden ...

4. Jedes Mitglied ist verpflichtet, sich während eines Arbeitskampfes zur Verfügung seiner Organisation zu halten und alle Aufträge der bevollmächtigten Organe zu erfüllen. Streikposten werden durch die Bevollmächtigten eingesetzt und müssen mit einem Ausweis versehen werden.
Diese, wie jedes andere streikende Mitglied, haben sich ruhig und besonnen zu verhalten. Gewaltandrohungen und -anwendungen in körperlicher und seelischer Beziehung sind untersagt und entbinden den DPV und die CGP von jeder Haftungspflicht. Vor Beginn einer Abstimmung nach 2. sind alle Mitglieder hiervon in Kenntnis zu setzen.

5. Die Streikbevollmächtigten geben den beiden Vorständen täglich einen Streikbericht.

6. Im Falle von Lohnausfall bzw. Vergütungsausfall bei Arbeitskämpfen nach dieser Ordnung werden Unterstützungen nach Maßgabe eines Beschlusses der beiden Vorstände gewährt; jedoch muß die Streikunterstützung das Existenz-Minimum sichern ... Der Anspruch nach diesen Bestimmungen erlischt, wenn der Berechtigte diesen Bestimmungen zuwiderhandelt oder eine anderweitige Beschäftigung gegen Entgelt verrichtet.

7. Anspruch auf Streikunterstützung haben nur Mitglieder.
8. Vor Eintritt in einen Streik muß geprüft werden, in welchem Umfang Notarbeit zu verrichten ist. Im Zweifelsfall entscheiden die beiden Vorstände, was als Notarbeit anzusehen ist. Sie wird von den am Streik beteiligten Mitgliedern ausgeführt. Die Verweigerung der Notarbeit gilt als grobe Schädigung der gewerkschaftlichen Interessen ...

c) Christlicher Metallarbeiterverband CMV im CGB Satzung v. 10. 11. 1972

§ 29

Streik

Der CMV bejaht den Streik als Kampfmittel zur Erreichung der gestellten Ziele. Vor dem Einsatz gewerkschaftlicher Kampfmaßnahmen, insbesondere Streik, müssen alle Möglichkeiten der Verhandlungen zwischen den Tarifpartnern ausgeschöpft sein. Bei Arbeitskämpfen gelten folgende Verhaltungsmaßregeln[55] ...

d) Deutsche Angestellten-Gewerkschaft Streikrichtlinien vom 14. 10. 1963

Voraussetzung für den Streik

1. Der Streik (Arbeitsniederlegung) ist das letzte Mittel zur Durchsetzung gewerkschaftlicher Forderungen, insbesondere besserer Gehalts- und Arbeitsbedingungen oder zur Abwehr von Verschlechterungen.

   Voraussetzung für einen Streik ist, daß sich in einer Urabstimmung mindestens 75 % der abstimmungsberechtigten Mitglieder für den Streik entschieden haben.

[55] Die folgenden einschlägigen Bestimmungen über Urabstimmung, Friedenspflicht, Weisungsgebundenheit, Streikposten und Notstandsarbeiten entsprechen wörtlich den Ziffern 2, 3, 4 und 8 der vorstehend abgedruckten gemeinsamen Streikordnung von DPV und CGP. (d. Bearb.)

2. Eine Urabstimmung kann erst stattfinden, wenn alle Verhandlungsmöglichkeiten einschließlich gegebenenfalls vereinbarter Schlichtungsverfahren ausgeschöpft sind.
3. Urabstimmung und Streiks dürfen nur auf Beschluß des Bundesvorstandes erfolgen.
4. Der Streik ist zu beenden
   a) wenn mehr als 25 % der abstimmungsberechtigten Mitglieder einen zur Urabstimmung gestellten Vermittlungsvorschlag angenommen oder in einer Urabstimmung für die Beendigung des Arbeitskampfes gestimmt haben,
   oder
   b) auf Beschluß des Bundesvorstandes.

Urabstimmung

5. Der Antrag auf Durchführung einer Urabstimmung ist an die Abteilung Tarifpolitik des Bundesvorstandes zu richten. Diesem Antrag ist ein Bericht beizufügen, der folgende Angaben enthalten muß:
   a) Streitgegenstand und Verhandlungsablauf,
   b) Name und Sitz der für einen Arbeitskampf vorgesehenen Betriebe bzw. Verwaltungen im Bereich des Tarifgebietes,
   c) Anzahl der in den einzelnen Betrieben bzw. Verwaltungen gemäß b) beschäftigten Angestellten, der DAG-Mitglieder und, sofern eine andere Gewerkschaft an der Tarifbewegung beteiligt ist, nach Möglichkeit auch die Anzahl der Mitglieder dieser Gewerkschaft,
   d) Verhältnis zu den an der Tarifbewegung beteiligten Gewerkschaften.
6. Die Urabstimmung mittels Stimmzettels in betrieblichen Stimmbezirken. Die Abstimmung ist geheim; die Geheimhaltung ist unter allen Umständen sicherzustellen . . .

   Abstimmungsberechtigt sind alle von der Tarifbewegung betroffenen DAG-Mitglieder mit Ausnahme derjenigen, die sich in einem Ausbildungsverhältnis befinden.

Durchführung von Arbeitskämpfen

7. Die Durchführung des Streiks obliegt einer zentralen Streikleitung unter dem Vorsitz des Leiters der Abteilung Tarifpolitik des Bundesvorstandes bzw. des für die Tarifbewegung verantwortlichen Beiratsmitgliedes.

   Die zentrale Streikleitung hat im Rahmen der Bestimmungen der Ziffern 1—4 folgende Aufgaben:

   a) den Beginn des Streiks durch einen Streikaufruf zu verkünden,
   b) örtliche Streikleitungen zu bilden und Streikbüros einzurichten,
   c) alle Maßnahmen zu treffen, die eine ordnungsgemäße und wirksame Durchführung des Arbeitskampfes gewährleisten,
   d) die Beendigung des Streiks bekanntzugeben.

8. Die örtlichen Streikleitungen haben folgende Aufgaben:

   a) die von der zentralen Streikleitung angeordneten Maßnahmen durchzuführen und diese über alle Vorkommnisse innerhalb ihres Bereiches zu unterrichten,
   b) die Tageskontrolle der Mitglieder vorzunehmen und Mitglieder, die Streikbrecherarbeit leisten, namentlich zu erfassen,
   c) eine ständige Verbindung zu den bestreikten Betrieben bzw. Verwaltungen zu unterhalten und bei Festlegung von Notstandsarbeiten und der Auswahl der dafür zu bestimmenden Personen mitzuwirken,
   d) für die Stellung und Ablösung von Streikposten zu sorgen,
   e) Streikkontrollkarten und Ausweiskarten für Notstandsarbeiten und Streikposten auszugeben,
   f) ein Tagebuch über alle Ereignisse und getroffenen Anordnungen zu führen.

9. Notstandsarbeiten dienen grundsätzlich der Erhaltung der Betriebseinrichtungen, damit die Wiederaufnahme der Arbeit nach Beendigung des Arbeitskampfes unverzüglich erfolgen kann. Sie sind auf das äußerst vertretbare Mindestmaß zu beschränken.

   Die Ausführung von Notstandsarbeiten ist eine Angelegenheit der im Arbeitskampf befindlichen Personen.

   Über Art und Umfang der Notstandsarbeiten soll vor Beginn des Arbeitskampfes ein Einvernehmen zwischen den örtlichen

Streikleitungen und den Betriebsleitungen herbeigeführt werden. Bei Meinungsverschiedenheiten entscheidet die zentrale Streikleitung.

Verhalten im Arbeitskampf

10. Die Mitglieder der DAG sind verpflichtet, den Streikaufruf zu befolgen. Unter einen Berufsausbildungsvertrag fallende Mitglieder nehmen am Streik nicht teil.

    Wer während des Arbeitskampfes in bestreikten Betrieben bzw. Verwaltungen Arbeiten verrichtet, die dem Tätigkeitsbereich der Streikenden zugehören, ist Streikbrecher. Ausgenommen sind Notstandsarbeiten gemäß Ziffer 9.

11. Alle Streikenden haben sich für die Verrichtung von Notstandsarbeiten, Streikkontrollen und alle sonstigen im Interesse des Arbeitskampfes nötigen Dienste zur Verfügung zu stellen. Bei unberechtigter Weigerung kann die Streikunterstützung entzogen werden.

12. Mitglieder, die Streikbrecherarbeit leisten oder die Verrichtung von anerkannten Notstandsarbeiten ablehnen, werden auf Antrag aus der Organisation ausgeschlossen.

13. Wird in Betrieben bzw. Verwaltungen ein Arbeitskampf geführt, an dem die DAG nicht beteiligt ist, dürfen die im Betrieb verbliebenen Angestellten keine anderen Arbeiten leisten als solche, die sie nach ihrem Arbeitsvertrag auszuführen verpflichtet sind, es sei denn, daß sie zu gewerkschaftlich anerkannten Notstandsarbeiten herangezogen werden müssen. Über eine solche Heranziehung ist eine Verständigung mit der den Arbeitskampf führenden Gewerkschaft herbeizuführen. Wird eine Verständigung nicht erzielt, entscheidet im Einzelfall der Bundesvorstand.

Streikunterstützung

14. Die am Streik beteiligten Mitglieder erhalten eine Unterstützung nach Maßgabe der „Ordnung für Streik- und Gemaßregeltenunterstützungen“.

e) Deutsche Postgewerkschaft im DGB Satzung v. 8. 10. 1971

...

§ 3. 2. Zur Durchführung ihrer Aufgaben bedient sich die DPG aller geeigneten gewerkschaftlichen Kampfmittel.

§ 13. ... Bei Arbeitseinstellung sind vom Hauptvorstand als Notstandsarbeiten bezeichnete Arbeiten bzw. im Einzelfall angeordnete Notstandsarbeiten auszuführen. Mitglieder, die sich weigern, angeordnete Notstandsarbeiten zu übernehmen und auszuführen, haben keinerlei Anspruch auf gewerkschaftliche Unterstützung während des Arbeitskampfes.

Richtlinien der DPG zur Durchführung von Arbeitskämpfen (Auszug)

1. Die Durchführung eines Arbeitskampfes kann nur mit vorheriger Zustimmung des Hauptvorstandes erfolgen.
2. Der Hauptvorstand kann die Zustimmung nur erteilen, wenn
   a) nach ergebnislosen Verhandlungen und evtl. Schlichtungsverhandlungen auch alle sonst zur Verfügung stehenden Möglichkeiten erschöpft sind und
   b) von den für den Arbeitskampf in Betracht kommenden Mitgliedern der DPG sich drei Viertel in geheimer Abstimmung für den Arbeitskampf entschieden haben.

Für die Beschlußfassung über Fortsetzung oder Beendigung des Arbeitskampfes gelten die unter b) festgelegten Grundsätze.

...

11. Während des Arbeitskampfes unterstehen die in Betracht kommenden Mitglieder den Weisungen der zuständigen Stellen.
12. Jedes am Arbeitskampf teilnehmende Mitglied ist verpflichtet, sich an Maßnahmen zur Durchführung und Kontrolle des Arbeitskampfes zu beteiligen. Weigerung kann Unterstützungsentzug zur Folge haben.
13. Jedes Mitglied ist verpflichtet. Vorkommnisse während des Arbeitskampfes den zuständigen Stellen zu berichten.

f) Gesamtverband der metallindustriellen Arbeitgeberverbände e. V. — Gesamtmetall — Arbeitskampfrichtlinien (Dezember 1973)[56]

III. Abwehraussperrung

Das nach dem Grundsatz der Kampfparität dem Streik entsprechende zulässige Kampfmittel der Arbeitgeberseite ist die Aussperrung, deren praktisch wichtigster Fall die Abwehraussperrung ist. Über die Anordnung der Aussperrung, ihren Beginn und ihrem Umfang beschließt der Arbeitgeberverband.

Die Aussperrung kann grundsätzlich gegen alle Arbeiter und Tarifangestellten gerichtet werden, auch gegen arbeitswillige, arbeitsunfähige und beurlaubte Arbeitnehmer. Die Abgrenzung zwischen Arbeitern und Angestellten ist grundsätzlich nach der Zuordnung zur Arbeiterrenten- oder Angestelltenversicherung vorzunehmen, soweit tarifvertraglich nicht eine andere Regelung getroffen ist.

Als Kollektivmaßnahme kann die Aussperrung nicht auf einzelne Arbeitnehmer, sondern nur auf Arbeitnehmergruppen beschränkt werden. Auf der anderen Seite kann der Arbeitgeber aber einzelne Personen wie z. B. die Angehörigen des Notdienstes von der Aussperrung ausnehmen.

1. Die Erklärung der Aussperrung

Hat der Verband die Aussperrung beschlossen, hat der Arbeitgeber sie den betroffenen Arbeitnehmern zu erklären. Dies kann durch Anschlag am Werkeingang geschehen; zweckmäßig ist, sie den Arbeitnehmern außerdem brieflich in die Wohnung und ggfs. möglichst an ihre Ferien- oder ausländische Heimatadresse zu senden. Die Aussperrungserklärung gegenüber ausländischen Arbeitnehmern sollte in deren Muttersprache abgefaßt sein (Muster für Aussperrungserklärungen samt Übersetzungen in Anlagen 11—12g).

Es empfiehlt sich, in dem Schreiben an die Arbeitnehmer bereits darauf hinzuweisen, daß der Zeitpunkt der Wieder-

[56] Vom Abdruck der Bestimmungen über Notstandsarbeiten und Solidaritätsmaßnahmen, die weitestgehend mit den oben aufgeführten Richtlinien des Arbeitsrings der AV Chemie übereinstimmen, konnte abgesehen werden (d. Bearb.).

aufnahme der Arbeit nicht durch Einzelschreiben, sondern nur durch Anschlag an den Fabriktoren oder gegebenenfalls durch die öffentlichen Nachrichtenmittel — Presse, Rundfunk, Fernsehen und dergleichen — bekanntgegeben wird. Wird ein solcher Hinweis in das Aussperrungsschreiben nicht aufgenommen, dann muß den ausgesperrten Arbeitnehmern der Zeitpunkt der Arbeitsaufnahme rechtzeitig wieder durch Einzelschreiben mitgeteilt werden.

Sind die streikenden Arbeitnehmer — wie bei einem Sitzstreik — im Betrieb, genügt die mündliche Erklärung der Aussperrung, möglichst in Gegenwart unbeteiligter Zeugen.

Bevor eine einzelne Firma, etwa zur Abwehr eines gegen sie allein gerichteten Streiks, die Aussperrung erklärt, sollte sie sich möglichst früh unbedingt mit dem Arbeitgeberverband abstimmen. Nach der Erfahrung liegt es im eigenen Interesse der betroffenen Firma, bei der Entscheidung über die Kampfmaßnahme, bei ihrer Durchführung sowie bei den erforderlichen Verhandlungen mit der Belegschaft, dem Betriebsrat und der Gewerkschaft den Verband einzuschalten.

2. Unterstützungsleistungen

Selbstverständlich dürfen ausgesperrte Arbeitnehmer nicht durch den Betrieb unterstützt werden. Zahlungen jedweder Art sind geeignet, die Wirkung der Aussperrung wiederaufzuheben, den Arbeitskampf unnötig zu verlängern und die Solidarität der Arbeitgeber zu untergraben. Sowohl bei Streik wie bei Aussperrung verringert man durch Unterstützung den Druck auf die kämpfende Gewerkschaft, der um so größer ist, je mehr Arbeitnehmer vom Arbeitskampf betroffen sind. Zudem können Arbeitnehmer, die ernstlich in Not geraten, Unterstützungsleistungen aus der Sozialhilfe beantragen.

g) Gewerkschaft Erziehung und Wissenschaft im DGB
Satzung (i. d. F. v. 4. 6. 1971)

§ 5

1. Die GEW bekennt sich zum Arbeitskampf als Mittel zur Durchsetzung gewerkschaftlicher Forderungen für alle Arbeitnehmer.

2. Vor einem Streik muß eine Urabstimmung stattfinden, die vom Hauptvorstand auf Antrag eines Urabstimmungsbereiches beschlossen wird. Die Urabstimmung darf erst durchgeführt werden, wenn alle Verhandlungsmöglichkeiten ausgeschöpft sind und keine Verständigung zustande gekommen ist. Für einen Streik ist in der Urabstimmung eine Mehrheit von mindestens 75 % der Abstimmungsberechtigten erforderlich.
3. Streikunterstützung wird nach Maßgabe der vorhandenen Mittel gewährt ...
4. Wird die Arbeitsniederlegung vom Hauptvorstand für beendet erklärt, so entfällt die Streikunterstützung von dem Tage an, der für die Wiederaufnahme der Arbeit bestimmt wird.
5. Die Richtlinien zur Durchführung von Arbeitskämpfen werden vom Hauptausschuß erlassen.
6. Die Durchführung von Warnstreiks hat sich an den „Richtlinien der GEW für Arbeitskämpfe" zu orientieren. Bei Warnstreiks von kürzerer als eintägiger Dauer kann auf eine Urabstimmung verzichtet werden, wenn ihre Durchführung aus zeitlichen Gründen die beabsichtigte Wirkung der Arbeitsniederlegung vereiteln würde.

Anlage zur Satzung

Richtlinie für Arbeitskämpfe

... Der Streik ist das letzte Mittel im gewerkschaftlichen Kampf, das erst angewandt werden darf, wenn alle Verhandlungsmöglichkeiten ausgenutzt sind. Erst dann, wenn kein anderer Weg mehr übrig bleibt, ist der Streik als das letzte und gewerkschaftliche Kampfmittel einzusetzen. Der Streik ist eine scharfe, aber auch eine zweischneidige Waffe. Seine Auslösung bedarf daher der sorgfältigsten Vorbereitung unter vorsichtiger Abwägung aller seiner etwaigen Begleiterscheinungen. Die organisatorischen Schäden, die dadurch eintreten, daß ein Streik zusammenbricht, sind sehr schwer wieder zu beseitigen.

In allen Fällen, in denen die gewerkschaftliche Organisation den Kampf beschließt, ist ausreichend Vorsorge zu treffen, daß die zum Kampf Aufgerufenen die Beweggründe der beabsichtigten Aktionen nicht nur eindeutig erfahren, sondern auch davon überzeugt sind, daß das vorgesehene Kampfziel unter allen Umständen zu erreichen ist. Die präzise Formulierung des zu erreichenden Zieles ist deshalb eine notwendige Voraussetzung für das Gelingen eines Arbeitskampfes[57]. . . .

IV.
Sonstige Maßnahmen

Passive Resistenz (z. B. Verweigerung sachfremder Verwaltungsaufgaben, Überstundenverweigerung über das gesetzlich vorgesehene Maß hinaus) und sonstige Maßnahmen unterhalb der Ebene des Streiks fallen nicht unter diese Richtlinien.

b) Gewerkschaft Gartenbau, Land- und Forstwirtschaft im DGB

Richtlinien zur Führung von Arbeitskämpfen (1968):

I. Voraussetzung für Arbeitskämpfe

1. Die Arbeitsniederlegung ist nur als letztes Mittel zur Durchsetzung gewerkschaftlicher Forderungen, insbesondere besserer Lohn- und Arbeitsbedingungen oder zur Abwehr von Verschlechterungen anzuwenden.
2. Vor jeder Arbeitseinstellung sind alle Verhandlungsmöglichkeiten auszuschöpfen.
3. Die den Tarifvertragsparteien auferlegte Friedenspflicht macht zur Bedingung, daß vor jeder Arbeitsniederlegung die Entscheidung der Schieds- bzw. Schlichtungsstelle abzuwarten ist, soweit die vertragsschließenden Tarifvertragsparteien solche Einrichtungen geschaffen haben.

. . .

II. Organisatorische Einleitung und Durchführung der Arbeitskämpfe auf betrieblicher und örtlicher Basis . . .

1. Einleitung und Durchführung von Arbeitskämpfen bedürfen der vorherigen Genehmigung des Hauptvorstandes.

[57] Die folgenden Bestimmungen über die Durchführung von Urabstimmung, Streik und Weisungsgebundenheit entsprechen — von unwesentlichen Abweichungen abgesehen — wörtlich den Bestimmungen I. 2 ff. II. und III. der ÖTV (unten 1.)
Vom Abdruck wurde daher abgesehen (d. Bearb.)

...

6. Bei der Entscheidung über die Genehmigung von Arbeitskämpfen hat der Hauptvorstand nicht nur das Abstimmungsergebnis, sondern auch die Gesamtumstände zu berücksichtigen. Grundsätzlich soll eine Streikgenehmigung erteilt werden, wenn mindestens 75 % der abstimmungsberechtigten Gewerkschaftsmitglieder sich für die Arbeitsniederlegung ausgesprochen haben.

III. Pflichten der Mitglieder

3. Die Entscheidungen des Hauptvorstandes bzw. Hauptausschusses sind unter allen Umständen für die an der Streikbewegung Beteiligten bindend.

...

V. Beendigung des Streiks

...

2. Die Termine für die Streikbeendigung werden ausnahmslos durch den Hauptvorstand festgesetzt.

i) Gewerkschaft Leder
Satzung v. 11. 5. 1972

Arbeitskämpfe § 10

1. Streiks setzen den Beschluß des Hauptvorstandes voraus. Wird ohne oder gegen einen Beschluß des Hauptvorstandes die Arbeit niedergelegt, so besteht für die betreffenden Mitglieder kein Anspruch auf eine Unterstützung.

Aussperrungen sind unverzüglich dem Hauptvorstand zu melden, der über die Unterstützung der betroffenen Mitglieder zu entscheiden hat.

Sperren über Betriebe können nur vom Hauptvorstand verhängt werden.

2. Voraussetzung eines Streikbeschlusses ist grundsätzlich die Durchführung einer vom Hauptvorstand zu beschließenden Abstimmung, die geheim mit Stimmzettel zu erfolgen hat.

Vor der Abstimmung sind den in Frage kommenden Mitgliedern in geeigneter Weise die Streikbestimmungen der Satzung und die Höhe der Streikunterstützung bekanntzugeben.

Der Hauptvorstand kann nur zum Streik aufrufen, wenn sich mindestens 75 % der vom Streik zu erfassenden Mitglieder für die Arbeitsniederlegung entschieden haben. Über die Abstimmung ist ein Protokoll aufzunehmen.

In besonderen Fällen kann nach Beschluß des Hauptvorstandes von einer Abstimmung Abstand genommen werden.

3. Vor einer Abstimmung und vor einem Streikbeschluß hat der Hauptvorstand zu prüfen, ob in einen Streik eingetreten werden kann. Insbesondere hat er die Wirtschaftslage und die Organisationsverhältnisse zu prüfen sowie festzustellen, ob

a) die notwendigen finanziellen Mittel vorhanden sind,
b) die Gefahr einer Aussperrung besteht,
c) eine Friedenspflicht gegenüber den zu bestreikenden Betrieben nicht besteht.

4. Der Streikaufruf erfolgt durch den Hauptvorstand.

Für die Mitglieder, die nach dem Beschluß des Hauptvorstandes an dem Streik beteiligt werden sollen, ist der Streikaufruf bindend und zu befolgen.

Wer der Aufforderung des Hauptvorstandes zur Arbeitsniederlegung nicht Folge leistet, die Arbeit vor Beendigung des Streiks aufnimmt oder anderen Anordnungen des Hauptvorstandes und seiner Beauftragten nicht nachkommt, schädigt in grober Weise die gewerkschaftlichen Interessen und wird unter Beachtung des § 5, Ziffern 3 und 4, aus der Gewerkschaft ausgeschlossen.

5. Die Durchführung des Streiks erfolgt nach den Richtlinien des Hauptvorstandes[58].

6. Der Streik wird durch Anordnung des Hauptvorstandes beendet. Die Anordnung kann jederzeit erfolgen, wenn die Umstände es erfordern.

Der Hauptvorstand hat die Beendigung des Streiks anzuordnen, wenn sich in einer Abstimmung über die Fortsetzung

[58] Wegen weitestgehender Übereinstimmung der Richtlinien mit denen der IG Chemie-Papier-Keramik wurde vom Abdruck abgesehen (d. Bearb.)

des Streiks keine 75 % der am Streik beteiligten Mitglieder für die Fortsetzung erklären.

Der Hauptvorstand hat die Beendigung des Streiks anzuordnen, wenn sich bei Vorliegen eines Verhandlungsergebnisses mehr als 50 % der betroffenen Mitglieder für die Annahme entscheiden.

j) Gewerkschaft Nahrung - Genuß - Gaststätten im DGB Satzung v. 1. 1. 1971

§ 21

Arbeitskämpfe

1. Die Einleitung und Durchführung von Arbeitskämpfen bedarf der Zustimmung des Geschäftsführenden Hauptvorstandes. Der Geschäftsführende Hauptvorstand kann seinen Beschluß vom Ergebnis einer Mitgliederbefragung (Urabstimmung) abhängig machen, und eine solche Befragung über die Kampfbereitschaft in jeder Phase des Arbeitskampfes wiederholen.
2. Ein nicht genehmigter Arbeitskampf kann durch Beschluß des Geschäftsführenden Hauptvorstandes von der Gewerkschaft NGG übernommen und mit geeigneten Maßnahmen unterstützt werden.
3. Die Beendigung eines Arbeitskampfes beschließt der Geschäftsführende Hauptvorstand oder dessen Beauftragter. Sie soll auch entgegen der Ansicht der am Arbeitskampf beteiligten Gruppe erfolgen, wenn nach den Umständen die Weiterführung des Kampfes zwecklos geworden ist, oder sich für die Gewerkschaft als schädigend auswirken kann.
4. Der Hauptvorstand ist ermächtigt, ergänzende Richtlinien zur Durchführung von Arbeitskämpfen zu beschließen.

Richtlinien zur Führung von Arbeitskämpfen i. d. F. v. 17./19. 2. 1970 (Auszug)

§ 5

...

3. Was Notstandsarbeiten, Erhaltungsarbeiten oder Arbeiten zur Abwendung von Gefahren sind, ist in einem Katalog für die

jeweiligen Wirtschaftsbereiche festgelegt. Nur in diesem Umfang sind Arbeiten während Arbeitskämpfen zulässig. Über darüber hinausgehende Arbeiten entscheidet die zentrale Streikleitung nach Weisung des Geschäftsführenden Hauptvorstandes.

Vor Durchführung eines Streiks ist der Arbeitgeberseite mitzuteilen, welche Arbeiten ausschließlich (Katalog) als Notstandsarbeiten angesehen werden. Über die zu leistenden Notstandsarbeiten ist mit der Arbeitgeberseite eine Vereinbarung zu treffen.

Den Anordnungen der Streikleitung, Notstandsarbeiten durchzuführen, ist Folge zu leisten. Mitglieder, die sich insoweit ohne wichtigen Grund weigern, verwirken ihre Ansprüche auf gewerkschaftliche Unterstützung während des Arbeitskampfes. In diesem Falle ist dafür Sorge zu tragen, daß andere geeignete Arbeitnehmer an ihre Stelle treten. Die nicht hinreichend begründete Verweigerung von Notstandsarbeiten stellt eine grobe Schädigung gewerkschaftlicher Interessen dar.

k) Gewerkschaft Öffentlicher Dienst im CGB
Satzung v. 3. 10. 1970

§ 3
Grundsätze

Die GÖD bekennt sich zum verfassungsmäßigen Koalitions- und Streikrecht und tritt für das Berufsbeamtentum ein.

. . .

l) Gewerkschaft Öffentliche Dienste Transport und Verkehr im DGB
Satzung v. 1. 6. 1972

§ 19
Urabstimmung, Arbeitskampf

1. Die ÖTV bekennt sich zum Arbeitskampf als Mittel zur Durchsetzung gewerkschaftlicher Forderungen.
2. Vor einem Streik muß grundsätzlich eine Urabstimmung stattfinden. Die Urabstimmung darf erst durchgeführt werden, wenn alle Verhandlungsmöglichkeiten ausgeschöpft sind und keine Verständigung zustande gekommen ist. Für

einen Streik ist in der Urabstimmung eine Mehrheit von mindestens 75 % der Abstimmungsberechtigten erforderlich.

3. Feuerwehrbedienstete werden nicht in Arbeitskämpfe einbezogen. Das gleiche gilt für die Polizei und die Bundeswehr mit Ausnahme der dort beschäftigten Arbeiter und Angestellten.
4. Das Nähere bestimmt der Hauptvorstand in Richtlinien. Die Richtlinien zur Durchführung von Urabstimmungen regeln insbesondere die Voraussetzungen, Durchführung, Leitung und Auswertung von Urabstimmungen. Die Richtlinien zur Durchführung von Arbeitskämpfen regeln insbesondere die Einleitung, Durchführung, Leitung und Beendigung von Streiks. Sie enthalten ferner die mit bindender Wirkung für die Mitglieder festgelegten Pflichten während eines Arbeitskampfes und die Maßnahmen bei Nichtbeachtung der Pflichten sowie der Anordnungen der zuständigen Stellen der ÖTV.

Richtlinien über Urabstimmungen und Arbeitskämpfen vom 12. 12. 68

I. Urabstimmung

1. Sind die Voraussetzungen für die Ausrufung eines Streiks zur Durchsetzung tarifvertraglicher Forderungen (Abschnitt II Ziff. 2 Satz 1) gegeben, so faßt der geschäftsführende Hauptvorstand Beschluß über die Einleitung einer Urabstimmung. Handelt es sich um die Durchsetzung tarifvertraglicher Forderungen auf bezirklicher Ebene, so wird der Beschluß des geschäftsführenden Hauptvorstandes durch den Bezirksvorstand beantragt.
2. Beschließt der geschäftsführende Hauptvorstand die Einleitung einer Urabstimmung, so bestimmt er gleichzeitig den Urabstimmungsbereich, die Arbeitskampfleitung, die Fragestellung für die Urabstimmung und den Zeitpunkt der Urabstimmung.
Die Arbeitskampfleitung übt während der Urabstimmung die Funktion der Abstimmungsleitung aus.
3. Abstimmungsberechtigt für eine Urabstimmung sind alle Mitglieder der ÖTV, die im Urabstimmungsbereich beschäftigt sind. Bei der Ermittlung der Zahl der Abstimmungsberechtigten zählen diejenigen Mitglieder nicht mit, die durch Krankheit, Urlaub, Dienstreise, Ortsabwesenheit oder durch andere triftige

Gründe an der Teilnahme zur Urabstimmung verhindert sind. Alle abstimmungsberechtigten Mitglieder, die nicht aus triftigen Gründen verhindert sind, sind verpflichtet, an der Urabstimmung teilzunehmen ...

5. Die Beauftragten für die Urabstimmung können bei Bedarf Helfer und Ordner beiziehen. Beauftragte, Helfer und Ordner müssen Mitglieder der ÖTV sein.

6. Die Urabstimmung ist geheim durchzuführen. Die Stimmzettel sind in eine verschlossene Urne einzuwerfen.

10. Werden unmittelbar nach einer erfolgreichen Urabstimmung (§ 19 Ziffer 2 der ÖTV-Satzung und Abschn. II Ziff. 2, letzter Satz dieser Richtlinien), aber vor Ausrufung oder Beginn des Streiks, die Verhandlungen wieder aufgenommen, so ist nach deren Scheitern keine neue Urabstimmung erforderlich.

11. Wird ein Verhandlungsergebnis erzielt, das nicht den gewerkschaftlichen Forderungen bei Einleitung der Urabstimmung entspricht, so ist für die Annahme dieses Ergebnisses eine neue Urabstimmung erforderlich. Für die Annahme des Ergebnisses müssen mehr als 50 % der an der Abstimmung Beteiligten stimmen.

II. Streik

1. Die Ausrufung eines Streiks erfolgt in jedem Falle durch den geschäftsführenden Hauptvorstand. Dieser bestimmt, sofern nicht wegen einer vorausgegangenen Urabstimmung die Arbeitskampfleitung bereits feststeht, die Arbeitskampfleitung. Der geschäftsführende Hauptvorstand bestimmt insbesondere den Bereich, die Art und die Dauer des Kampfes sowie — nach den Richtlinien des Hauptvorstandes — die Höhe der Unterstützungen für die Mitglieder. Er kann vorher Notdienste anordnen oder während des Kampfes zulassen sowie Ausnahmen festlegen. Im übrigen ist die Vereinbarung oder Zulassung von Notdiensten Sache der Arbeitskampfleitung[59/60].

2. Ein Streik zur Durchsetzung tarifvertraglicher Forderungen darf grundsätzlich erst eingeleitet und durchgeführt werden, wenn keine Friedenspflicht mehr besteht, evtl. vorgesehene tarifliche Schlichtungsverfahren erfolglos durchgeführt, alle zumutbaren Verhandlungsmöglichkeiten ausgeschöpft und keine Verständigung

[59/60] Beispiele siehe Anhang (d. Bearb.)

mit der Arbeitgeberseite zustande gekommen ist. Es ist in der Regel eine Urabstimmung gemäß Abschn. I erforderlich, in der sich die Abstimmungsberechtigten mit einer Mehrheit von mindestens 75 % für den Streik entschieden haben.

3. Die Arbeitskampfleitung hat alle zur ordnungsgemäßen Durchführung des Streiks erforderlichen Maßnahmen zu treffen.
Alle Mitglieder im Arbeitskampfbereich haben den Anordnungen der Arbeitskampfleitung Folge zu leisten.
Zum Dienst als Streikposten oder zu sonstigen Hilfsdiensten kann die Arbeitskampfleitung nur Freiwillige einteilen oder einteilen lassen. Diese müssen Mitglieder der ÖTV sein. Die Arbeitskampfleitung untersteht während des Streiks — hinsichtlich der Durchführung des Streiks — direkt dem geschäftsführenden Hauptvorstand.

5. Ist das Kampfziel erreicht oder die weitere Durchführung des Streiks nicht mehr zweckdienlich, so beschließt der geschäftsführende Hauptvorstand den Zeitpunkt der Beendigung des Kampfes. Er kann seinen Beschluß von dem Ergebnis einer Urabstimmung abhängig machen (Abschn. I gilt hierfür sinngemäß). Nach Beendigung eines Streiks haben alle in Frage kommenden Mitglieder die Arbeit wiederaufzunehmen bzw. die Arbeitsleistung dem Arbeitgeber wieder anzubieten.

III. Ausschlußverfahren, Verweigerung der Unterstützung

Handelt ein Mitglied während eines Arbeitskampfes gegen die Anordnungen oder Weisungen der zuständigen Stellen der ÖTV, werden insbesondere die Anordnungen des geschäftsführenden Hauptvorstandes oder der Arbeitskampfleitung nicht befolgt, so kann ein Ausschlußverfahren eingeleitet werden. Unabhängig hiervon kann die Auszahlung einer Unterstützung durch den geschäftsführenden Hauptvorstand oder die Arbeitskampfleitung verweigert werden.

IV. Sympathiestreik, Boykott und andere Arbeitskämpfe

Die Anordnung einer Urabstimmung durch den geschäftsführenden Hauptvorstand vor Streiks ist insbesondere dann nicht erforderlich, wenn es sich um Sympathiestreiks, Abwehrstreiks, Proteststreiks und ähnliche Aktionen handelt.

Andere Arbeitskämpfe, z. B. Boykott, werden ebenfalls ohne vorherige Urabstimmung durch den geschäftsführenden Hauptvorstand angeordnet. Im übrigen gelten diese Richtlinien sinngemäß.

m) Gewerkschaft der Polizei
Satzung v. 11. 11. 1970

§ 2 ...

(2) Die Ziele der GdP sollen erreicht werden durch Einwirkung auf die Gesetzgebung, Abschluß von Tarifverträgen, Verhandlungen mit den Behörden und, soweit erforderlich, durch Anwendung gewerkschaftlicher Kampfmittel ...

Leitfaden für die Durchführung des Arbeitskampfes

B. *Durchführung des Arbeitskampfes*

Der Gewerkschaftsvorstand beschließt nach erfolgter Urabstimmung die Durchführung des Arbeitskampfes.

I. Streikleitung

1. Zentrale Streikleitung

   Die Durchführung des Arbeitskampfes obliegt der zentralen Streikleitung ...

2. Landesstreikleitung

   ... h) Sie hat unter Mitwirkung der örtlichen Streikleitungen Notstandsarbeiten festzulegen und die Auswahl der dafür zu bestimmenden Personen zu treffen[61].

... G. *Streikposten*

Ein Streik kann nur dann erfolgreich beendet werden, wenn die bestreikten Dienststellen oder Teile der Dienststellen, mit Ausnahme der erforderlichen Notstandsarbeiten, voll stillgelegt werden.

Jedes Mitglied sollte sich daher — wenn erforderlich — auch für die Überwachung der Innehaltung der Streikbeschlüsse zur Verfügung stellen und Streikpostendienste übernehmen.

Streikposten haben die Aufgabe, alle Arbeitnehmer von der Notwendigkeit der Arbeitsniederlegung zu überzeugen und zu verhindern, daß Streikbrecher den Kampferfolg gefährden.

H. *Notstandsarbeiten*

Ein Arbeitskampf darf nicht dazu führen, daß Arbeitsplätze, die nach Beendigung des Streiks wieder eingenommen werden sollen,

[61] Entspricht größtenteils wörtlich Ziff. 13, S. 1 und 2 der DAG-Richtlinien (d. Bearb.)

beschädigt oder beeinträchtigt werden. Deshalb sind gewisse Wartungsarbeiten erforderlich.

Verpflichtung unserer Mitglieder ist es auch, soweit sie die entsprechende Sachkunde zur Durchführung derartiger Notdienstarbeiten besitzen, sich dafür zur Verfügung zu stellen.

n) Industriegewerkschaft Bergbau und Energie im DGB Satzung (1969)

§ 13

1. Der Arbeitskampf ist ein Mittel zur Durchsetzung der Forderungen der IGBE.
2. Vorbereitung, Einleitung und Durchführung eines Streiks bedürfen der Zustimmung des Hauptvorstandes.
   Der Hauptvorstand kann einen Streik beschließen, wenn sich für ihn in geheimer Abstimmung 75 Prozent der abstimmungsberechtigten Mitglieder entschieden haben.
3. Für die Fortsetzung oder Beendigung eines Streiks gilt Ziffer 2 sinngemäß.
4. Der Hauptvorstand ist berechtigt
   a) bei Angriffen auf die Existenz oder die Rechte der Gewerkschaft,
   b) bei Angriffen auf die demokratische Grundordnung des Staates einen Streik ohne vorherige Urabstimmung zu beschließen.
5. Jedes streikende Mitglied ist verpflichtet, während eines Streiks Notstandsarbeiten auszuführen.
6. Jedes Mitglied ist verpflichtet, alle im Rahmen des Streiks notwendigen Dienste nach Anweisung der Streikleitung zu leisten.
7. Ein Anspruch auf Zahlung der Streikbeihilfe entfällt, wenn das Mitglied sich weigert, den Verpflichtungen aus den Ziffern 5 und 6 nachzukommen.
8. Wird ohne Beschluß des Hauptvorstandes die Arbeit niedergelegt, haben die Mitglieder keinen Anspruch auf Zahlung der Streikbeihilfe.

o) Industriegewerkschaft Chemie - Papier - Keramik im DGB — Satzung (1972) —

Arbeitskämpfe

Zur Durchsetzung gewerkschaftlicher Forderungen und zur Abwehr von Maßnahmen, die geeignet sind, ihre Interessen zu schädigen, können die Mitglieder in Arbeitskämpfe eintreten.

§ 14

Voraussetzungen für Arbeitskämpfe

1. Arbeitskämpfe sind das letzte gewerkschaftliche Mittel. Sie dürfen nicht durchgeführt werden, solange eine Friedenspflicht besteht.

2. Die in den Tarifverträgen oder in Schieds- und Schlichtungsabkommen festgelegte Rechtspflicht zum Verhandeln ist zu beachten. Das Scheitern der Verhandlungen muß dem Verhandlungspartner gegenüber in schriftlicher Form erklärt sein, oder es muß eine entsprechend eindeutige Erklärung der Gegenseite vorliegen.

§ 15

Beschlußfassung über Vorbereitung und Durchführung von Arbeitskämpfen

1. Der Hauptvorstand beschließt über die Vorbereitung und Durchführung von Urabstimmungen und Arbeitskämpfen. Der Hauptvorstand hat zu prüfen, ob ein Streik unter den gegebenen Umständen Aussicht auf Erfolg hat. Er kann die Durchführung von Streiks davon abhängig machen, daß sich mindestens 75 Prozent der an der Abstimmung beteiligten Mitglieder für den Streik aussprechen. Dabei müssen sich mehr als 50 Prozent der Abstimmungsberechtigten an der Abstimmung beteiligen . . .

§ 16

Anträge auf Durchführung von Arbeitskämpfen

1. Anträge auf Durchführung von Arbeitskämpfen können nach Erlöschen der Friedenspflicht von den Tarifkommissionen gestellt werden. Sie bleiben ohne Rechtswirkung, solange nicht hierüber ein Beschluß des Hauptvorstandes vorliegt.

2. Die zuständigen Bezirksleiter und die Wirtschaftsabteilung bei der Hauptverwaltung sind verpflichtet, dem Hauptvorstand unverzüglich ihre Stellungnahme zu den gestellten Anträgen zuzuleiten.

§ 17

Wiederaufnahme von Verhandlungen

1. Die Tarifkommission kann über eine Wiederaufnahme von Verhandlungen nur beschließen, solange die Durchführung von Arbeitskämpfen weder beantragt noch beschlossen worden ist und wenn sichergestellt ist, daß die Friedenspflicht hierdurch nicht wiederauflebt.

2. Ist die Wiederaufnahme von Verhandlungen mit einem Wiederaufleben der Friedenspflicht verbunden oder sind Arbeitskämpfe beantragt oder beschlossen, dann entscheidet der Hauptvorstand über die Wiederaufnahme der Verhandlungen. In diesen Fällen beschließt der Hauptvorstand auch darüber, wer die neuen Verhandlungen zu führen hat.

3. Kommt nach Wiederaufnahme von Verhandlungen ein Ergebnis zustande, dann entscheidet über dessen Annahme die Tarifkommission im Einvernehmen mit dem Hauptvorstand, wenn die Durchführung von Arbeitskämpfen weder beantragt noch beschlossen worden ist.

4. Sind Urabstimmungen beschlossen und hat der Streik noch nicht begonnen, so entscheidet über die Annahme eines vorliegenden Verhandlungsergebnisses der Hauptvorstand nach Anhörung der Tarifkommission. Sind Urabstimmungen ganz oder teilweise durchgeführt, so kann der Hauptvorstand vor seiner Entscheidung eine Abstimmung über das Verhandlungsergebnis durchführen lassen. Hierbei wird der Kreis der abstimmenden Mitglieder nach den jeweiligen Umständen durch den Hauptvorstand festgelegt.

§ 18

Durchführung von Urabstimmungen

1. Die vom Hauptvorstand beschlossenen Urabstimmungen werden von den Verwaltungsstellen durchgeführt. Die Abstimmungen erfolgen nach den Grundsätzen der freien und geheimen Wahl.

2. Abstimmungsberechtigt sind die Mitglieder, die nach dem Beschluß des Hauptvorstandes an einem Streik beteiligt werden sollen ...

§ 19

Durchführung von Streiks

1. Vorbereitung und Durchführung von Streiks obliegen im Rahmen der vom Hauptvorstand zu erfassenden Richtlinien im Zusammenwirken mit den zu bestellenden Streikleitungen ...

4. Den Anordnungen, Notstandsarbeiten durchzuführen, ist Folge zu leisten.

§ 20

Beendigung des Streiks

1. Der Streik wird durch Anordnung des Hauptvorstandes beendet. Die Anordnung kann jederzeit erfolgen, wenn die Umstände es erfordern.

2. Ist dem Streik eine Urabstimmung voraufgegangen, so findet auch vor seiner Beendigung eine Urabstimmung statt.

3. Der Hauptvorstand hat die Beendigung anzuordnen, wenn sich in einer Abstimmung über die Fortsetzung des Streiks keine 75 Prozent der am Streik beteiligten Mitglieder für die Fortsetzung erklären.

4. Der Hauptvorstand kann die Beendigung des Streiks anordnen, wenn sich bei Vorliegen eines Verhandlungsergebnisses mehr als 50 Prozent der betroffenen Mitglieder für die Annahme entscheiden.

§ 21

Unzulässige Arbeitskämpfe

1. Arbeitskämpfe, die ohne Beschluß des Hauptvorstandes durchgeführt werden, sind unzulässig.

2. Die an unzulässigen Arbeitskämpfen Beteiligten haben keinen Anspruch auf Unterstützung.

3. Der Hauptvorstand und der Bezirk sind unverzüglich über solche unzulässigen Arbeitskämpfe durch die Verwaltungsstelle zu unterrichten.

§ 22

Aussperrungen

Bei Aussperrungen und Abwehraussperrungen (Aussperrungen während eines Streiks) sind der Hauptvorstand und der Bezirk unverzüglich durch die Verwaltungsstelle zu unterrichten. Der Hauptvorstand beschließt, welche Maßnahmen gegen die Aussperrungen zu ergreifen sind und wer mit der Durchführung beauftragt wird.

§ 23

Streiks aus besonderem Anlaß

1. Der Hauptvorstand kann zu einem Streik aufrufen

a) bei Angriffen auf die demokratische Grundordnung oder auf die demokratischen Grundrechte;

b) bei Angriffen auf die Existenz oder die Rechte der Gewerkschaften.

Einer solchen Maßnahme muß der Versuch vorausgehen, mit dem Deutschen Gewerkschaftsbund zu einem gemeinsamen Vorgehen zu kommen.

2. In solchen Fällen kann der Hauptvorstand, abweichend von den Bestimmungen der Satzung (§ 26), Sonderregelungen treffen.

§ 24

Streikbruch und streikwidriges Verhalten

Wer der Aufforderung zur Arbeitsniederlegung nicht Folge leistet, die Arbeit vor Beendigung des Streiks aufnimmt oder den Anordnungen der Streikleitung, des Hauptvorstandes oder seiner Beauftragten nicht nachkommt, schädigt in grober Weise die gewerkschaftlichen Interessen. Er hat keinerlei Anspruch auf Streikunterstützung und wird nach § 7 Ziffer 3 aus der Gewerkschaft ausgeschlossen.

Streikrichtlinien der IG Chemie - Papier - Keramik
(1967)

4. *Streikposten*

Streikposten werden auf Vorschlag der betrieblichen Streikausschüsse durch die örtlichen Streikausschüsse benannt und nach einem Zeitplan eingeteilt.

Sie müssen die Anweisungen der Streikleitung und der Streikausschüsse befolgen und die für alle Streikenden geltenden Verhaltensvorschriften beachten.

Ihre besonderen Aufgaben sind:

a) allgemeine Torkontrollen und Ausweiskontrolle der zu Notstandsarbeiten eingeteilten Streikenden;
b) Streikbrecher im Sinne des Streikaufrufs zu beeinflussen und Unbelehrbare namentlich an die Streikleitung zu melden;
c) die Streikenden aufzuklären und sie zur Vermeidung strafrechtlicher Verfolgungen von ungesetzlichen Handlungen abzuhalten;
d) Berichterstatter von Presse und Rundfunk an die Streikleitung zu verweisen;
e) alle besonderen Vorkommnisse auf schnellstem Wege dem Streikausschuß mitzuteilen; von evtl. anwesenden Zeugen Namen und Adresse zu notieren;
f) gegnerisches Informationsmaterial ebenfalls sofort an den betrieblichen Streikausschluß weiterzuleiten.

5. *Streikende*

Der Streik ist im Rahmen der bestehenden Rechtsordnung ein zulässiges Mittel zur Durchsetzung von Forderungen der Arbeitnehmerschaft. Die zum Schutze des einzelnen und der Allgemeinheit bestehenden strafrechtlichen und zivilrechtlichen Vorschriften sind jedoch zu beachten.

Ferner ist zu beachten:

a) Den Weisungen der Streikleitung ist genauestens zu folgen.
b) Der Aufforderung der Streikleitung zur Verrichtung von Notstandsarbeiten ist Folge zu leisten. Im Weigerungsfalle besteht kein Anspruch auf Streikunterstützung.
c) Die Teilnahme an den Streikversammlungen ist Pflicht.
d) Alle Streikenden haben sich bei der Verteilung von Informationsmaterial zu beteiligen. Sie können durch die Streikleitung oder deren Beauftragte zu Aufgaben im Rahmen des Streiks, wie zum Beispiel Streikpostendienst, Hilfe in den Streiklokalen, herangezogen werden.
e) Bei der Einwirkung auf Streikbrecher sind ungesetzliche Handlungen wie Beleidigungen, Nötigungen, Tätlichkeiten und ähnliches zu unterlassen.
f) Gegen den Willen des Arbeitgebers dürfen Streikende den Betrieb nicht betreten.

g) Von Gegenmaßnahmen des Arbeitgebers wie Verteilung von Informationsmaterial, Hausbesuchen usw. ist die Streikleitung sofort zu verständigen ...

p) Industriegewerkschaft Druck und Papier im DGB Satzung v. 1. 1. 1972

§ 16

Arbeitskampf

1 Der Streik ist das letzte und schärfste Mittel zur Durchsetzung gewerkschaftlicher Forderungen. Er wird besonders zur Erreichung besserer Lohn- und Arbeitsbedingungen oder zur Abwehr sozialer Verschlechterungen angewendet.

2 Vor Eintritt in einen Streik müssen alle tariflichen Verhandlungsmöglichkeiten ausgeschöpft werden. Erst wenn keine Verständigung erfolgte, darf über einen Streik abgestimmt werden.

3 Kampfmaßnahmen beschließt der Erweiterte Vorstand oder der Geschäftsführende Vorstand.

Ihre Durchführung obliegt dem Hauptvorstand bzw. dem Geschäftsführenden Vorstand.

Bei einem Streik, in dem diese Voraussetzungen nicht erfüllt wurden, entfällt jeder Anspruch auf Streikunterstützung.

4 Zur Durchführung eines Streiks ist eine geheime Abstimmung (§ 15 Urabstimmung) erforderlich mit der Maßgabe, daß zu einem Streikbeschluß die Zustimmung von 75 % aller an der Urabstimmung teilnehmenden Abstimmungsberechtigten erforderlich ist.

5 Tritt im Verlauf eines Streiks eine veränderte Situation ein, kann der Erweiterte Vorstand oder der Geschäftsführende Vorstand eine erneute geheime Abstimmung über Fortsetzung oder Beendigung des Streiks durchführen.

6 Ohne Urabstimmung können der Erweiterte Vorstand oder der Geschäftsführende Vorstand zu einer Arbeitsniederlegung aufrufen, wenn

a es sich um einen Sympathiestreik zugunsten solcher Streikenden handelt, deren Streikmaßnahmen einen unserer Tarifbereiche berühren,

b der Deutsche Gewerkschaftsbund zu einem Arbeitskampf aufruft.

q) Industriegewerkschaft Metall im DGB *Satzung v. 1. 1. 1972*

§ 11 Streik und Aussperrung

1. Arbeitseinstellungen setzen den Beschluß des Vorstandes voraus.
Aussperrungen sind von der zuständigen Ortsverwaltung unverzüglich über die Bezirksleitung dem Vorstand zu melden. Sperren über Betriebe können nur vom Vorstand verhängt werden und sind durch diesen bekanntzumachen.

2. Vor der Beschlußfassung über Arbeitseinstellungen hat der Vorstand sowohl die Geschäftslage der betreffenden Industriegruppe als auch die allgemeinen wirtschaftlichen Verhältnisse in Betracht zu ziehen. Der Vorstand hat ferner zu berücksichtigen, ob zur Durchführung des Streiks die nötigen Mittel vorhanden sind oder beschafft werden können.
Der Antrag auf Arbeitseinstellung kann abgelehnt werden, wenn schon an einem anderen Orte gestreikt wird, Kündigung der Tarifverträge erfolgt oder das Organisationsverhältnis ein ungünstiges ist. Der Antrag muß abgelehnt werden, wenn nicht mindestens 75 Prozent der für die Bewegung in Betracht kommenden Gewerkschaftsmitglieder in der vom Vorstand beschlossenen geheimen Urabstimmung für die Arbeitseinstellung gestimmt haben.
Vor der Abstimmung hat der Vertreter des Vorstandes auf die gesetzlichen Bestimmungen über eventuellen Tarif- oder Vertragsbruch und auf die für die Durchführung und Unterstützung des Streiks geltenden Bestimmungen dieser Satzung hinzuweisen.

3. Tritt während einer anerkannten Streikbewegung nach Auffassung des Vorstandes eine wesentliche Änderung der

Situation ein, so muß erneut eine geheime Urabstimmung unter den an dieser Streikbewegung beteiligten Mitgliedern durchgeführt werden.

Der Vorstand darf der Fortführung der Bewegung nur dann zustimmen, wenn mindestens 75 Prozent der daran beteiligten Mitglieder sich dafür ausgesprochen haben.

4. Die Entscheidungen des Vorstandes sind unter allen Umständen für die betreffenden Mitglieder bindend. Wird gegen den Beschluß des Vorstandes die Arbeit niedergelegt, so verzichten die Mitglieder auf jede Unterstützung.

§ 12 Unterstützungsarten

...

2. Alle in dieser Satzung festgelegten Unterstützungen sind freiwillige Leistungen, die die Gewerkschaft ihren Mitgliedern nach Erfüllung der Voraussetzungen gewähren kann.

„Hinweise für Arbeitseinstellungen (Streik)“[61a]

III. Einleitung des Streiks

6. Notdienstarbeit

Als Notdienstarbeiten dürfen nur solche Tätigkeiten verrichtet werden die

a) zur Erhaltung der Betriebsanlagen
b) dem Entladen von Rohmaterial
c) der Sicherstellung der öffentlichen Versorgung
d) der Verhinderung von Schäden, die die Wiederaufnahme der Arbeit ungebührlich lange hinauszögern könnten, dienen.

Der Bezirksleiter stellt mit dem Bevollmächtigten einen Katalog über die zu genehmigenden Notdienstarbeiten auf. Die Zahl der Notdienstarbeiter für den einzelnen Betrieb wird durch den Bevollmächtigten nach Abstimmung mit dem Bezirksleiter festgestellt. Die Notdienstarbeiter erhalten vor Beginn des Streiks Ausweise der IG Metall.

IV. Organisatorischer Ablauf des Streiks

3. Streikposten

Die Streikposten sind anhand der Organisationsanweisung für Streikposten in Zusammenarbeit mit der Abteilung Polizei der Gewerkschaft ÖTV eingehend zu unterweisen.

[61a] Wegen weitestgehender Übereinstimmung vgl. die Richtlinien der IG Chemie (d. Bearb.).

r) Marburger Bund — Verband der angestellten und beamteten Ärzte Deutschlands e. V.

Streikordnung vom 16. 11. 1968[62]

„Der Streik ist die schärfste Form des Arbeitskampfes. Der Marburger Bund — Verband der angestellten und beamteten Ärzte Deutschlands e. V. — Bundesverband — sieht im Streik ein wesentliches Kampfmittel zur Erreichung seiner gewerkschaftlichen Ziele.

Mitglieder des Marburger Bundes — Verband der angestellten und beamteten Ärzte Deutschlands e. V. — Bundesverband — sind verpflichtet, am Arbeitskampf teilzunehmen, wenn die satzungsgemäß bestellten Gremien des Marburger Bundes — Verband der angestellten und beamteten Ärzte e. V. — Bundesverband — die notwendigen Beschlüsse hierzu gefaßt haben.

Der Streik angestellter Ärzte setzt Maßnahmen voraus, die geeignet sind, die ärztliche Versorgung in Notfällen sicherzustellen und jeglicher Gefährdung von Patienten vorzubeugen.

§ 1

1) Der Verband beschließt nach Ausschöpfung der Verhandlungsmöglichkeiten die Einberufung der Großen Tarifkommission.

2) Die Große Tarifkommission setzt sich zusammen aus:

a) dem Vorstand,

b) dem Beirat,

c) der Kleinen Tarifkommission.

3) Die Große Tarifkommission faßt Beschluß über die Einleitung eines Arbeitskampfes. Sie entscheidet über Art und Form der Kampfmittel und den Bereich, in dem diese angewandt werden sollen.

4) Die Große Tarifkommission bestellt die Mitglieder des Streikkomitees.

[62] Voller Wortlaut. Fundstelle: Der angestellte Arzt 1968, S. 413.

§ 2

1) Die Leitung der Arbeitskampfes obliegt dem Streikkomitee. Es besteht aus dem Vorsitzenden und mindestens zwei Beisitzern.

2) Der Vorsitzende des Streikkomitees unterrichtet die Große Tarifkommission über den Fortgang der Arbeitskampfmaßnahmen.

§ 3

1) Dem Arbeitskampf geht eine geheime Urabstimmung voraus. Zur Teilnahme an der Urabstimmung sind nur die Mitglieder im Anstellungsverhältnis bei solchen Arbeitgebern berechtigt, auf die sich die Kampfmaßnahmen beziehen.

2) Der Arbeitskampf kann eingeleitet werden, wenn sich wenigstens 75 v. H. der abstimmenden Mitglieder für die Durchführung des Arbeitskampfes erklärt haben.

3) Der Arbeitskampf ist zu beenden,

a) wenn in einer geheimen Urabstimmung sich mehr als 50 v. H. der abstimmenden Mitglieder für die Beendigung des Arbeitskampfes erklärt haben;
b) auf Beschluß des Vorstandes.

§ 4

Die Landesverbände sind verpflichtet, einen Streikfonds zu unterhalten. Streikunterstützungen können in Härtefällen gewährt werden. Die Entscheidung obliegt den zuständigen Organen der Landesverbände."

s) Vereinigung der kommunalen Arbeitgeber
Richtlinien für den Fall eines Arbeitskampfes
(Entwurf 1973)

A. *Vorbereitungen auf einen Arbeitskampf*

I. *Vorsorgliche Maßnahmen*

1. *Aufgabenverteilung innerhalb der Verwaltung/des Betriebes*

Die besonderen Aufgaben, die bei einem Arbeitskampf auf die Verwaltung/den Betrieb zukommen, sollen in einem eindeutigen Aufgabenverteilungsplan auf verantwortliche Personen der Verwaltung/des Betriebes aufgeteilt werden. Eine besondere Bedeutung kommt hierbei auch der Regelung der Stellvertretung zu ...

2. *Vorbereitung der Notdienstarbeiten*

Die Durchführung der Notdienstarbeiten muß so vorbereitet sein, daß sie bei Ausbruch des Streiks unverzüglich aufgenommen werden können. Zu den Notdienstarbeiten sollen grundsätzlich diejenigen Arbeitnehmer herangezogen werden, die auch sonst die Arbeiten verrichten, die im Notdienst zu leisten sind.

Notdienstarbeiten sind insbesondere Arbeiten, die notwendig sind

a) zur lebensnotwendigen Versorgung der Bevölkerung,
b) im öffentlichen Interesse, z. B. Sicherung von Betriebsanlagen, von denen ohne Beaufsichtigung Gefahren ausgehen können,
c) zur Erhaltung der Betriebsanlagen oder von Gütern,
d) zur Aufrechterhaltung der öffentlichen Sicherheit und Ordnung.

II. *Maßnahmen, die bei der Anberaumung der Urabstimmung durchzuführen sind*

1. *Information der Beschäftigten*

...

3. *Durchführung der Urabstimmung*

Der Arbeitgeber ist zur Duldung der Durchführung der Urabstimmung auf dem Gelände der Verwaltung/des Betriebes nicht verpflichtet. Es bestehen jedoch keine Bedenken, die Urabstimmung innerhalb der Verwaltung/des Betriebes zuzulassen und einen geeigneten Raum zur Verfügung zu stellen.

Wird die Urabstimmung während der Arbeitszeit durchgeführt, so besteht grundsätzlich kein Anspruch des an der Urabstimmung teilnehmenden Arbeitnehmers auf Vergütung bzw. Lohn für die ausgefallene Arbeitszeit. Es bestehen jedoch keine Bedenken, dem einzelnen Arbeitnehmer die erforderliche Arbeitsbefreiung zur Teilnahme an der Urabstimmung zu gewähren, wenn die dienstlichen bzw. betrieblichen Verhältnisse dies zulassen und die Dauer der Arbeitsbefreiung auf das unumgänglich notwendige Maß beschränkt wird. In größeren Verwaltungen/Betrieben kann es deshalb zweckmäßig sein, verschiedene Räume für die Durchführung der Urabstimmung in den einzelnen Teilen der Verwaltung / des Betriebes zur Verfügung zu stellen.

Die Durchführung einer Urabstimmung im Rahmen einer Personalversammlung / Betriebsversammlung ist nicht zulässig, da die Urabstimmung bereits ein Teil der gewerkschaftlichen Kampfmaßnahmen ist.

B. *Sofortmaßnahmen nach Beginn des Arbeitskampfes*

1. *Unterrichtung des kommunalen Arbeitgeberverbandes und der Öffentlichkeit* ...
2. *Unterrichtung des Arbeitsamtes, der Krankenkasse und des Gewerbeaufsichtsamtes* ...
3. *Unterrichtung der Polizeibehörde* ...
4. *Unterrichtung von Abnehmern und Zulieferern* ...
5. *Einsatz des Notdienstes*

   ...
6. *Verbindung mit dem Personalrat/Betriebsrat*

   ... Im übrigen sollten auch während des Streiks Besprechungen mit dem Personalrat/Betriebsrat durchgeführt werden mit dem Ziel, daß auch der Personalrat/Betriebsrat alles unternimmt, um Schäden in der Verwaltung/dem Betrieb so gering wie möglich zu halten.

F. Dokumente politischer Parteien

1. CDU Reform des Unternehmensrechts Beschluß des 22. Bundesparteitages am 18./20. 9. 1973

Das neue Unternehmensrecht soll ...

den ordnungspolitischen Zusammenhang von Koalitionsfreiheit, Privateigentum und Unternehmensautonomie im Rahmen der Sozialen Marktwirtschaft sichern.

2. DKP
Wahlprogramm vom 27. 9. 1972

...

...Wir fordern, daß Aussperrungen bei Lohnkämpfen gesetzlich verboten werden. Das Streikrecht ist ein unveräußerliches Recht der Arbeiter und Angestellten. Es darf durch nichts und niemanden beschränkt werden ...

3. NPD
Thesen und Forderungen 1966

...

18. Gruppeninteressen dürfen nie zur Leitlinie der Wirtschafts- oder Sozialpolitik werden. Deswegen findet die Tarifautonomie dort ihre Grenze, wo auf Kosten des Ganzen und ohne Rücksicht auf das allgemeine Wohl verfahren wird.

19. Streik und Aussperrung sind letzte Mittel des Arbeitskampfes. Sie dürfen jedoch nicht zu politischen Zwecken mißbraucht werden.

20. Kann bei sozialen Spannungen oder Lohnkämpfen keine Einigung erzielt werden und bleiben eigenverantwortliche Schlichtungs- und Schiedsbemühungen ergebnislos, sind Schiedsgerichte unter verantwortlicher Mitwirkung des Staates zu bilden, die zeitbegrenzte Entscheidungen verbindlich zu treffen haben.

...

4. SPD
Godesberger Programm von 1959

...

Die Gewerkschaften in der Wirtschaft

Alle Arbeiter, Angestellten und Beamten haben das Recht, sich in Gewerkschaften zusammenzuschließen. In der heutigen Wirtschaft sind die Arbeitnehmer denen ausgeliefert, die die Kommandostellen der Unternehmen und ihrer Verbände besetzen, wenn sie ihnen nicht in unabhängigen Gewerkschaften ihre solidarische, demokratisch geordnete Kraft entgegenstellen, um die Arbeitsbedingungen frei vereinbaren zu können. Das Streikrecht gehört zu den selbstverständlichen Grundrechten der Arbeiter und Angestellten ...

G. Literatur

1. Streik als gesellschaftsverändernde Praxis[63]

Prof. Dr. Reinhard Hoffmann

...

Organisation und antikapitalistische Strategie

12. Während am Anfang einer zum politischen Massenstreik hinführenden sozialen Bewegung die große Zahl der Arbeitnehmer noch nicht zielbewußt den Kampf um die Herrschaft in der Gesellschaft und das damit verbundene Risiko eines Zusammenstoßes mit der Staatsgewalt ansteuert, muß die Bewegung in ihrem Verlauf über die einzelnen Betriebe hinausgreifen. Dann wird der Streik aus der Notwendigkeit des Handelns über die ursprünglichen Forderungen und Ziele hinausgetrieben; er muß nachträglich umfassendere, der erreichten Ebene des Kampfes gemäße Ziele setzen. Durch Wechsel der Zielrichtung und Erweiterung der Forderungen wird der zunächst begrenzte ökonomische oder soziale Kampf zu einem gesamtgesellschaftlichen Herrschaftskonflikt. Diese Ausweitung muß organisatorisch vermittelt werden. Zwar tendiert, zumal in einem entsprechend „aufgeladenen sozialen Klima", der Streik im einzelnen Betrieb zum Übergreifen auf andere Betriebe; aber sobald die unterschiedlichen betriebsindividuellen Bedingungen bzw. Forderungen zusammengefaßt und verallgemeinert werden sollen, sind die bloß betrieblichen Organisationsformen der Arbeitnehmer, die an diesem Punkt von der Unmittelbarkeit der Beteiligung möglichst aller verlieren, überfordert.

Hier liegen die Aufgaben und Möglichkeiten der Gewerkschaften. Zwar kann gerade der Gewerkschaftsapparat, als ein systemimmanenter Ordnungsfaktor, gegebenenfalls versuchen, mit allen Kräften zu verhindern, daß der einzelne Streik seinen örtlich begrenzten Umkreis überschreitet und sich auf andere Arbeitnehmer-Massen ausdehnt, womit jedoch zugleich der Streik zur Kritik an der Gewerkschaftsorganisation gerät und

[63] Abdruck aus: Schneider, (Hrsg.) Zur Theorie und Praxis des Streiks, 1971, mit freundlicher Genehmigung des Hrsg.

eventuell die übermächtige Bewegung sich selbständig eine neue überbetriebliche Organisation schafft, die ihrerseits die Gewerkschaft verdrängt. Doch auch einer spontan begonnenen Massenbewegung, die in Form und Ziel den Gewerkschaften aufgezwungen worden ist, können sich die Gewerkschaften anschließen und dadurch sich selbst, d. h. ihre gesamtgesellschaftliche Machtposition, stärken. Dann erfüllen die Gewerkschaften die organisatorische Vermittlung für die Verbreiterung des Streiks, indem sie bewußt und planmäßig den Kampf ausweiten zu einem gesamtgesellschaftlichen Herrschaftskonflikt um die politische Macht, in den breiteste Schichten der Arbeitnehmer und alle Bereiche des gesellschaftlichen Lebens einbezogen sind. In der Vermittlung der antikapitalistischen Strategie des Massenstreiks übernehmen die Gewerkschaften die politische Organisation der Auseinandersetzung. Indem der Massenstreik sich zur Konfrontation der Klassen auf der Ebene der politischen Herrschaft um die Gesellschaftsordnung insgesamt entwickelt, erreichen auch die Gewerkschaften die höchste politische Aktionsebene und setzen als außerparlamentarische Organisation in dem den Rahmen des kapitalistischen Systems überschreitenden, gerade um dessen Herrschaftsstrukturen und -institutionen geführten politischen Kampf den Streik als das Machtmittel der Arbeitnehmer ein, das diesen aufgrund ihrer Funktion in der kapitalistischen Gesellschaft zukommt.

Gleichzeitig müssen und können die Streikenden ihre ursprüngliche Spontaneität in qualitativer Veränderung zum Bewußtsein von der gesamtgesellschaftlichen, politischen Reichweite ihrer Aktion entwickeln, da sie in der Praxis des härtesten Kampfes einen Prozeß kontinuierlicher Erziehung durchmachen und sich allmählich, wenn auch sprunghaft, radikalisieren. Die Massenbewegung ergreift alle Schichten der Arbeitnehmer, auch die am stärksten systemintegrierten, und läßt sie der Kraft und Bedeutung ihrer kollektiven Aktion bewußt werden. Im antikapitalistischen Massenstreik reift das Bewußtsein der Arbeitnehmer als einer Gesamtheit, die eigene Organisationsformen und darin ein praktisches, aktives Klassenbewußtsein von der Notwendigkeit, die systemimmanenten

Spielregeln und Grenzen der kapitalistischen Institutionen zu überschreiten, entfalten. In dieser antikapitalistisch gerichteten eigenen Aktivität sind die Arbeitnehmer sowohl noch Produkt der bestehenden Gesellschaft als auch selber Produzent im Prozeß ihrer Emanzipation. So stellt der politische Massenstreik als Kampf um die kollektive Macht der Arbeitnehmer auf allen gesellschaftlichen Ebenen, verbunden mit theoretischer Aufklärung, politisch-praktisch das kapitalistische Herrschaftssystem in Frage — einschließlich der bürgerlichen Konsum-Kultur, die in dem Kampf gegen die kapitalistische Unterdrückung durch die Emanzipation der Arbeitnehmer überwunden werden kann.

Um die dargestellten Aufgaben im antikapitalistischen Kampf der Arbeitnehmer erfüllen zu können, müssen die Gewerkschaften im Rahmen einer bewußten wirtschaftlichen und politischen Strategie handeln, die die objektiven Implikationen der gesellschaftsverändernden Praxis einer jeden, selbst der kurzlebigen, Kollektivaktion der Arbeitnehmer auch auf der subjektiven Ebene durch Bewußtseinsbildung Ausdruck finden läßt und den Kampf im einzelnen Betrieb stets mit der gesamtgesellschaftlichen Dimension des direkt gegen das kapitalistische System gerichteten Kampfes vermittelt. Eine solche Strategie muß von den subjektiven Bedürfnissen der Arbeitnehmer und den Möglichkeiten ihrer Befriedigung her die Notwendigkeit der „sozialen Revolution" entfalten und den einzelnen, begrenzten Konflikt um einen Teilaspekt der Bedürfnisbefriedigung zu politisieren versuchen als Teil des allgemeinen, unmittelbar antikapitalistischen Kampfes. Deshalb müssen schon in jedem Lohnkampf oder ähnlich begrenzten Konflikt die Arbeitnehmer bewußt ihre eigene Selbstorganisation praktizieren, erlernen und bewußt auszuweiten versuchen zu einem Kampf um die Herrschaft im Betrieb und in der Gesellschaft, d. h. zu einem politischen Kampf um die Macht.

Im strategischen Zusammenhang eines Programms antikapitalistischer Strukturreformen, die den Bedürfnissen der Arbeitnehmer entsprechen und Schritt für Schritt das gesellschaftliche Kräfteverhältnis zu ihren Gunsten verschieben, kann auch die geringste, von einem begrenzten Konflikt hervorgerufene Störung der Mechanismen und Institutionen des spätkapitalistischen Systems von den Arbeitnehmern ausgenutzt, d. h. ausgeweitet werden, ja, kann eine umfassendere soziale, ökonomische Krise im Massenstreik politisch organisiert werden als bewußte Infragestellung der kapitalistischen Herrschaftsordnung. Eine solche Strategie muß begründet sein auf einer der Emanzipation der Arbeitnehmer verpflichteten theoretischen Analyse der Entwicklung der spätkapitalistischen Gesellschaft, die ihrerseits im konkreten Zusammenhang gesellschaftlicher Praxis zu korrigieren ist. Die Forderung nach einer gesellschaftskritischen Theorie und Strategie muß angesichts des vorwiegenden desorientierten Pragmatismus der Gewerkschaftsapparate heute allerdings selbst erst in der kollektiven Praxis der Massenaktionen der Arbeitnehmer gegenüber den (und innerhalb der) Gewerkschaftsorganisationen durchgesetzt werden.

2. Der Arbeitskampf als Rechtsinstitution[64]

Prof. Dr. Gerhard Müller, Präsident des Bundesarbeitsgerichts, Kassel

...

I. Problematik und Konzeption des Arbeitskampfrechts

1. Problem der Erfassung des Arbeitskampfes als Rechtsinstitut

Die Rechtsordnung der Bundesrepublik kennt kein absolutes Verbot des Arbeitskampfes. Im Gegenteil garantiert das Grundgesetz, also die Verfassung der Bundesrepublik Deutschland, den Arbeitskampf als letztes Mittel zum Aushandeln von Arbeits- und Wirtschaftsbedingungen im Bereich des Lebenstatbestandes der abhängigen Arbeit. Sie verbietet insoweit nicht zuletzt Eingriffe des Staates. Mit dieser Verfassungsentscheidung taucht jedoch die Frage auf, ob nicht ein Antagonismus zwischen Wesen und Ziel des Arbeitskampfes einerseits und der Rechtsordnung als Friedensordnung andererseits besteht. Der Arbeitskampf ist seiner Natur nach ein Gewaltakt. Hingegen ist ein notwendiges Grundziel jedweder Rechtsordnung, Frieden zu schaffen und zu gewähren. Der Schluß liegt

[64] Abdruck nach „Arbeit und Recht“ 1972, S. 1 ff.

nahe, den Satz aufzustellen, der Arbeitskampf als Teil einer Rechtsordnung sei ein Widerspruch in sich. In der Tat wird die Meinung vertreten, daß das deutsche Arbeitsrecht erst dann vollendet sei, wenn es das „archaische Element" des Arbeitskampfrechts überwunden habe. Diese Ansicht vergleicht das kollektive Arbeitsrecht mit dem Völkerrecht, das den Krieg erst überwinden müsse, um vollkommen zu sein. Man weist auch auf die rechtsgeschichtliche Erscheinung der mittelalterlichen Fehde hin, die dadurch beseitigt wurde, daß der Staat die Gerichtsbarkeit ausbaute und umfassend Rechtsschutz gewährt. Wären derartige Überlegungen richtig, so müßte entgegen der Entscheidung unserer Verfassung der Arbeitskampf durch andere Institute, etwa das der Zwangsschlichtung, ersetzt werden.

Im Gegensatz zu diesen Erwägungen kann ich zwischen Arbeitskampf und Rechtsordnung keinen unlösbaren Gegensatz erblicken. Ob das Völkerrecht erst seine volle Entfaltung erfahren hat, wenn der Krieg verschwunden ist, könnte möglicherweise Wunschdenken sein. Im übrigen würden die Entscheidungen der Stelle, die, mit Macht ausgestattet, die Streitigkeiten der Völker zu schlichten hätte, wenigstens für zunächst nicht absehbare Zeit in recht vielen Fällen wohl dann mit bewaffneter Auflehnung beantwortet werden, wenn man sich in seinen Lebensinteressen getroffen fühlt; an die Stelle des Krieges träte nur so etwas wie Bürgerkrieg. Soweit auf den Widerspruch zwischen Fehde und Recht verwiesen wird, ist ein vergleichbarer Sachverhalt überhaupt nicht gegeben. Bei der Fehde wurden mit Gewalt vermeintliche Rechtsansprüche durchgesetzt, die objektiv beurteilt werden konnten, während es beim Arbeitskampf um die Regelung von Sachverhalten geht, die nicht justiziabel sind. Es gibt keine Methode, nach der gerechter Lohn und angemessene Arbeitsbedingungen wissenschaftlich ermittelt werden können. Eingriffe des Staates würden daher, von Extremsituationen abgesehen, immer einen gewissen Willkürcharakter tragen. Im Ergebnis könnte, der Situation im Völkerleben bei der Entscheidung von Streitigkeiten im Völkerleben durch eine überstaatliche Stelle vergleichbar, sich nur zu leicht gefährlicher Mißmut gegen den Staat und seine Organe aufladen.

Die Auffassung, die im Arbeitskampfrecht ein archaisches Element sieht, entspricht dem Rechtsdenken der Aufklärung, das dieserhalb bis zur Mitte unseres Jahrhunderts nachgewirkt hat. Es geht von der Prämisse aus, daß zwischen Staat und Individuen keine selbstverantwortlichen gesellschaftlichen Größen (corps intermédiaires) bestehen dürften, da diese die Interessen des Gemeinwohls und des Individuums schädigten. Ich habe aber gerade gezeigt, daß die Regelung der Arbeits- und Wirtschaftsbedingungen durch den Staat keine größere Gewähr dafür bietet, die berechtigten Interessen und das Gemeinwohl seien so besser aufgehoben. Im Gegenteil, ein solcher Eingriff des Staates in unsere vielfältig gegliederte, ja aufgegliederte Gesellschaft würde den Freiheitsraum des einzelnen empfindlich treffen. Die Beseitigung gesellschaftlicher Substrukturen, wie beispielsweise der Familie oder sonstiger gesellschaftlicher Größen, etwa Interessenvertretungen, denen eine gewisse Autonomie gegenüber dem Staat zuerkannt wird, kann nach den Lehren der Geschichte gerade die Freiheit und Selbstentfaltung des einzelnen vernichten. Nicht von ungefähr kennen totalitäre Staaten ein Verbot des Arbeitskampfes. Eine Friedens- und Rechtsordnung, die Arbeitsbedingungen regeln will und gleichzeitig das Freiheitspostulat und die Würde des Menschen ernst nimmt, muß den sachnäheren Interessenvertretungen einen vor Eingriffen des Staates geschützten Freiheitsraum anbieten, in denen sie eine möglichst angemessene Ordnung unter Einsatz von Druck und Gegendruck aushandeln können. Genau diese Entscheidung trifft die Verfassung der Bundesrepublik, und ich halte sie für gerechtfertigt.

2. *Konzeption des Arbeitskampfrechtes*

Aus der grundsätzlichen Bejahung des Arbeitskampfes durch die deutsche Verfassung folgt nicht, daß die Interessenverbände einen Arbeitskampf jedweder Zielsetzung führen können. Wird der Arbeitskampf in eine Rechtsordnung eingebaut, so muß die Rechtsordnung mit dem Arbeitskampf ein Mittel zur Verfügung stellen, das den Interessenkonflikt zwischen dem Eigenstreben der in der Gruppe zusammengeschlossenen einzelnen und damit dem Eigenstreben der Gruppe selbst einerseits und dem Gemeinwohl andererseits lösen kann. Es bedarf keiner näheren Ausführungen, daß der Arbeitskampf in einer hochtechnisierten und arbeitsteiligen Wirtschaft, wie der der Bundesrepublik, auch Unbeteiligte, ja die gesamte Volkswirtschaft hart zu treffen vermag und im allgemeinen auch tatsächlich mehr oder weniger hart trifft. Das Institut des Arbeitskampfes in der Bundesrepublik beruht daher darauf, durch die Erstellung von Kampf- und Verhaltensregeln, durch die richtige Auswahl der Träger des Arbeitskampfes und durch die Begrenzung seiner Ziele möglichst alle in Frage kommenden Gesichtspunkte ausgewogen zu berücksichtigen.

3. *Ideengeschichtliche Grundlage des Institutes Arbeitskampf*

Konzeption und Ausgestaltung des Institutes Arbeitskampf im geltenden deutschen Recht beruhen auf bestimmten Grundvorstellungen.

Eine ideengeschichtliche Wurzel ist der Liberalismus, der davon ausgeht, daß die Harmonie in Gesellschaft und Wirtschaft durch freies Aushandeln von Bedingungen seitens selbstverantwortlicher Individuen unter Anwendung von Druck und Gegendruck gewährleistet ist. Der Eingriff des Staates würde diese Gewährleistung der Harmonie nur stören; er hat sich daher des Eingriffes zu enthalten. Dieser Gedanke ist im deutschen Arbeitskampfrecht, schon früh die Sicht des Neoliberalismus vorwegnehmend, von der Beziehung der Individuen untereinander auf die Beziehung der sozialen Gegenspieler und damit auf Gruppen übertragen worden. Ausgangspunkt ist unter Abkehr von der Sicht des frühen Liberalismus die Überlegung, daß vom freien Aushandeln von Arbeitsbedingungen nicht die Rede sein kann, wenn sich lediglich formal Gleiche, wirtschaftlich und machtmäßig aber Ungleiche gegenüberstehen. Genau dies trifft typenmäßig im Verhältnis Arbeitnehmer zu Arbeitgeber zu. Das Gleichgewicht wird jedoch wiederhergestellt, wenn sich der einzelne Arbeitnehmer mit anderen Arbeitnehmern zum Zwecke der Selbsthilfe zu Vereinigungen zusammenschließt. Der Vereinigung der Arbeitnehmer kommt gegenüber dem Arbeitgeber und aller Erfahrung nach ebenso gegenüber deren Vereinigungen materiell gleiche Stärke zu. Es besteht dann aber keine Notwendigkeit zu einem Eingreifen des Staates. Im Gegenteil, die Gemeinschaften gewähren dem einzelnen größere Freiheiten zur Selbstentfaltung, als es bei staatlicher Interventionen der Fall wäre. Entsprechende Überlegungen wurden in der Katholischen Soziallehre als sog. Subsidiaritätsprinzip oder doch als ein Aspekt dieses Prinzips entwickelt. Ohne das Subsidiaritätsprinzip ist das deutsche Koalitionsrecht nicht zu verstehen. Ein zumindest indirekter Einfluß der Katholischen Soziallehre auf das deutsche Arbeitskampfrecht muß daher angenommen werden. Subsidiaritätsprinzip und liberaler Harmoniegedanke sind die ideengeschichtlichen Wurzeln des deutschen Arbeitskampfrechtes . .

3. Zum Aussperrungsverbot der Hessischen Verfassung[65]

Prof. Dr. Hans-Ulrich Evers

. . . *Zusammenfassung*

I. Art. 9 III GG gewährleistet die Arbeitskampffreiheit in der Art einer institutionellen Garantie im Rahmen der Gewährleistung des Kernbereichs verbandsmäßiger Lohngestaltung, soweit der Arbeitskampf hierfür notwendiges Mittel ist. Die Aussperrungsfreiheit garantiert Art. 9 III GG nicht.

II. Streik und Aussperrung unterscheiden sich hinsichtlich ihrer Folgen und Risiken für Arbeitgeber und Arbeitnehmer in so wesentlichen Beziehungen, daß der Gesetzgeber nur dann zu ihrer Gleichbehandlung verpflichtet ist, wenn ein besonderer Rechtssatz die Gleichbehandlung gebietet. Das Prinzip der Waffengleichheit ist nur sinnvoll als ein Prinzip der materiellen Chancengleichheit; dieses verpflichtet den Gesetzgeber, Gewichte und Gegengewichte mit dem Ziel gerechten Ausgleiches zu setzen, gebietet aber nicht, die Kampfmittel der Sozialpartner formal gleichzubehandeln. Auch der Grundsatz der Parität der Sozialpartner und der Neutralität des Staates im Arbeitskampf stehen einer sachlich gerechtfertigten Differenzierung nicht entgegen . . .

[65] Abdruck aus: *Evers,* Arbeitskampffreiheit, Neutralität, Waffengleichheit, 1969, mit freundlicher Genehmigung des Hansischen Gildenverlages, Joachim Heitmann & Co. Hamburg.

... Der Gesamtzusammenhang der verfassungsrechtlichen Gewährleistungen steht dem Aussperrungsverbot nicht entgegen, weil eine solche Zusammenschau nicht — wie die h. M. — daran vorbeigehen darf, daß das Aussperrungsverbot der sozialen Sicherheit und der beruflichen Entfaltung des einzelnen Arbeitnehmers dient.

III. Die Analyse der typischen Interessenlagen im Arbeitskampf ergibt, daß der Arbeitgeber im Gegensatz zum Arbeitnehmer nicht ein elementares, sondern nur ein relatives Interesse am Abschluß eines Tarifvertrages hat. Daher bieten die Gestaltungsmöglichkeiten des Individual-Arbeitsrechtes dem Arbeitgeber hinreichende Chancen, seine Interessen angemessen zur Geltung zu bringen. Der Grundsatz der materiellen Chancengleichheit wird durch Art. 29 V HV nicht verletzt.

IV. Die Rechtsprechung des BAG zur Aussperrungsfreiheit hat als Richterrecht keine den Landesgesetzgeber bindende Wirkung. Sie hat auch kein Gewohnheitsrecht begründet, das Art. 29 V HV derogiert hätte.

Ergebnis:

Das Aussperrungsverbot des Art. 29 V HV ist mit dem Grundgesetz vereinbar.

4. Das Aussperrungsverbot der Hessischen Verfassung[66]

Claus Jürging

1. Verletzung des allgemeinen Gleichheitsgrundsatzes.

Nicht nur der Streik, sondern auch die Aussperrung ist ein historisch überkommenes Arbeitskampfmittel. Es trifft nicht zu, wie zuweilen behauptet wird[66a], daß die Aussperrung keine geschichtliche Legitimation habe. Nach Inkrafttreten des § 152 der Gewerbeordnung vom 21. 6. 1869, der ausdrücklich die Koalitions-, Streik- und Aussperrungsfreiheit anerkannte, hat es in der Folgezeit bis heute (abgesehen von den Jahren 1933—1945) sowohl Streiks als auch Aussperrungen in nicht unerheblichem Umfang gegeben. Allein

[66] Abdruck nach „Der Betrieb" 1966, S. 190 ff.
[66a] Schmid, Gewerkschaftl. Monatshefte, 1964, S. 327.

nach den im Reichsarbeitsblatt bekanntgegebenen Statistiken waren in den Jahren von 1899 bis 1932 43 849 Betriebe und 2 874 014 Arbeitnehmer von Aussperrungen betroffen[66b]. Auch in der höchstrichterlichen Rechtsprechung ist bereits seit Anfang dieses Jahrhunderts mit der Streikfreiheit zugleich auch die Aussperrungsfreiheit und die Aussperrung als legitimes Arbeitskampfmittel der Arbeitgeberseite anerkannt[66c].

Das hessische Aussperrungsverbot stellt auch eine unzulässige Ungleichbehandlung dieses überkommenen Arbeitskampfmittels der Arbeitgeberseite dar ...

2. Verletzung des allgemeinen verfassungsrechtlichen Grundsatzes der Kampffreiheit.

... Das Prinzip der Kampffreiheit bedeutet, daß in den Grenzen des legitimen Kampfes jede Gruppe ihr historisch überkommenes Kampfmittel frei wählen kann, und zwar die Gewerkschaften den Streik und die Arbeitgeber die Aussperrung. Daraus folgt verfassungsrechtlich, daß der Staat sich Arbeitskämpfen gegenüber neutral verhalten muß und Arbeitskämpfe oder Arbeitskampfmittel nicht generell verbieten darf ...

3. Verstoß gegen die Europäische Sozial-Charta.

Art. 6 Ziff. 4 der Sozial-Charta erkennt das Recht der Arbeitnehmer und Arbeitgeber, also der Sozialpartner „auf kollektive Maßnahmen“ bei „Interessenskonflikten“ an ...

Unbestritten umfaßt der Begriff der kollektiven Maßnahmen neben dem Streik auch die Aussperrung. Das Aussperrungsrecht war zwar auch bisher schon ein Bestandteil des deutschen Arbeitsrechts. Durch Art. 6 Ziff. 4 der Sozial-Charta ist das Aussperrungsrecht aber nunmehr ausdrücklich in einem Bundesgesetz als subjektives Recht anerkannt ...

[66b] RABl. NAT 1923, 247; 1924, 360, 363; RABl. NAT I 1926 230; RABl. NAT II 1926, 569; RABl. 1933 II, 223; 1931 II, 182.

[66c] RGZ 54, 255; 64, 53, 56; RAG ARS 4, 66, 100, 217, 220; 7, 493; 13, 569; 15, 121, 413; 16, 146; 17, 199, 206 ff.; RAG E 5, 25; BAG E 1, 291 ff.; seitdem st. Rspr. des BAG.

4. Verstoß gegen den Grundsatz der Neutralität des Staates im Arbeitskampf.

Unabhängig von dem verfassungsrechtlichen Grundsatz der Kampffreiheit, der dem Staat ein unparteiisches Verhalten im Arbeitskampf gebietet, ergibt sich eine Neutralitätspflicht des Staates im Arbeitskampf bereits aus einfachem Bundesrecht. In Rechtsprechung und Literatur wird zu Recht aus den §§ 84, 129 Abs. 3, 143 f. Abs. 5 AVAVG[67] 23 KSchG der allgemeine arbeitsrechtliche Grundsatz abgeleitet, daß der Staat sich im Arbeitskampf „neutral" verhalten muß.

Dieser Neutralitätsgrundsatz bedeutet, daß nach dem Willen des Bundesgesetzgebers jede Tarifpartei im Arbeitskampf die gleichen Chancen haben soll. Daraus folgt, daß der Landesgesetzgeber und auch Landesverfassungsgeber keine Partei einseitig bevorzugen oder benachteiligen, insbesondere das Kampfmittel einer Partei nicht einseitig beschränken oder ausschließen kann...

[67] Ersetzt durch das Arbeitsförderungsgesetz, vgl. unten III. F. 2... (d. Bearb.)

III. Einzelfragen des Arbeitskampfes

A. Der wilde Streik

1. Rechtsprechung

a) Wilder Streik rechtswidrig

Bundesarbeitsgericht

Urteil v. 20. 12. 1963 (1 AZR 428/62[68])

B ... II ... 1. Das Landesarbeitsgericht stellt als unstreitig fest — ein Berichtigungsantrag ist nicht eingereicht worden —, daß die für den Betrieb der Klägerin zuständige Gewerkschaft die Arbeitsniederlegung weder von vornherein gebilligt noch nachträglich genehmigt noch auch fortgeführt hat. Es handelte sich also um einen sogenannten wilden Streik, nämlich um einen Streik, der nicht von der Gewerkschaft ausging und von ihr auch nicht übernommen wurde. Ein solcher Arbeitskampf ist in jedem Fall rechtswidrig.

... a) Ein Argument, Arbeitgeber und Arbeitnehmer müßten hinsichtlich des Streikrechts gleichgestellt sein, übersieht auf jeden Fall, daß der Gesetzgeber aus sachlichen Gründen zwischen Arbeitgebern und Arbeitnehmern insoweit unterscheidet, als er zwar dem einzelnen Arbeitgeber die Tariffähigkeit zuerkennt, nicht aber dem einzelnen Arbeitnehmer, ja nicht einmal einer lediglich summierten Mehrzahl von ihnen (§ 2 Abs. 1 TVG). Der einzelne Arbeitgeber beschäftigt Arbeitnehmer, für die der Abschluß eines Firmentarifvertrages bedeutsam sein kann; dem einzelnen Arbeitnehmer und der bloßen Summation von einzelnen Arbeitnehmern fehlt also das Verhandlungsgewicht für den Abschluß eines Tarifvertrages und die erforderliche und hinreichende Möglichkeit, seine Einhaltung unter dem Gesichtspunkt der Friedenspflicht zu gewährleisten. Als tariffähige Person kann der einzelne Arbeitgeber Arbeitskampfmaßnahmen einleiten, der einzelne Arbeitnehmer bei dem Fehlen der Tariffähigkeit

[68] Fundstelle: Entscheidungen des Bundesarbeitsgerichts, Bd. 15, S. 175 ff.

aber nicht. Die Andersbehandlung der Arbeitnehmerseite beruht somit auf einer an sich gerechtfertigten anderen Grundlage, als sie auf der Arbeitgeberseite vorliegt.

Den wilden Streik mit dem Hinweis darauf rechtfertigen zu wollen, daß der Arbeitskampf vor der Einrichtung des Tarifvertrages bereits aufgetreten sei und man sich die Institution des Tarifvertrages einmal als aufgehoben denken müsse (so Bydlinski in „Die kollektiven Mächte im Arbeitsleben", 1963, S. 83), geht nicht an. Die Einrichtung des Tarifvertrages ist ein und zudem ein wesentlicher Bestandteil der Rechtsordnung.

b) Eine Reihe von gesetzlichen, und zwar nicht zuletzt von landesverfassungsrechtlichen Vorschriften spricht im Zusammenhang mit Arbeitskampfmaßnahmen auf der Arbeitnehmerseite ausdrücklich von den Verbänden (Gewerkschaften)...[69]

...c) Gegen den Einwand, daß Arbeitskämpfe ggfs. nur sofort ausgelöst werden können und daß ein Abwarten den Erfolg des Kampfes u. U. von vornherein zweifelhaft machen kann, ist auf Möglichkeit der Übernahme wilder Streiks durch die Gewerkschaft hinzuweisen. Dadurch wird der ursprünglich wilde Streik zu einem gewerkschaftlichen. Die Gewerkschaft kann ihn nachträglich billigen und weiterführen, um ihm rückwirkend den Makel des wilden Streiks zu nehmen (BAG AP Nr. 3 zu Art. 9 GG Arbeitskampf; BAG AP Nr. 3 zu § 1 TVG Friedenspflicht). Die Möglichkeit der Übernahme läßt also der taktisch günstigen Streikaufnahme jedenfalls einen größeren Spielraum.

d) Das Streikrecht ist im Grundgesetz nicht ausdrücklich anerkannt. Gleichwohl ist ein Bestehen nicht umstritten. Es wird vielfach aus dem Koalitionsrecht des Art. 9 Abs. 3 GG hergeleitet (a. A. Benda, Notstandsverfassung und Arbeitskampf, S. 11). Diese verbreitete Überzeugung könnte dafür sprechen, es nur den Gewerkschaften zu gewähren, ohne daß damit die Frage entschieden zu werden braucht, ob das Streikrecht tatsächlich aus Art. 9 Abs. 3 GG herzuleiten ist und ob die Gewerkschaften der einzige Fall einer Arbeitnehmerkoalition im Sinne dieses Grundgesetzartikels sind. Die Gewerkschaften sind jedenfalls der Prototyp der Arbeitnehmervereinigung.

e) Der Große Senat des Bundesarbeitsgerichts hat bereits betont, daß Arbeitskämpfe im allgemeinen unerwünscht sind (BAG 1, 300). Zur Begründung hat er u. a. auf die mit ihnen zwangsläufig verbun-

[69] Hier zählt das Gericht die oben unter II A 2 und II B, 1 und 2 abgedruckten Bestimmungen auf (d. Bearb.)

denen volkswirtschaftlichen Schäden hingewiesen. Daraus ergibt sich — und das ist die vor allem entscheidende und schon für sich allein durchschlagende Erwägung gegenüber einer rechtlichen Anerkennung oder auch nur Tolerierung des wilden Streiks —, daß die Zulassung von Arbeitskämpfen nur in einem bestimmten Rahmen verantwortet werden kann. Dabei ist es wichtig, beim Ausbruch eines Streiks zu Kontrollzwecken Stellen einzuschalten, die wegen ihrer Stellung im Arbeitsleben, ihrer Bedeutung in wirtschaftlicher Hinsicht und ihrem Wissen auf dem Gebiet des Arbeitskampfrechts die Gewähr dafür bieten, daß nur in wirklich begründeten Fällen gestreikt wird und daß im Falle eines Streiks die im Allgemeininteresse erforderlichen Kampfregeln eingehalten werden. Als solche Stellen kommen auf der Arbeitnehmerseite bei ihrer gesellschaftlichen Stellung nur die Gewerkschaften in Frage. Wegen des auch beim Arbeitskampf und damit beim Streik zu beachtenden Ordnungsmomentes ist ein wilder Streik um betriebliche Fragen schlechterdings unzulässig. Die Stellung der Gewerkschaften kann nicht ersetzt werden; im übrigen darf der Betriebsrat keinen Arbeitskampf gegen den Arbeitgeber führen (§ 49 Abs. 2 S. 2 BetrVG).[69a]

Das Mittel des Streiks ist eine scharfe Waffe. Das verbietet es, das Streikrecht Personen oder Gruppen anzuvertrauen, bei denen nicht die Gewähr dafür besteht, daß sie nur in dem vertretbaren Umfang davon Gebrauch machen werden. Eine solche Gewähr ist bei den einzelnen Arbeitnehmern, den Mitgliedern der Belegschaften als solchen oder nichtgewerkschaftlichen Gruppen von Arbeitnehmern nicht gegeben.

f) Jeder Streik ist eine einseitige Suspendierung der durch den Arbeitsvertrag übernommenen Arbeitspflicht. Das führt ebenfalls zwingend dazu, die Fälle, in denen eine solche Suspendierung als gerechtfertigt gilt, einzuengen und vorsichtig abzugrenzen. Das Fehlen eines ausdrücklichen gesetzlichen Verbots des wilden Streiks und die allgemeine Fassung des Art. 18 Abs. 3 der Berliner Verfassung berechtigen also nicht zu der Annahme, es herrsche allgemeine Streikfreiheit, ebenso wenig wie diese Umstände gegen die vorhergehende Erwägung ins Feld geführt werden können. Denn die Rechtfertigung der einseitigen Suspendierung vertraglicher Pflichten ist gegenüber dem Gebot zur Befolgung dieser Pflichten die Ausnahme. Dies rechtfertigt eine in den in B II 3 b genannten Verfassungsvorschriften und Gesetzesbestimmungen auch zum Ausdruck gekommene Einengung des Kreises derjenigen, die einen Streik führen dürfen.

[69a] Jetzt § 74, Abs. 2 BetrVG 72, vgl. oben II. B. 1 (d. Bearb.).

4. Zusammenfassend ist zu sagen, daß Träger des Arbeitskampfes auf der einen Seite — neben den Arbeitgeberverbänden — zwar auch die einzelnen Arbeitgeber, auf der anderen Seite aber nur die Gewerkschaften sein können. Wird bei einem Streik gegen diesen Grundsatz verstoßen, so handelt es sich um einen von vornherein rechtswidrigen Streik. Auf die Frage der Sozialadäquanz kommt es des näheren nicht mehr an. Ebenso wenig kommen Rechtfertigungsgründe im Zusammenhang mit der Führung eines wilden Streiks in Frage, wie sich insbesondere aus den Gedanken zu B II 3 e, f ergibt ...

... Durch den nicht rechtmäßigen Streik wird rechtswidrig in den eingerichteten und ausgeübten Gewerbebetrieb des Arbeitgebers eingegriffen. Dieser gehört zu den geschützten Rechtsgütern, die in § 823 Abs. 1 BGB erwähnt sind (so auch BGHZ 29, 65 ff.) ...

... 2. Eine Haftung aufgrund einer rechtswidrigen Verletzung der in § 823 Abs. 1 BGB bezeichneten Rechtsgüter setzt ein Verschulden des Schädigers voraus. Hinsichtlich der Art und des Grades dieses Verschuldens genügt jede, auch die leichteste Fahrlässigkeit.

Wenn sich die Beklagten darauf berufen, ein Verschulden ihrerseits liege nicht vor, da sie jedenfalls die Rechtswidrigkeit des Streiks nicht hätten erkennen können, so nehmen sie damit das Vorliegen eines Rechtsirrtums für sich in Anspruch. Demgegenüber muß jedoch berücksichtigt werden, daß der Streik einer der schwersten Eingriffe im Wirtschaftsleben ist. Wer ihn beginnt, hat eine besondere Verpflichtung, sich von der Rechtmäßigkeit des von ihm geplanten Schrittes zu überzeugen; dabei muß wegen der Schwere des mit dem Streik gegebenen Eingriffs auch angenommen werden, daß sich die Erkenntnis dieser Pflicht geradezu aufdrängt. Beginnen Arbeitnehmer einen Streik, ohne sich vorher nach Kräften von seiner Rechtmäßigkeit zu überzeugen, so ist in aller Regel ein Verschulden anzunehmen, wenn sich später die Rechtswidrigkeit des Streiks herausstellt.

Im Streitfall behaupten die Beklagten selbst nicht, daß sie ihrer Aufklärungspflicht nachgekommen wären. Das ist auch als ausgeschlossen anzusehen, da die Beklagten trotz der Abmahnung durch die örtlichen Gewerkschaftssekretäre an der Arbeitsniederlegung festgehalten haben. Sie waren also überhaupt nicht gewillt, sich nach der Rechtmäßigkeit ihres Handelns zu erkundigen und auf den Rat Außenstehender zu hören. In einem solchen Falle ergibt sich ihre Haftung aus den in BAG AP Nr. 3 zu § 1 TVG Friedenspflicht ausgesprochenen Rechtsgrundsätzen für die gesamte Zeit des Streiks und ohne Rücksicht auf den Zeitpunkt, zu dem jeder einzelne Beklagte seinen Vertrag hätte kündigen können. Dafür, daß die Beklagten später ohne Verschulden die begründete Überzeugung erlangt hätten, der Streik sei rechtmäßig geworden, ist nichts vorgetragen.

b) Haftung bei Gemaßregelten-Unterstützung

Bundesarbeitsgericht
Urteil v. 20. 12. 1963 (1 AZR 429/62)[70]
— Leitsatz —

Die Gewerkschaft, die einen Streik zwar nicht beginnt und auch nicht übernimmt, jedoch an die Streikenden Gemaßregelten-Unterstützung zahlt und sie dadurch in ihrem Arbeitskampfwillen bestärkt, haftet im Falle ihrer Verantwortlichkeit als Gehilfin der streikenden Arbeitnehmer gesamtschuldnerisch dem bestreikten Arbeitgeber für alle durch den Streik entstandenen Schäden.

c) Fristlose Entlassung wild Streikender

Bundesarbeitsgericht
Urteil v. 21. 10. 1969 (1 AZR 93/68)[71]
— Leitsätze—

1. Eine von der zuständigen Gewerkschaft weder von vornherein gebilligte noch nachträglich genehmigte und übernommene Arbeitsniederlegung ist ein wilder Streik und als solcher rechtswidrig.

[70] Fundstelle: Entscheidungen des Bundesarbeitsgerichts, Band 15, S. 202 ff.
[71] Fundstelle: Entscheidungen des Bundesarbeitsgerichts, Bd. 22, S. 162 ff.

2. Der Arbeitgeber ist berechtigt, Arbeitnehmer, die sich an einem wilden Streik beteiligen, fristlos zu entlassen, wenn sie trotz wiederholter Aufforderung die Arbeit nicht aufnehmen.

3. Dadurch, daß sich ein Arbeitnehmer aus Gründen der Solidarität gegenüber seinen streikenden Arbeitskollegen einem rechtswidrigen Streik anschließt, wird sein Verhalten nicht gerechtfertigt.

2. Dokumente der Tarifpartner

a) Gesamtverband der metallindustriellen Arbeitgeberverbände e. V.[72]

III. Grundsätze für das Verhalten bei Ausbruch wilder Streiks

Wilde Streiks verlangen vom Arbeitgeber eine flexible Einstellung auf die jeweilige Situation.

1. Aufforderung zur Wiederaufnahme der Arbeit

Die Arbeitnehmer sind sofort zur Wiederaufnahme der Arbeit aufzufordern. Sie müssen darauf hingewiesen werden, daß dies Grundvoraussetzung für etwaige Gespräche ist.

2. Verbindung mit dem Arbeitgeberverband.

Wilde Streiks können Rückwirkungen auf andere Unternehmen haben. Deshalb muß der Arbeitgeberverband sofort vom Ausbruch eines solchen Arbeitskampfes unterrichtet werden. Mit ihm sind auch alle Maßnahmen zur Beendigung des Arbeitskampfes abzustimmen. Dies gilt auch im Hinblick auf die Solidaritätsgrundsätze, auf deren Einhaltung der Verband auch bei wilden Streiks hinwirken wird.

3. Eingreifen „vor Ort".

Am Ort des Streikgeschehens müssen Mitglieder der Geschäftsleitung anwesend sein. Das persönliche Engagement der Unternehmensspitze kann am ehesten die Wiederaufnahme der Arbeit erreichen.

[72] Da die entsprechenden Arbeitskampfrichtlinien anderer Arbeitgeberverbände z. B. des Arbeitsrings der Arbeitgeberverbände Chemie im wesentlichen gleichlauten, konnte hier vom Abdruck abgesehen werden (d. Bearb.).

Zur Unterrichtung einzelner Arbeitnehmergruppen müssen die betrieblichen Vorgesetzten rechtzeitig Informationen über den Standpunkt der Unternehmensleitung erhalten.

Sind ausländische Arbeitnehmer unter den Streikenden, muß für eine zuverlässige Übersetzung gesorgt werden. Die Heranziehung eines außerbetrieblichen Dolmetschers ist bei wilden Streiks besonders ratsam, weil betriebliche Übersetzer gerade in diesen Fällen häufig von ihren Kollegen nicht angehört werden ...

5. Verhandlungen über Streikforderungen

Während des Streiks darf grundsätzlich den Streikforderungen nicht nachgegeben werden. Nachgiebigkeit des Arbeitgebers in diesem Zeitpunkt ermutigt häufig zu neuen Forderungen und kann den Streik verlängern. Sofern überhaupt mit den Streikenden über ihre Forderungen gesprochen wird, sollte dies erst nach Abstimmung mit dem Arbeitgeberverband geschehen.

6. Keine Bezahlung der Streikzeit.

Durch wilden Streik ausgefallene Arbeitszeit darf nicht bezahlt werden. Die Bezahlung würde derartige Aktionen als völlig risikolos erscheinen lassen.

IV. Abwehrmaßnahmen

1. Sofortmaßnahmen

a) Ursachen und Ausmaß des Streiks feststellen ...
b) Streikführer persönlich ansprechen, um sie aus der sie schützenden Anonymität herauszuholen. Sie hierbei auf ihre persönliche Verantwortlichkeit, die Rechtswidrigkeit des Streiks, die fehlenden Grundlagen für die Streikforderung und die schädlichen Folgen des Streiks für den Betrieb und die Arbeitsplätze hinweisen
c) Sind Betriebsratsmitglieder zugleich Streikführer, sie eindringlich auf ihre Friedenspflicht gemäß § 74 Abs. 2 BetrVG hinweisen; sind sie nicht Streikführer, sie sofort als Vermittler heranziehen
d) Durch Einsatz aller Führungskräfte Belegschaft zur Wiederaufnahme der Arbeit veranlassen
e) Dafür sorgen, daß während des Streiks kein Alkohol in den Betrieb kommt; ggfs. Kantinen- und Werkverkauf schließen

2. Maßnahmen des ersten Tages.

Kann der wilde Streik nicht kurzfristig beendet werden, so sind folgende Maßnahmen erforderlich:

a) Notdienstvereinbarungen
Vereinbarungen über den Notdienst sind mit dem Betriebsrat zu treffen. Äußerstenfalls kann versucht werden, Notdienstmaßnahmen mit den Streikenden oder ihren Anführern abzusprechen

... d) Betriebliche Einrichtungen blockieren, die zur Stützung des wilden Streiks benutzt werden können: Lautsprecheranlage abschalten. Telefonzentrale sichern, Versammlungsräume abschließen, Kraftfahrzeuge unzugänglich machen

e) Besonders gefährliche oder gefährdete Betriebsteile sichern

f) Informationswege für die Geschäftsleitung nach außen sichern (z. B. Telefon, Fernschreiber): Kraftfahrzeuge außerhalb des Betriebs bereitstellen. Ausgänge überprüfen

g) Möglichst verhindern, daß unbefugte Personen das Firmengelände betreten (verstärkte Kontrollen an den Werktoren)

h) Beschäftigung Arbeitswilliger sichern

k) Über die Einschaltung der Gewerkschaft mit dem Arbeitgeberverband beraten

l) Falls der Einfluß des Betriebsrates auf die Streikenden nicht ausreicht, prüfen, ob gewerkschaftliche Vertrauensleute angesprochen werden sollen

m) Streikende möglichst aus dem Betrieb entfernen oder von ihm fernhalten, damit der Betrieb nicht zum örtlichen Mittelpunkt des Streiks wird. Solange sich die Arbeitnehmer im Betrieb aufhalten
— kann die Streikleitung die Belegschaft fortlaufend informieren,
— kann sich ein starkes Solidaritätsgefühl unter den Streikenden bilden und damit das Fehlen der gewerkschaftlichen Organisation ausgeglichen werden,
— wird die Streikführung zugleich kontrolliert und gestützt und so verstärkter Druck auf die Geschäftsleitung ausgeübt,
— können Arbeitswillige sowie der Notdienst behindert werden.

n) Entlassungen
— Die pauschale Androhung der fristlosen Entlassung größerer Gruppen von Arbeitnehmern ist in der Regel nicht

zweckmäßig, weil sie die Gefahr der Radikalisierung erhöht.

— Es empfiehlt sich allenfalls, die fristlose Entlassung gezielt denjenigen Arbeitnehmern anzudrohen, die als Drahtzieher festgestellt worden sind; diese Personen sind oft nicht in der Streikleitung zu finden. Es muß aber damit gerechnet werden, daß sich Arbeitnehmer mit den Betroffenen solidarisieren.

b) Streik und Aussperrung

Eugen Loderer, Eröffnungsreferat zur wissenschaftlichen Veranstaltung „Streik und Aussperrung" der IG Metall am 3. 9. 1973[73]

... Das Verbot spontaner Arbeitsniederlegungen hatte nie den Sinn, die Gewerkschaften zu schützen. Im Gegenteil. Dieses Verbot läuft praktisch darauf hinaus, es der Gewerkschaft ungeheuer zu erschweren, ihr Verhältnis zu einer spontanen Aktion sachgerecht und gemäß den eigenen Interessen zu gestalten.

Um es zu wiederholen: Eine von ihr als gerechtfertigt angesehene Arbeitsniederlegung kann die Gewerkschaft nicht unterstützen, und gegenüber einer abzulehnenden wird sie allzu leicht in die falsche Front mit dem Unternehmer getrieben.

Zu dieser grundsätzlichen Problematik kommt, daß meistens gar nicht ausreichend differenziert wird, was unter der pauschalen Bezeichnung „wilder Streik" als rechtswidrig erklärt wird: Da sind einmal alle die Formen von spontanen Meinungsbekundungen, sei es während einer Tarifbewegung, sei es angesichts politischer Ereignisse. Andere spontane Arbeitsniederlegungen betreffen all die Fälle innerbetrieblicher Schwierigkeiten, die auf den im Grunde gleichen Nenner zurückzuführen sind: verschleppte Eingruppierungsstreitigkeiten ... willkürliche Ungleichbehandlungen oder der Abbau übertariflicher Leistungen.

Stets ist das Schema das gleiche: Die Belegschaft wehrt sich gegen Übergriffe und hinhaltendes Taktieren des Unterneh-

[73] Abdruck nach: Der Gewerkschafter, Sonderdruck „Streik und Aussperrung" 1973. S. 1 ff.

mers, von dem sie meint, daß Gerichte, Betriebsrat und Gewerkschaften nicht mehr weiterhelfen könnten.

Auch hier müssen die Beschäftigten hören: Euer Streik ist rechtswidrig! Für eure Forderungen gibt es schließlich den Betriebsrat und die Arbeitsgerichte! Das ist in der Tat ein formal vielfach richtiges und bestechendes Argument — nur geht es an der sozialen Realität doch meist vorbei.

Und schließlich gibt es spontane Arbeitsniederlegungen, in denen Kollegen, die sicher gute Gründe angeben können, an Stelle der Gewerkschaft und auf eigene Faust Verbesserungen der Entlohnung durchzusetzen versucht haben.

Selbstverständlich werden auch und gerade diese Aktionen als rechtswidrig eingestuft. Hier gilt nun ganz besonders, daß ein solcher Rechtszustand gerade die Gewerkschaft zwischen die Fronten bringt. Für die Gewerkschaften jedenfalls kann es nicht in Frage kommen, das Problem derartiger spontaner Arbeitsniederlegungen mit dem Hinweis auf deren angebliche Rechtswidrigkeit bewältigen zu wollen ...

3. Literatur

a) Der wilde Streik

Prof. Dr. Thilo Ramm[74]

... Da der wilde Streik nicht von einer organisatorisch auf Dauer angelegten Arbeitnehmervereinigung getragen ist, kann er nicht unter Art. 19 Abs. 3 GG[75] fallen. Er vermag daher nur individualrechtlich beurteilt zu werden — entsprechend der durch Art. 19 Abs. 3 GG vorgenommenen prinzipiellen Unterscheidung in Individualgrundrechte und Gruppengrundrechte. Diese von der Verfassung vorgenommene und daher oberste Trennung enthält eine juristische Wertung des Tatsächlichen: Ungeachtet seiner kollektiven Natur wird rechtlich der wilde Streik als Individualhandeln, genauer gesagt, als

[74] Abdruck nach: Arbeit und Recht, 1964, S. 353 ff, ohne Fußnoten (d. Bearb.)

[75] Wortlaut des Art. 19, Abs. 3 GG: Die Grundrechte gelten auch für inländische juristische Personen, soweit sie ihrem Wesen nach auf diese anwendbar sind. (d. Bearb.)

eine Summe individueller Unterlassungen gewertet. Dies bedeutet aber, daß er rechtlich auf die allgemeine Handlungsfreiheit (Art. 2 GG) zurückgeführt werden muß. Allerdings gilt dies nicht ausschließlich, denn der wilde Streik ist als kollektives Handeln seiner Natur nach eine Gruppenbildung von Arbeitnehmern zur Verbesserung ihrer gegenwärtigen sozialen Lage. Es erfolgt durch den wilden Streik die Bildung einer „Vereinigung zur Wahrung und Förderung der Arbeits- und Wirtschaftsbedingungen. Dies bedeutet aber, daß der wilde Streik über die individuelle Koalitionsfreiheit geschützt wird; denn für Art. 9 Abs. 3 GG ist keineswegs von Bedeutung, ob die Koalition von Dauer sein wird, sie braucht nicht eine Gewerkschaft i. S. des § 2 TVG zu sein. In diesem Zusammenhang hat Nikisch auf § 152 Abs. 1 GewO aufmerksam gemacht, der auch „bloße Verabredungen zur Erlangung günstiger Lohn- und Arbeitsbedingungen, insbesondere mittels Einstellung der Arbeit oder Entlassung der Arbeiter“ einbegriff, woraus erhellt, daß das BAG mit seinem Streikverbot auf den Obrigkeitsstaat vor 1869 zurückgegriffen hat. Dabei hat es nicht beachtet, daß die weite Formulierung des Art. 9 Abs. 3 GG auch diese „Verabredung“, die nicht dauerhafte Koalition einbezieht, entsprechend der von der herrschenden Lehre zu Recht vorgenommenen Unterscheidung zwischen dem weiten Koalitionsbegriff des Grundgesetzes und dem engen Koalitionsbegriff, der sich auf § 2 TVG bezieht. Ein Verbot des wilden Streiks verstößt somit gegen Art. 9 Abs. 3 GG und ist entsprechend Art. 9 Abs. 3 Satz 2 GG rechtswidrig ...

b) Gibt es Prämien für wilde Streiks?[76]

Prof. Dr. Bernd Rüthers

... Der zuständige Arbeitgeberverband als Tarifpartei ist ... verpflichtet, mit allen verbandsrechtlich vorgesehenen Sanktionen gegen solche Mitgliedsfirmen vorzugehen, die auf tarifwidrige Forderungen der wild Streikenden eingehen.

Die unnachgiebige Zurückweisung der tarifwidrigen Forderungen wilder Streiks ist den bestreikten Firmen zumutbar.

[76] Abdruck nach: Frankfurter Allgemeine Zeitung, Nr. 131, v. 8. 6. 1974, S. 15.

Da wilde Streiks von den Gewerkschaften nicht unterstützt werden dürfen, sind die Streikenden regelmäßig nach kurzer Streikdauer zum Abbruch des Streiks gezwungen. Der Arbeitgeberseite steht es im übrigen frei, die Zugeständnisse, die sie für erforderlich hält, tariflich, also mit der zuständigen Gewerkschaft, zu vereinbaren. Die Arbeitgeberseite hat mithin bei tarifbezogenen wilden Streiks zwei Möglichkeiten: Entweder sie verweigert jedes Eingehen auf die Streikforderungen und steht den rechtswidrigen Streik durch, bis er zusammenbricht, oder sie trifft eine tarifliche Regelung über die von ihr akzeptierte Lohnerhöhung. Jedes andere Verhalten ist tarifwidrig.

Welche Möglichkeiten haben die Gewerkschaften?

1. Sie haben bei tarifbezogenen wilden Streiks in ihrem Tarifgebiet einen Anspruch gegen den zuständigen Arbeitgeberverband als Tarifpartei, daß dieser seine Mitglieder zu tariftreuem Verhalten anhält, insbesondere die Umgehung des tariflichen Regelungsmonopols durch einzelvertragliche Einheitsregelungen verhindert.

2. Kommt es während der Laufzeit eines Tarifvertrages zu Zugeständnissen der Arbeitgeberseite in wilden Streiks von erheblicher tarifpolitischer Bedeutung, so kann darin ein wichtiger Grund zur fristlosen Kündigung des laufenden Tarifvertrages liegen. Als wichtiger Grund zur Kündigung des Tarifvertrages kommt auch die Tatsache in Betracht, daß der laufende Tarifvertrag objektiv dadurch funktionslos wird, daß große Mitgliedsfirmen des Arbeitgeberverbandes durch tarifumgehende kollektive Einheitsregelungen den Tarifvertrag de facto beiseite schieben.

3. Geht die Arbeitgeberseite auf Forderungen wilder Streiks ein, so kann die Gewerkschaft solche Streiks übernehmen und in gewerkschaftlich organisierte Streiks umwandeln, wenn sie gleichzeitig den laufenden Tarifvertrag aus wichtigem Grund kündigen kann.

Erfolgreiche wilde Streiks gefährden nicht nur die freiheitliche Tarifautonomie. Empirische Analysen in benachbarten Ländern haben gezeigt, daß erfolgreiche wilde Streiks radikalen

Gruppen und Parteien nachhaltigen Auftrieb geben. Man fragt sich, ob die Kapitulationsstrategie der Arbeitgeber gegenüber wilden Streiks wirklich im Interesse der Beteiligten liegt. Auch die Gewerkschaften sollten überlegen, ob sie nicht besser ihr tarifliches Regelungs- und Arbeitskampfmonopol im Sinne der hier vertretenen Strategie wirksam verteidigen sollten. Die generelle Zulassung wilder Streiks könnte das Ende starker Gewerkschaften und die Auszehrung der Tarifautonomie bedeuten.

B. Besondere Formen des Arbeitskampfes

1. Sympathie-Arbeitskampf

Der Sympathie-Arbeitskampf[77]

Dr. Hubert Stadler

... Zusammenfassung

1. Der Sympathie-Arbeitskampf ist im Rahmen der allgemeinen Kampffreiheit grundsätzlich zulässig.

2. Seine Begrenzung erfolgt — vergleichbar dem Hauptarbeitskampf — auf der Ebene der Rechtmäßigkeit und hier insbesondere nach den Regeln der Sozialadäquanz.

3. Die Anwendung der für den Hauptarbeitskampf aufgestellten Regeln der Sozialadäquanz bringt — auf den Sympathie-Arbeitskampf entsprechend übertragen — auch für diesen hinreichende Abgrenzungs- und Eingrenzungsmöglichkeiten.

4. Bei Vorliegen eines rechtmäßigen Hauptarbeitskampfes sind zur Beurteilung der Rechtmäßigkeit eines Sympathie-Arbeitskampfes folgende, zum Teil modifizierte Prinzipien der Sozialadäquanz gesondert zu prüfen:

a) Der Sympathie-Arbeitskampf muß sich gegen den sozialen Gegenspieler richten.

b) Der Sympathie-Arbeitskampf muß von tariffähigen Parteien geführt werden.

[77] Abdruck nach: Der Betriebsberater 1967, S. 719 ff.

c) Der Sympathie-Arbeitskampf darf die Grundsätze des kollektiven Arbeitsrechts, insbesondere des Tarifvertragsrechts, nicht verletzen.

d) Der Sympathie-Arbeitskampf muß die ultima ratio sein.

e) Der Sympathie-Arbeitskampf muß fair geführt werden.

Aus der Akzessorietät ergibt sich hingegen, daß nicht gesondert geprüft werden muß:

ob der Kampf um die Gestaltung von Arbeitsbedingungen und um kollektiv-rechtliche Ziele geführt wird.

2. Politischer Arbeitskampf

a) Zeitungsstreik von 1952

Landesarbeitsgericht Freiburg
Urteil v. 13. 4. 1953[78] (Sal 31/52)

... Solange Verfassungsbestimmungen über den politischen Streik fehlen, ist der politische Streik grundsätzlich nicht verfassungswidrig. Der politische Streik ist dann verfassungsrechtlich werturteilsfrei. Diese Feststellung gilt allerdings nur generell für den politischen Streik als Institution, nicht für den einzelnen politischen Streik. Der politische Streik kann im Einzelfalle recht wohl mit den Grundsätzen der Verfassung in Widerspruch stehen.

... Ein politischer Streik ist dann allerdings verfassungswidrig, wenn er mit den Grundsätzen der Verfassung in Widerspruch steht. Dies braucht aber keineswegs immer zuzutreffen. Sollte durch vorübergehende Arbeitsniederlegung für die Freilassung von Kriegsgefangenen oder gegen hohe Besatzungskosten oder gegen hohe Preise demonstriert werden, dann könnte dieser politische Streik wohl kaum als verfassungswidrig angesehen werden.

... Es ist deshalb jeweils zu prüfen, ob der zu beurteilende politische Streik im Einzelfall gegen die Grundsätze der Verfassung verstößt. Der Verdacht liegt bei der Aktion v. 28./29. 5. 1952 nahe, da diese sich direkt an die gesetzgebende Körperschaft, den Bundestag, richten sollte. Die Gutachten von *Forsthoff* und *Hueck* nehmen dies an. Insbes. *Forsthoff* macht hierzu unter Hinweis auf Art. 20, 38 GG

[78] Fundstelle: Neue Juristische Wochenschrift 1953, S. 1278 ff.

eingehende Ausführungen und nimmt Parlamentsnötigung an. *Hueck* leitet aus der Parlamentsnötigung die Sittenwidrigkeit der Aktion i. S. von § 826 BGB ab. Demgegenüber läßt *Nipperdey* die Frage der Parlamentsnötigung offen. Sollte man in der Aktion v. 28./29. 5. 1952 eine strafrechtliche Parlamentsnötigung erblicken, dann wäre die Aktion allerdings auch verfassungswidrig.

Eine solche Parlamentsnötigung und damit auch die Verfassungswidrigkeit des Streiks v. 28./29. 5. 1952 war aus folgenden Gründen zu verneinen: Der Streik war von vornherein auf 2 Tage zeitlich begrenzt. Von vornherein auf kurze Dauer festgelegte Arbeitsniederlegungen sind in der Regel reine Demonstrationsstreiks (vgl. *Nikisch*, Lehrb. S. 271). Es lag auch nur eine begrenzte Nachrichtensperre über der Bundesrepublik, da der Rundfunk, dessen Nachrichtenübermittlung der der Tageszeitungen fast gleichwertig ist, von dem Streik nicht berührt wurde. Dies war den Bekl. auch bekannt. Der den Zeitungsunternehmen erwachsene Schaden war relativ gering und volkswirtschaftlich ohne Bedeutung. Den Bekl. war auch bekannt, daß das BetriebsverfassungsG am 28./29. 5. 1952 im Bundestag nicht zur entscheidenden Abstimmung kam. Die Abgeordneten konnten also zu dem späteren Zeitpunkt der Abstimmung nicht mehr unter dem unmittelbaren Eindruck eines noch andauernden Streiks stehen. Diese Tatsachen berechtigen aber zu der Annahme, daß die Bekl. nur ihre Änderungswünsche zu den vorl. Entwürfen mit Nachdruck zur Kenntnis bringen wollten.

Den Bekl. kann das Recht, ihre Auffassung in einer sozialadäquaten Weise den gesetzgebenden Organen zur Kenntnis zu bringen, nicht abgestritten werden. Diese Grenze wurde aber eingehalten. Es ist zwar richtig, daß in Verlautbarungen die Bekl. mit weiteren Kampfmaßnahmen gedroht haben. Zu diesen ist es aber nicht gekommen. Es bedarf deshalb auch keiner Erörterung, ob diese etwaigen weiteren Maßnahmen den Tatbestand der Parlamentsnötigung erfüllt hätten und verfassungswidrig gewesen wären. Die Erfahrung zeigt, daß in Aufrufen, Zeitungsartikeln oder Versammlungen oft scharfe Worte gebraucht und energische Maßnahmen angedroht werden, deren Verwirklichung vielfach nicht ernstlich gemeint ist. Die Erfahrung der Bundestagsabgeordneten befähigt diese wohl am besten, den entspr. Verlautbarungen das notwendige Gewicht beizulegen. Eine Welle von Protestversammlungen der Landwirte oder von Demonstrationsumzügen der Flüchtlinge, eine Flugblattaktion der Hausbesitzer oder Mieter durch das ganze Bundesgebiet oder ähnliche Aktionen könnten bei der Beratung von Gesetzesentwürfen auf die Abgeordneten den gleichen Einfluß haben wie etwa die Aktion der

Gewerkschaft. Man müßte auch bei diesen den Tatbestand der Parlamentsnötigung und der Verfassungswidrigkeit mindestens dann bejahen, wenn sie in größerer Breite zur Durchführung kommen ...

b) Garantie politischer Streiks?

Dr. Volker H. Lohse[79] [80]

... Koalitionen haben kein Recht, gegen den Staat zu kämpfen, diesen also zum Adressaten von Streiks und Aussperrungen zu machen. Wo Gruppeninteressen gegen das Wohl des Ganzen verstoßen, haben sie zurückzutreten. Mit der Wahrnehmung einer Ordnungsfunktion in einem gesellschaftlichen und wirtschaftlichen Ganzen ist es unvereinbar, zu versuchen, Gruppeninteressen gegen Gesamtinteressen durchzusetzen und die in der Verfassung vorgesehene Herrschaftsausübung anzugreifen. Der Ordnungsfaktor darf die Ordnung nicht stören. Beim Kampf von Partikularinteressen gegen das Volksganze ist der vom Staat gezogene Rahmen sozialer Selbstverwaltung gesprengt. Der Staat ist berechtigt, die Koalitionen zu zügeln. Der Grundsatz der sozialen Selbstverwaltung „setzt, wenn er nicht in das Chaos gruppenegoistischer Maßlosigkeit führen soll, bei den ‚Sozialpartnern' die Einsicht voraus, daß jedes Gruppeninteresse eines Berufsverbandes letzten Endes sinnvoll nur in Korrespondenz mit dem Gemeinwohl der Gesamtgesellschaft und nicht im Gegensatz dazu verwirklicht werden kann".(196) Die äußerste Grenze sozialer Selbstverwaltung liegt in der staatlichen Rechtsordnung, die den Kampf gegen den Staat verbietet. Ein Streik gegen den Staat würde gegen Grundsätze des Grundgesetzes — und anderer Gesetze, die Bestandteile der Rechtsordnung sind — verstoßen:

— Die Volkssouveränität, Art. 20 Abs. 2 GG, würde durch die Souveränität pluralistischer Elemente ersetzt;

— die demokratische Staatsordnung, Art. 20 Abs. 1 GG, würde durch Gruppenegoismus und Verbandseinflüsse zersetzt;

[79] Abdruck aus: Volker H. Lohse, Streik und Staatsnotstand, (Diss.) 1969 mit freundlicher Genehmigung des Verlages Duncker & Humblot, Berlin.

[80] Nicht alle Fußnoten konnten mit abgedruckt werden (d. Bearb.).

(196) Rüthers, Streik und Verfassung, S. 53.

— der Gleichheitssatz des Art. 3 Abs. 1 GG, der jedem Bürger gleiche Chancen bei der Wahrnehmung seiner Interessen gegenüber dem Staat zusichert, wäre durch ein Privilegiensystem entwertet;
— die Entschlußfreiheit der Abgeordneten, die nur ihrem Gewissen unterworfen und an Aufträge und Weisungen nicht gebunden sind, Art. 38 Abs. 1 S. 2 GG, würde aufgehoben;
— unabhängige, nur dem Gesetz unterworfene Richter, Art. 97 Abs. 1 GG, würden unter einen Gruppenwillen gezwungen.

Einen solchen Arbeitskampf kann die Verfassung nicht zulassen. Dieser „verfassungsdurchbrechende" Streik wird daher von der h. M. mit Recht abgelehnt.

Der politische Demonstrationsstreik ist rechtlich anders zu werten als der politische Kampfstreik. Demonstrationen gegen den Staat und seine Organe in Form von Streiks sind als Meinungsäußerungen anzusehen und als solche durch Artikel 5 Abs. 1 S. 1 GG verfassungsrechtlich geschützt. Zwar nennt Art. 5 GG als Formen der Meinungsäußerung nur „Wort, Schrift und Bild" und ist insofern enger gefaßt als Art. 118 Abs. 1 der Weimarer Reichsverfassung, der die Meinungsäußerung auch „in sonstiger Weise" garantierte; aber es ist mit der h. M. davon auszugehen, daß diese Aufzählung nur beispielhaft ist und daß Demonstrationen auch als Form der Meinungsäußerung gelten.

Zulässig ist ferner der politische Streik als Mittel der Ausübung des Widerstandsrechts, wie das Beispiel des Kapp-Putsches vom März 1920 zeigt.

3. Boykott (Schiffsboykott)

Arbeitsgericht Stuttgart
Urteil v. 9. 7. 1973 (6 Ca 1/73)[81]

... Die Antragsgegnerin[82] hat auch nicht bestritten, daß unter Einschaltung der Internationalen Transportarbeiter-Föderation in London und der dieser Föderation angehörenden Hafenarbeiter- und

[81] Fundstelle: „Demokratie und Recht" 1973, S. 416 ff.
[82] Gewerkschaft ÖTV. (d. Bearb.)

Seeleutegewerkschaften weltweit gegen die Schiffe der Antragsteller[83] Ziffer 2 bis Ziffer 5 Boykottmaßnahmen in der Weise eingeleitet und durchgeführt wurden und auch noch werden, daß Schiffe der genannten Antragsteller in den Häfen des Auslands solange nicht mehr abgefertigt werden, wie sich die Antragsteller weigern, eine tarifliche Bindung mit der Antragsgegnerin einzugehen. Sie hat weiter nicht bestritten, daß diese internationalen Boykottmaßnahmen auf ihr Ersuchen hin und auf ihr Betreiben hin durchgeführt werden...

... Die verhängten Boykottmaßnahmen sind in ihren Folgen, in ihrem Druck und Zwang gegen die Antragsteller viel schwerwiegender als eine Bestreikung ihrer Schiffe, gegen die sie sich mit einer Aussperrung der Schiffsbesatzung oder mit dem Anheuern arbeitswilliger Besatzungsmitglieder zur Wehr setzen könnten. Wenn aber die Satzungsgeber bereits in § 19 vor jeden Streik eine Urabstimmung stellen, die ihrerseits bereits nach dem Beschluß des Großen Senats des Bundesarbeitsgerichts vom 28. 1. 1959 eine Arbeitskampfmaßnahme in der mildesten Form darstellt, so muß das erst recht für die Verhängung von Boykottmaßnahmen der vorliegenden Art gelten. Soweit sich der Hauptvorstand in seinen Richtlinien vom 1. 1. 1969 (12. Dez. 1968) über dieses Mandat des Satzungsgebers hinweggesetzt hat, sind die Richtlinien unverbindlich, satzungswidrig, mit der Folge, daß die Boykottmaßnahme ohne vorherige Urabstimmung rechtswidrig ist. Die Rechtswidrigkeit ergibt sich darüber hinaus aber auch aus dem Grundsatz der Verhältnismäßigkeit, der nach der neueren Rechtsprechung des Bundesarbeitsgerichtes als oberstes Gebot über Arbeitskampfmaßnahmen jedweder Art steht, weiterhin aber auch aus der Verletzung der Waffengleichheit. Die Unverhältnismäßigkeit der verhängten Arbeitskampfmaßnahme gegen die Antragsteller und die Verletzung des Grundsatzes der Waffengleichheit folgt aus dem vorstehend Gesagten: Der international durchgeführte Boykott gegen die Antragsteller läßt ihnen keine Möglichkeit zu Abwehrmaßnahmen irgendwelcher Art, er geht weit über die wirtschaftlichen Folgen eines Streiks hinaus und bewegt sich in Richtung auf eine Existenzvernichtung der

[83] Partenreederei „MS Nordbalt“ u. a. (d. Bearb.)

Antragsteller, er berührt entscheidend die nach Auffassung des Gerichtes auch in Art. 9 des Grundgesetzes garantierte negative Koalitionsfreiheit (weil die Antragsteller genötigt werden sollen, entweder dem Verband Deutscher Küstenschiffseigner oder der Tarifgemeinschaft im Verband Deutscher Reeder beizutreten, dies alles, obgleich eine Urabstimmung und, falls sich die Mitglieder der Antragsgegnerin satzungsgemäß für den Streik aussprechen würden, ein Streik auf den einzelnen Schiffen der Antragsteller möglich wäre. Ist sonach der internationale Boykott gegenüber den Antragstellern unverhältnismäßig und gab es zur Erreichung des angestrebten Zieles mildere Formen des Arbeitskampfes, von denen die Antragsgegnerin jedoch keinen Gebrauch gemacht hat, gibt es darüber hinaus für die Antragsteller keine sinnvollen und spürbaren Abwehrmaßnahmen, so folgt hieraus zugleich die Rechtswidrigkeit des verhängten Boykotts. Ist aber der Boykott rechtswidrig, so haben die Antragsteller gegen die Antragsgegnerin nicht nur einen Anspruch darauf, daß diese es unterläßt, darauf hinzuwirken, daß die Schiffe der Antragsteller durch die Internationale Transportarbeiter-Föderation und die ihr angeschlossenen Gewerkschaften boykottiert werden, sondern zugleich auch einen Anspruch darauf, daß die Antragsgegnerin gegenüber der ITF in London erklärt, daß die Schiffe der Antragsteller einstweilig bis zur Entscheidung in der Hauptsache nicht mehr zu boykottieren sind ...

C. Einzelne Personenkreise im Arbeitskampf

1. Schutzbedürftige Arbeitnehmer

a) Gesetz zur Sicherung der Eingliederung Schwerbehinderter in Arbeit, Beruf und Gesellschaft (Schwerbehindertengesetz) i. d. F. vom 29. 4. 1974[84]

...

§ 18

(7) Schwerbehinderte, denen lediglich aus Anlaß eines Streiks oder einer Aussperrung fristlos gekündigt worden ist, sind nach

[84] Abdruck nach Bundesgesetzblatt 1974, Teil I, S. 1005 ff.

Beendigung des Streiks oder der Aussperrung wieder einzustellen.

b) Arbeitskampf und Mutterschutz

Bundesarbeitsgericht

Urteil v. 25. 1. 1963 (1 AZR 288/62)

— Leitsätze —[85]

1. Die mit dem Ziel der Lösung der Arbeitsverhältnisse vorgenommene Aussperrung ist keine Kündigung der Arbeitsverhältnisse, sondern ein Lösungstatbestand eigener Art (Bestätigung von BAG 1, 291 = AP Nr. 1 zu Art. 9 GG Arbeitskampf).

2. Dieser Lösungstatbestand unterliegt nicht den Regeln des Kündigungsrechtes und des Kündigungsschutzrechtes.

3. Auch Frauen, die unter Mutterschutz stehen, können ausgesperrt werden; dies gilt auch dann, wenn sie sich an dem Streik, der mit einer Abwehraussperrung bekämpft wird, nicht aktiv beteiligt haben (Weiterentwicklung von BAG 10, 111 = AP Nr. 11 a.a.O.).

4. Nach Beendigung des Arbeitskampfes ist der Arbeitgeber verpflichtet, die ausgesperrten Frauen, die im Zeitpunkt der Aussperrung unter Mutterschutz standen, wieder einzustellen.

2. Leiharbeitnehmer

a) Gesetz zur Regelung der gewerbsmäßigen Arbeitnehmerüberlassung (Arbeitnehmerüberlassungsgesetz) vom 7. 8. 1972[86]

...

§ 11

(5) Der Leiharbeitnehmer ist nicht verpflichtet, bei einem Entleiher tätig zu sein, soweit dieser durch einen Arbeitskampf unmittelbar betroffen ist. In den Fällen eines Arbeitskampfes nach Satz 1 hat der Verleiher den Leiharbeitnehmer auf das Recht, die Arbeitsleistung zu verweigern, hinzuweisen.

...

[85] Fundstelle: Entscheidungen des Bundesarbeitsgerichts, Bd. 14, S. 52.
[86] Abdruck nach: Bundesgesetzblatt 1972, Teil I, S. 1393 ff.

b) Lohnrisiko von Personal-Leasing-Unternehmen

Bundesarbeitsgericht

Urteil v. 1. 2. 1973 (5 AZR 382/72)[87]

... Mit Wesen und Struktur eines Personal-Leasing-Unternehmens ist es ... unvereinbar, dem arbeitswilligen Arbeitnehmer eines solchen Unternehmens im Falle eines durch einen Arbeitskampf bedingten Arbeitsausfalls das Lohnrisiko nach den sonst angewandten rechtlichen Grundsätzen aufzubürden (vgl. BAG, AP Nr. 2 bis 4 zu § 615 BGB Betriebsrisiko ...

... Dies kann nur hingenommen werden bei Teilstreik im eigenen Betrieb des Personal-Leasing-Unternehmens, kann aber nicht als Regel für den Fall gelten, daß ein Teilstück in anderen Betrieben die Möglichkeiten der wirtschaftlichen Tätigkeit eines solchen Unternehmens einengt. Im letzteren Falle hat vielmehr in der Regel das Personal-Leasing-Unternehmen das Lohnausfallrisiko zu tragen. Dies folgt aus der besonderen Eigenart eines solchen Unternehmens ...

3. Pressebetriebe

Dürfen Pressebetriebe bestreikt werden?

Dr. Martin Löffler[88]

... VI. *Der Streik gegen Pressebetriebe insbesondere.* Nach dem bisher gewonnenen Ergebnis läßt sich die Frage der Zulässigkeit der Bestreikung von Pressebetrieben dahin beantworten:

1. Daß der politische Streik gegen Pressebetriebe unzulässig ist, bedarf nach den obigen Feststellungen keiner weiteren Begründung. Das gilt nicht nur für einen politischen Zeitungsstreik, der sich, wie im Mai 1952, in seiner Zielsetzung gegen einen Dritten, den Gesetzgeber, richtete. Unzulässig wäre beispielsweise auch ein Streik, der sich — unter dem Deckmantel des Lohnkampfes — in Wahrheit gegen eine politische Richtung wenden würde. Die Bestreikung speziell solcher Zeitungen,

[87] Fundstelle: Der Betriebsberater, 1973, S. 464 ff.
[88] Abdruck nach Neue Juristische Wochenschrift 1962, S. 1601 ff.

die einer bestimmten Partei nahestehen, wäre auch dann unzulässig, wenn damit lohnpolitische Interessen verfolgt würden. Das ergibt sich aus zwei Überlegungen: Einmal würde sich ein derartiger Streik in Wahrheit nicht gegen den bestreikten Unternehmer, sondern gegen eine politische Partei richten. Zum anderen würde ein solcher Streik das verfassungsrechtlich geschützte Grundrecht der Pressefreiheit in seinem Kern treffen, da er sich gegen eine bestimmte Meinung als solche richten würde.

3. Von größter praktischer Tragweite ist aber die Frage, inwieweit eine Bestreikung von Presseverlagen im Hinblick auf die Bedrohung „lebenswichtiger Interessen der Bevölkerung“ als unzulässig anzusehen ist, d. h. ob die von der Presse in unserer Demokratie ausgeübte Funktion für die Allgemeinheit lebenswichtig ist. Würdigt man die eingangs erwähnte Bedeutung, die unsere Verfassung nach der verbindlichen Auslegung des BVerfG der Funktion der Presse zuerkennt, so kann kaum bezweifelt werden, daß die Meinungs- und Pressefreiheit und damit der Bestand einer freiheitlichen Presse zu den lebenswichtigen Interessen der Bevölkerung gehört. Wird die Meinungs- und Pressefreiheit durch einen Lohnstreik in ihrem Wesen getroffen oder der Bestand der freiheitlichen Presse gefährdet, so muß das Streikrecht hinter dem Schutz der Pressefreiheit zurücktreten. Denn bei einer Kollision überragender ideeller Interessen der Allgemeinheit und materieller Interessen der Streikenden müssen die materiellen Interessen zurücktreten ...

4. Leitende Angestellte

Leitende dürfen selbstverständlich auch streiken[89]

Prof. Dr. Franz-Jürgen Säcker

Den leitenden Angestellten steht als Arbeitnehmern auch das Recht zu, zur Durchsetzung ihrer Ansprüche zu streiken bzw. sich am Streik von Fachgewerkschaften zu beteiligen(29), jeden-

89 Abdruck aus: Säcker, Die Rechtsstellung der leitenden Angestellten im kollektiven Arbeitsrecht, BB 1972, 1197 ff.

(29) Eine Verweigerung oder Abstufung des Streikrechts unter dem

falls dann, wenn Gegenstand des Tarifvertrages auch Regelungen sind, die für leitende Angestellte gelten sollen. Ob sie auch dann streiken dürfen, wenn es nicht um eigene Belange geht, sondern nur um Lohnansprüche nichtleitender Angestellter, ist ein sehr intrikates Problem. Grundsätzlich hält die herrschende Lehre ein Mitstreiken für zulässig, und zwar auch dann, wenn kein mittelbar eigenes Interesse verfolgt wird(30). Folgt man dieser (meines Ermessens allerdings zu Recht bestrittenen) Ansicht, so bestünden gegen die Streikteilnahme aus allgemeinen Gesichtspunkten keine Bedenken. Lehnt man diese Ansicht dagegen ab, muß man folgerichtig die Zulässigkeit eines Streiks der leitenden Angestellten zur Förderung eines Tarifvertrages, der für sie keine Geltung erlangt, verneinen . . .[90/92]

5. Seeleute

Das Streikrecht in der deutschen Seeschiffahrt
von Dr. Ruprecht Großmann[93]

. . . Zusammenfassend ist festzustellen, daß das deutsche Arbeitskampfrecht auf alle Schiffsbesatzungsmitglieder anzuwenden ist die auf einem Schiff unter deutscher Flagge fahren, es sei denn, daß der Arbeitskampf auf dem Gebiet eines ausländischen Staates gegen einen Gegner geführt wird, der dem Recht dieses Staates unterliegt . . .

Gesichtspunkt der Vergütungshöhe nach dem Motto: „Wer viel verdient, darf nicht streiken" ist im Bereich des Art. 9 Abs. 3 GG nicht möglich. Denn das durch Art. 9 Abs. 3 GG mitgewährleistete Streikrecht ist kein Arme-Leute-Recht, das auf die Forderung nach höheren Stundenlöhnen beschränkt ist; es erlaubt die kollektive Regelung aller Arbeits- und Wirtschaftsbedingungen. Die spezifische Schutzbedürftigkeit leitender Angestellter liegt eben gerade nicht im Lohnbereich, sondern im Bereich der sonstigen Arbeits- und Wirtschaftsbedingungen (Kündigung, Abfindung, Wettbewerbsverbot, etc.).

(30) Vgl. dazu die Nachweise bei Huck-Nipperdey, Lehrbuch des Arbeitsrechts, 7. Aufl., Bd. II/2, 1970, § 49 B II 2, S. 1009.

90/92 Zum Begriff des leitenden Angestellten vgl. Bundesarbeitsgericht, Urt. v. 5. 3. 1974 (1 ABR 19/73) abgedruckt in Neue Juristische Wochenzeitschrift 1974, S. 965 ff. (d. Bearb.)

93 Abdruck nach: Arbeit und Recht 1968, S. 225 ff; vom Abdruck der zahlreichen Fußnoten mußte abgesehen werden (d. Bearb.)

... Strafbar ist nach § 115 SeemG nur das vorsätzliche Nichtbefolgen einer Anordnung eines Vorgesetzten, wenn dadurch Menschen, Schiff oder Ladung gefährdet werden. Außerdem muß die Anordnung rechtmäßig ergangen sein und dazu dienen, drohende Gefahr für Menschen, Schiff oder Ladung abzuwenden, einen unverhältnismäßig großen Schaden zu vermeiden, schwere Störungen des Schiffsbetriebes zu verhindern, öffentlich-rechtliche Vorschriften über die Schiffssicherheit zu erfüllen oder Sicherheit oder Ordnung an Bord aufrechtzuerhalten. Nach § 116 SeemG sind der Widerstand unter Gewaltanwendung oder Gewaltandrohung und der tätliche Angriff unter Strafe gestellt.

Liegt das Schiff in einem Hafen, so wird grundsätzlich eine Gefahr für Menschen oder Schiff nicht bestehen. Denkbar ist jedoch, daß während der meistens kurzen Liegezeiten in Häfen Gefahrenquellen beseitigt werden müssen, die sonst auf hoher See nach menschlichem Ermessen zu schweren Störungen führen (z. B. Fehler beim Verstauen der Ladung, Mängel an der Maschine, am Ruder oder der Elektroanlage). Hier genügt die Adäquanz, d. h. ein Zustand, der nach menschlicher Erfahrung bei natürlicher Fortentwicklung der Sachlage sehr wahrscheinlich in einen Schaden umschlägt und dessen Beseitigung keinen Aufschub duldet. Eine gegenwärtige Gefahr kann bereits im Hafen bezüglich der Ladung bestehen (z. B. eine Ladung Fisch oder Obst droht zu verderben). Alle anderen Störungen wirtschaftlicher Art infolge des Arbeitskampfes sind als kollektive Gegenmaßnahmen der Arbeitnehmer schon im Rahmen der liberalistischen Wettbewerbswirtschaft legal (z. B. Nichteinhaltung von Terminen oder Verursachung erhöhter Hafengebühren).

Allerdings müssen häufig auch in Häfen Vorkehrungen dagegen getroffen werden, daß durch den Streik die Sicherheit des Schiffes gefährdet wird (z. B. Vertäuen des Schiffes, Verschließen der Luken, Abstellen der Maschine, Konservierung der Kesselanlage und Aufstellen einer Sicherheitswache) ...

Für das Ankern des Schiffes auf Reede gilt das für den Aufenthalt in Häfen Gesagte lediglich mit der Einschränkung, daß hier das Schiff stärker gesichert bzw. bei Gefahr (z. B. Unwetter) sein Verholen an einen sicheren Ort gewährleistet sein muß ...

Außerhalb der Häfen und fern von geschützten Ankerplätzen wird dagegen ein Streik wegen der besonderen Gefahren der See sehr viel häufiger den Tatbestand des § 115 erfüllen. Dennoch sind auch Fälle eines legitimen Arbeitskampfes auf hoher See denkbar. *Monnerjahn* verweist mit Recht auf das Beispiel der Hochseefischerei, wo der lediglich mit dem Fang beschäftigte Teil der Besatzung ohne Gefahr für Menschen oder Schiff streiken könnte. Sind allerdings die Netze eingeholt und weigert sich die Besatzung zu der heute vielfach schon auf See üblichen Fischverarbeitung, so läge wiederum eine Gefährdung der Ladung vor, falls die Fische vor Ankunft im Hafen zu verderben drohen. Ein Recht des Navigations- und Maschinenpersonals zum Arbeitskampf wird man auf offener See nur annehmen können, wenn das Schiff gleichzeitig vor Anker geht, und diese Maßnahme seemännisch, d. h. unter Berücksichtigung der Sicherheit von Schiff, Mannschaft und Ladung, vertretbar erscheint ...

6. Auszubildende

Kein Streikrecht für Auszubildende

Arbeitsgericht Düsseldorf

Urteil v. 21. 8. 1972 (7 Ca 1995/71)[94]

... Die Kammer ist zu dem Ergebnis gelangt, daß dem Ausbildungsverhältnis wesentlicheZ üge eines Arbeitsverhältnisses fehlen, ohne die eine Einbeziehung Auszubildender in das Arbeitskampfgeschehen nicht möglich erscheint ...[95]

Dabei verkennt die Kammer keineswegs, daß das Bundesarbeitsgericht (AP Nr. 10 zu § 611 BGB Lehrverhältnis) bereits in seiner Entscheidung vom 29. 10. 1957 den Lehrling wegen seiner persönlichen Abhängigkeit vom Lehrherrn, seiner Eingliederung in den Betrieb, als Arbeitnehmer qualifiziert hat. Und das Berufsbildungsgesetz besagt sogar in § 3 Abs. 2 ausdrücklich, daß auf den Ausbildungsvertrag die für den Arbeitsvertrag geltenden Rechtsvorschriften und Rechtsgrundsätze anzuwenden sind, soweit sich aus seinem Wesen und Zweck nichts anderes ergibt. Es soll damit sichergestellt werden, daß der Lehrling in mindestens gleichem Maße wie ein Arbeitnehmer den Schutz arbeitsrechtlicher Vorschriften und Rechtsgrundsätze genießt. Auf diese rechtliche Einordnung des Lehrlings als Arbeitnehmer kommt es — entgegen der Auffassung von Kehrmann (AuR 1972, S. 227) nicht entscheidend an, weil damit noch keine Aussage im Hinblick auf seine Beteiligung am Arbeitskampf vorliegt.

[94] Fundstelle: s. o. I, D. 5 (d. Bearb.)
[95] Vgl. Streikrichtlinien der DAG, Ziff. 6 und 10 abgedruckt oben unter I, E. 4 d. (d. Bearb.)

Hierbei mag dahinstehen — was durchaus sehr zweifelhaft ist —, ob Auszubildende überhaupt in der Lage sind, durch die Weigerung, ihre Ausbildung für eine bestimmte Zeit fortzusetzen, einen unmittelbaren wirtschaftlichen Druck und damit eine Willensbeeinflussung des Arbeitgebers herbeizuführen vermögen. Diese Frage kann nicht von der Warte beantwortet werden, daß teilweise der Auszubildende vom Lehrherrn unter Hintansetzung der Ausbildungsziele zu reinen Arbeitsleistungen als billige Arbeitskraft mißbraucht wird (vgl. Kehrmann, a.a.O., S. 227 ff.). Eine wesentliche Bedeutung gewinnt jedoch die Überlegung, daß der Arbeitskampf eine Auseinandersetzung um Arbeitsbedingungen ist. Ob man dieses Element des Arbeitskampfbegriffs auch auf die Kampfpartei bezieht (so Hromadka, DB 1972, 872), oder — wie es der Kammer richtiger zu sein scheint — damit den subjektiven Tatbestand des Arbeitskampfes kennzeichnet, mag offen bleiben. In jedem Falle ist es ausgeschlossen, daß Auszubildende in einem von ihnen durchgeführten Arbeitskampf Arbeitsbedingungen durch Abschluß einer kollektivvertraglichen Regelung erzwingen können, Arbeitsbedingungen beziehen sich nämlich auf die Austauschgerechtigkeit zwischen Arbeitgeber und Arbeitnehmer; das bedeutet im weitesten Sinne, welche gegenseitigen Verpflichtungen die Parteien aus dem Arbeitsvertragsverhältnis übernehmen. Um einen derartigen Austausch von Leistung und Gegenleistung geht es gerade im Ausbildungsverhältnis zwischen Lehrherrn und Lehrling nicht. Das gilt vor allem auch für die Ausbildungsvergütung, die der Lehrherr dem Lehrling schuldet. Diese bildet nicht etwa eine Gegenleistung für eine produktive Arbeit des Lehrlings; vielmehr soll damit dem Auszubildenden bzw. seinen Eltern zur Durchführung der Berufsausbildung eine finanzielle Hilfe gesichert, zum anderen zugleich auch die Heranbildung eines ausreichenden Nachwuchses an qualifizierten Facharbeitern und Angestellten gewährleistet werden. Allein diesem Gedanken trägt § 10 Abs. 1 BBiG Rechnung, wenn er zur Bemessungsgrenze des Vergütungsanspruchs das Lebensalter des Auszubildenden und die Dauer der Berufsausbildung erhebt.

Diese Interpretation des Vergütungsanspruchs steht nicht im Widerspruch dazu, daß der Auszubildende zum Zwecke seiner Ausbildung auch in den Produktionsprozeß mit eingeschaltet werden muß und damit seine Arbeit einen Gebrauchswert für den Arbeitgeber darstellen kann, weil die Relation zwischen Leistung und Vergütung fehlt. Selbst wenn man aber der Ansicht folgen sollte, daß mit fortschreitender Ausbildung die Dienste des Lehrlings für den Ausbilder wertvoller werden und deshalb ein höherer Zuschuß gerechtfertigt sei, bleibt der Entgeltcharakter für geleistete Arbeit angesichts der Motivation der Ausbildung so stark im Hintergrund, daß er praktisch nicht ins Gewicht fällt.

Auch der Umstand, daß die Ausbildungsvergütung durch Tarifvertrag geregelt werden k a n n (BAG, AP Nr. 1 zu § 84 HandwO), woran das Berufsbildungsgesetz nichts ändern wollte (vgl. Monjau, DB 1969, 1941 ff), führt zu keiner anderen rechtlichen Beurteilung. Es läßt sich eben nicht der Grundsatz aufstellen, soweit Regelungen durch Tarifvertrag rechtswirksam getroffen werden könnten, seien sie auch erstreikbar (Kehrmann, AuR 1972, 229). Denn die Regelungsbefugnis der Tarifpartner bedingt keine Aussage darüber, ob die spezifische Regelung auch durch einen Arbeitskampf durchgesetzt werden kann. Die Anhebung des Vergütungsanspruchs der Auszubildenden kann mithin kein wirksames Ziel eines Arbeitskampfes sein, mit der Folge, daß Arbeitskämpfe, die allein zu diesem Zweck geführt werden, mit dem Makel der Rechtswidrigkeit behaftet wären.

7. Angehörige des öffentlichen Dienstes

a) Allgemeines

aa) Grundgesetz vom 23. 5. 1949[96]

... Art. 33 ... (4) Die Ausübung hoheitsrechtlicher Befugnisse ist als ständige Aufgabe in der Regel Angehörigen des öffentlichen Dienstes zu übertragen, die in einem öffentlich-rechtlichen Dienst- und Treueverhältnis stehen.

(5) Das Recht des öffentlichen Dienstes ist unter Berücksichtigung der hergebrachten Grundsätze des Berufsbeamtentums zu regeln.

bb) Bericht der Studienkommission für die Reform des öffentlichen Dienstrechts (Mai 1973)

Zehn Mitglieder der Studienkommission schlagen vor:

Das Dienstrecht aller öffentlichen Bediensteten wird durch Gesetz geregelt.

(Vorschlag der Mitglieder Fischer-Menshausen, Hartkopf, Herbst, Kraft, Krause, Luhmann, Mayer, v. Münch, Wagner, Weiß)

Aus der Erläuterung: ...

[96] Fundstelle s. unter I A 1.

Die politische Gesamtverantwortung für das Handeln und Unterlassen der öffentlichen Verwaltung als eines besonders wichtigen Instruments der Staatsgewalt folgt aus Artikel 20 Abs. 2 Satz 1 GG. In einer repräsentativen Demokratie bestimmen die gewählten Volksvertreter die Staatsziele und ihre Verwirklichung, insbesondere Art und Umfang der öffentlichen Aufgaben. Das System des öffentlichen Dienstes, seine Struktur und Funktionsweise beeinflussen die öffentlichen Aufgaben; deshalb muß die Regelungskompetenz für das Dienstrecht der Legislative vorbehalten bleiben, denn die Eigenständigkeit der gesetzgebenden Gewalt gilt als Grundprinzip auch für das öffentliche Dienstrecht; insbesondere dürfen dessen Kernbereiche — u. a. das Bezahlungssystem — der Alleinzuständigkeit des Gesetzgebers nicht verschlossen sein. Mit diesem Grundsatz ist ein Mitbestimmungsrecht der Verwaltungsangehörigen und ihrer Organisationen an der Gestaltung des Dienstrechts unvereinbar.

Gerade der soziale Rechtsstaat darf nicht zulassen, daß partikulare Interessen sich gegenüber dem demokratischen Gesamtwillen und den Bedürfnissen der Allgemeinheit behaupten können ...

... Gegen den hier vertretenen Standpunkt kann auch nicht eingewendet werden, daß zur Zeit für die 1,7 Millionen Arbeitnehmer des öffentlichen Dienstes Tarifautonomie besteht und ihr Entzug ein sozialer Rückschritt sei. Nicht zuletzt die mit diesem Gutachten vorgeschlagene verbesserte Rechtsstellung aller Bediensteten schließt Tarifautonomie und Streikrecht im öffentlichen Dienst aus. Da Arbeitskampfmaßnahmen jeglicher Art durch Rechtsverbote allein nicht auszuschließen sind, wird zur

Vorkehrung für Konfliktlösungen

eine

Verfahrensregelung zur Beteiligung der Bediensteten und ihrer Spitzenorganisationen an der Gestaltung des Dienstrechts

vorgeschlagen:

Regierung und Spitzenorganisationen der zuständigen Gewerkschaften kommen regelmäßig zu Gesprächen über allgemeine Regelungen der dienstrechtlichen Verhältnisse zusammen. Darüber hinaus können Regierung und Spitzenorganisationen innerhalb festzulegender Fristen die Erörterung verlangen. Die Regierung hat bei der Vorbereitung von Gesetz- und Verordnungsentwürfen dienstrechtlichen Inhalts sowie Stellungnahmen zu Vorlagen anderer initiativberechtigter Organe — soweit das öffentliche Dienstrecht betroffen ist — die

Spitzenorganisationen zu beteiligen und deren Auffassungen in das gesetzgeberische Verfahren einzubringen. Ist die Regierung nicht bereit, Anregungen der Spitzenorganisationen zu Gesetzesinitiativen zu entsprechen, hat sie dem Parlament zu berichten ...

Neun Mitglieder der Studienkommission schlagen vor:

Das Dienstrecht für alle öffentlichen Bediensteten wird je nach Gegenstand teils durch Gesetz, teils durch Tarifvertrag geregelt.

Der tarifvertraglichen Regelung unterliegen die Bezahlung und andere Elemente der Gegenleistung, insbesondere also

— die Ausgestaltung des Bezahlungssystems,
— die Ausgestaltung des Systems einer Dienstpostenbewertung,
— die Höhe der Bezahlung,
— die sonstigen finanziellen Leistungen,
— der Urlaub,
— die Bemessung der regelmäßigen Arbeitszeit,
— die Zusatzversorgung.

Alle übrigen Gegenstände des Dienstrechts werden gesetzlich geregelt, insoweit ist für einen Arbeitskampf kein Raum.

Soweit das Dienstrecht der tarifvertraglichen Regelung unterliegt, wird zur Sicherung der Funktionsfähigkeit des gesamten öffentlichen Dienstes vorgeschlagen.

Durch Tarifvertrag wird geregelt, wie die Wahrnehmung der genannten Aufgaben organisatorisch sicherzustellen ist. Die Frage, ob eine unmittelbare Gefährdung vorliegt, unterliegt der gerichtlichen Kontrolle.

(Vorschlag der Mitglieder Bracher, Dürr, Germann, Groteguth, Mayntz-Trier, Schäfer, Schmidt, Simpfendörfer, Ulrich)

Aus der Erläuterung:

Dieser Vorschlag verwirklicht bei der Regelung der für die Bediensteten wichtigen Bezahlung und anderer Elemente der Gegenleistung die Mitbestimmung aller Bediensteten und ihrer Koalitionen;

für die übrigen Gegenstände wird das Gesetz für geeigneter gehalten. Denn dem Parlament, das die öffentlichen Aufgaben konkretisiert, sollte die Entscheidung über die Teile des Dienstrechts vorbehalten bleiben, die unmittelbar die Aufgabenerfüllung betreffen.

Regelung durch Tarifvertrag

Außer durch die Eingliederung der Bediensteten in die Organisation der Verwaltung und der öffentlichen Betriebe wird das Dienstverhältnis als Lebenssachverhalt durch die wirtschaftliche Abhängigkeit der Bediensteten gekennzeichnet. Der Dienstgeber kann in der Regel auf die Dienstleistungen des einzelnen eher verzichten als dieser auf die Gegenleistung für seine Arbeit. Der Tarifvertrag ist das geeignetste Instrument zur Regelung dieses Sachverhalts. Durch das Tarifvertragsverfahren werden die ungleichen Machtverhältnisse ausgeglichen; zugleich wird die Angemessenheit des Interessenausgleichs gewährleistet. Der Tarifvertrag hat sich — auch im öffentlichen Dienst — so bewährt, daß jedes Abgehen von diesem Regelungsverfahren heute der Begründung bedarf ...

cc) Grundsatzerklärung des DGB vom 7. 5. 1973

zur Grundhaltung und Zielrichtung des Kommissionsberichtes

... Eine einseitige Regelung des öffentlichen Dienstrechts für alle Beschäftigten des öffentlichen Dienstes ausschließlich durch den Gesetzgeber — wie dies zehn der 19 Kommissionsmitglieder vorschlagen — wird mit Entschiedenheit abgelehnt. Ein solcher Vorschlag ist verfassungswidrig, weil die auch für den öffentlichen Dienst grundrechtlich verbürgte Tarifautonomie mit ihrem Instrumentarium zur Lösung von Konflikten zwischen Arbeitgebern und Arbeitnehmern nicht einmal im Notstandsfall eingeschränkt werden kann (Art. 9 Abs. 3, S. 3 GG). Die Bundesrepublik Deutschland als Sozialstaat, für den die Tarifautonomie konstituierend ist, gerät nach Auffassung des DGB verfassungspolitisch in Gefahr, eine ihrer Legitimitätsgrundlagen zu verlieren, wenn die Koalitionsfreiheit in ihrer Substanz für den nicht nur zahlenmäßig gewichtigen Bereich des öffentlichen Dienstes aufgehoben werden würde. Schon dieser Versuch wird am solidarischen Widerstand des gesamten DGB scheitern.

Das von neun der 19 Kommissionsmitglieder getragene Modell stellt dagegen die Tarifautonomie für alle Beschäftigten des öffentlichen Dienstes grundsätzlich nicht in Frage. Es ist deshalb — trotz einiger grundsätzlicher Vorbehalte des DGB — ein förderlicher Diskussionsbeitrag ...

dd) Grundsatzerklärung der Gewerkschaft Öffentliche Dienste, Transport und Verkehr vom 10. 5. 1973

... Nach dem Vorschlag der Mehrheit der Studienkommission sollen die gesamten Rechtsverhältnisse aller Beschäftigten im öffentlichen Dienst einseitig durch den Gesetzgeber geregelt werden. Für das Verhandlungs- und Streikrecht ist in diesem Modell kein Raum. Die Verwirklichung dieses Vorschlags käme einem Rückfall in das 19. Jahrhundert gleich.

Millionen Arbeitnehmern würden verfassungsrechtlich garantierte Grundrechte genommen. Diese Absichten lehnt die Gewerkschaft ÖTV ab. Sie wird jeden Versuch, demokratische Grundrechte zu demontieren, mit allen Mitteln bekämpfen.

Der Vorschlag der Minderheit der Studienkommission, die „Bezahlung und andere Elemente der Gegenleistung" durch Tarifverträge, alles übrige jedoch durch Gesetz zu regeln, enthält zwar kein generelles Verbot des Streiks im öffentlichen Dienst, will aber die Ausübung des Streikrechts durch eine Ergänzung des Grundgesetzes reglementieren und einschränken. Auch eine solche Regelung ist für die Gewerkschaft ÖTV unannehmbar.

Die Gewerkschaft ÖTV ist der Auffassung, daß die von der Kommission vorgeschlagene Erweiterung der „Beteiligungsrechte der Verwaltungsangehörigen und ihrer Organisationen" bei der Gestaltung dienstrechtlicher Bestimmungen kein Ersatz für das uneingeschränkte Koalitions-, Verhandlungs- und Streikrecht für die Beschäftigten des öffentlichen Dienstes ist. Selbst bei erweiterten und verfeinerten Beteiligungsverfahren blieben die Beschäftigten des öffentlichen Dienstes Arbeitnehmer minderen Rechts und bloße Bittsteller bei Parlament und Regierung ...

ee) Muß der Staat stets kapitulieren?

Rolf Zundel[97]

... Vor allem aber zeigte sich, daß es bei den Tarifauseinandersetzungen im öffentlichen Dienst keine Waffengleichheit gibt. Zwar ist die Position der Arbeitnehmer bei Streiks allgemein stärker geworden. Ein zentral geführter, nach Schwerpunkten gegliederter Streik kann auch die Arbeitgeber der freien Wirtschaft in arge Verlegenheit bringen. Aber wer da streikt, geht immer noch ein beträchtliches Risiko ein. Es droht Aussperrung, Arbeitslosigkeit; ein Betrieb kann pleite gehen. Arbeitnehmer im öffentlichen Dienst brauchen das nicht zu befürchten. Sie können nicht ausgesperrt werden, ihr Arbeitsplatz bleibt ihnen sicher.

Waffengleichheit besteht auch deshalb nicht, weil das Störpotential des öffentlichen Dienstes unverhältnismäßig groß ist. Er hat es in der Hand, den ganzen Staat lahmzulegen. Das einzige Abwehrmittel, das dem Staat gegenüber seinen Bediensteten zu Gebote steht, ist die Mobilisierung der öffentlichen Meinung gegen sie. Aber er kann davon nur sparsam Gebrauch machen, weil er sich am Ende selber trifft. Wie anders manifestiert sich denn Staat als in seinen Dienern? Dagegen verfügen sie über ein zusätzliches Erpressungsinstrument: die Drohung, den Regierenden ihre Stimme zu entziehen. Sie wirkt, auch ohne daß sie ausgesprochen werden muß, denn die Opposition bietet sich stets als Fürsprecher an ...

Moralpredigten helfen da freilich wenig. Die Arbeitnehmer haben die Technik der Unternehmer kopiert: Sie nehmen, was ihre Macht erlaubt und was der Markt hergibt — sie handeln nicht anders als etwa die großen Ölgesellschaften. Die Arbeitnehmer haben gelernt, ihre Ware, die Arbeitskraft, zu hohen Preisen zu verkaufen, und sie tun es um so ungenierter, weil sie die Verantwortung für Vollbeschäftigung und Wirtschaftswachstum dem Staat zuschieben. Solche Abwälzung der Risiken auf den Staat ist ja auch den Unternehmern keineswegs fremd.

Dieser aus der Verantwortung für die Allgemeinheit, die Gesamtheit entlassene Machtkampf, der unter dem euphe-

[97] Abdruck nach: Die Zeit, Nr. 8, 15. 2. 1974, S. 1.

mistischen Namen Tarifautonomie läuft, wird vollends gefährlich, wenn er bedenkenlos auf den öffentlichen Dienst übertragen wird. Hier ist der Staat noch direkter herausgefordert. Er steht vor der Frage, ob er sich überhaupt noch einen Spielraum für souveräne Entscheidungen, für eine regulierende Ordnungspolitik erhalten kann oder ob er den Verbandsinteressen völlig ausgeliefert wird — nach dem Motto: Wer Macht hat, bekommt Recht...

b) Beamte

aa) Kein Streikrecht für Beamte

Bundesverfassungsgericht

Beschluß v. 11. 6. 1958 (1 BvR 1/52, 46/52)[98]

Der Beamte steht dem Staat als seinem Dienstherrn gegenüber, aber dieser Dienstherr ist in seiner Stellung als Gesetzgeber zugleich für die Regelung des Rechtsverhältnisses, die Verteilung der gegenseitigen Rechte und Pflichten allein zuständig und verantwortlich. Der einzelne Beamte hat keine eigenen rechtlichen Möglichkeiten, auf die nähere Ausgestaltung seines Rechtsverhältnisses, insbesondere auf die Höhe seines Gehalts, einzuwirken; ebensowenig ist er nach hergebrachten Grundsätzen befugt, zur Förderung gemeinsamer Berufsinteressen kollektive wirtschaftliche Kampfmaßnahmen zu ergreifen. Er ist auf die Regelung angewiesen, die sein Dienstherr als Gesetzgeber getroffen hat. Wenn daher das Grundgesetz in Artikel 33 Abs. 5 GG unmittelbar die Gewähr dafür bieten will, daß die beamtenrechtliche Gesetzgebung bestimmten eng begrenzten verfassungsrechtlichen Mindestanforderungen entspricht, dann liegt die Annahme nahe, daß den hauptsächlich und unmittelbar Betroffenen ein entsprechendes Individualrecht eingeräumt werden soll, damit sie insoweit in Übereinstimmung mit den rechts- und sozialstaatlichen Grundprinzipien ihre verfassungsmäßige Stellung auch rechtlich wahren können (vgl. auch BVerfGE 6, 386 [387/388]).

[98] Fundstelle: Entscheidungen des Bundesverfassungsgerichts Bd. 8, S. 1 ff.

bb) Kein Streikrecht für Rechtsreferendare
Oberverwaltungsgericht Münster
Beschluß v. 17. 1. 1974[99]
(W — 28/73)

... Der A. ist unstreitig ohne Genehmigung des Dienstvorgesetzten dem Dienst ferngeblieben.

... Sein Fernbleiben war auch nicht durch einen sonstigen anerkennenswerten Grund, wie z. B. Krankheit, gerechtfertigt, auch nicht etwa durch ein Streikrecht. Es ist bereits durch das BVerfG (BVerfGE 8, 17) klargestellt und entspricht der weit überwiegenden Meinung in Schrifttum und Rspr. (vgl. Schütz, Beamtenrecht des Bundes und der Länder, 5. Aufl., RdNr. 7 zu § 56), daß Beamte, zu denen unstreitig auch der Rechtsreferendar gehört, nicht zu einem Streik berechtigt sind (ebenso Bremischer Disziplinarhof 28. 11. 1972 DK 4/71, DH B 2/72 in „Demokratie und Recht“ 1973, S. 427, mit hinsichtlich der Gründe ablehnender, im Ergebnis zustimmender Anmerkung von Däubler).

Nach der Rspr. des Senats (vgl. Beschl. vom 4. 8. 1967, DÖD 68, 19), von der abzuweichen kein Anlaß besteht, vermag den A. auch nicht zu entschuldigen, daß er unter Umständen während der Zeit, die er an sich in der Arbeitsgemeinschaft zu verbringen hatte, Ausbildungsfragen erörtert hat. Bleibt nämlich ein Beamter dem Dienst, so wie er ihn nach den dienstlichen Anordnungen zu leisten hat, ohne Genehmigung schuldhaft fern, so tritt der Verlust der Dienstbezüge auch dann ein, wenn er in der fraglichen Zeit dienstliche Angelegenheiten erledigt hat ...

cc) Zum Beamtenstreikrecht
Antwort der Bundesregierung auf die Kleine Anfrage des Abgeordneten Benda und der Fraktion der CDU/CSU vom 6. 10. 1970[100]

... 3. Ist die Bundesregierung der Auffassung, daß ein Streikrecht für Beamte mit den geltenden Bestimmungen des Grundgesetzes vereinbar ist?

[99] Fundstelle: Juristenzeitung 1974, S. 290 f.
[100] Fundstelle: Bundestagsdrucksache VI/1246.

Das Streikrecht ist nach Auffassung der Bundesregierung durch die nach der Rechtsprechung des Bundesverfassungsgerichts von Artikel 9 Abs. 3 GG mitgewährleistete Tarifautonomie verfassungsrechtlich gesichert. Entsprechend folgert die Bundesregierung in Übereinstimmung mit der allgemeinen Auffassung von Lehre und Rechtsprechung aus Artikel 33 Abs. 4 und 5 GG, daß das Streikrecht für Angehörige des öffentlichen Dienstes, die in einem öffentlich-rechtlichen Dienst- und Treueverhältnis stehen, d. h. Beamte, Richter und Soldaten, ausgeschlossen ist . . .

5. Teilt die Bundesregierung die Auffassung, daß eine Verwirklichung des vom DGB geforderten Streikrechts für Beamte ein Element der Instabilität in politischer, wirtschaftlicher und sozialer Hinsicht in unser Staatswesen bringen würde?

Ein Streik der Beamten würde zu einer erheblichen Desintegration in den vom Streik jeweils betroffenen Bereichen, aber auch darüber hinaus führen. Die latente Gefahr, daß die öffentliche Verwaltung durch Streiks ganz oder teilweise lahmgelegt werden könnte, würde ein Moment der Unsicherheit in unser gesellschaftliches, wirtschaftliches und soziales Gefüge bringen, dessen Auswirkungen auch auf die Einstellung des Bürgers zum Staat nicht leichtgenommen werden dürfen.

Die Bundesregierung ist daher der Auffassung, daß es nicht zuletzt die in der Frage angesprochenen Auswirkungen sind, die bei der Untersuchung des Streikproblems — jenseits aller rein beamten- und staatsrechtlichen Argumente — besonders sorgfältig geprüft werden müssen. Dabei darf die Frage des Streikrechts für Beamte jedoch nicht isoliert betrachtet werden; sie wird im Rahmen der umfassendn Neuordnung des Beamten- und Dienstrechts in den Kreis der Überlegungen einbezogen werden.

Genscher

dd) Streikrecht für Beamte „Mainzer Beschluß" der Gewerkschaft Erziehung und Wissenschaft[101]

Die GEW geht davon aus, daß der Beamtenstreik nach Art. 9 III GG zulässig ist. Er muß derselben rechtlichen Wertung wie der Streik der übrigen Arbeitnehmer unterliegen. Ein Streikverbot für Beamte ist grundsätzlich nicht formuliert und kann weder aus Art. 33 Abs. 5 GG („hergebrachten Grundsätze des Berufsbeamtentums", die den Anforderungen unserer sozialstaatlichen Verfassung angepaßt werden müssen) noch aus einem „Treueverhältnis" des Beamten (Art. 33 Abs. 4 GG) begründet werden, da auch andere Arbeitnehmer der Treuepflicht unterliegen.

Beamte sind mündige Staatsbürger mit dem Recht auf Mitgestaltung ihrer Arbeitsverhältnisse. Das Berufsbeamtentum bildet keine Enklave in der freiheitlich demokratischen Grundordnung, sondern ist ein Teil derselben. Die europäische Sozialcharta und die europäische Menschenrechtskonvention, die vom Deutschen Bundestag angenommen wurden, garantieren als unmittelbar geltendes Recht jedermann — einschließlich dem Beamten — das Streikrecht. Eine Einschränkung des Streikrechts kann nicht für bestimmte Personengruppen gelten, sondern nur für bestimmte gesellschaftliche und staatliche Funktionen. Die GEW erklärt deshalb auch im Hinblick auf die Beschlüsse der Kieler Vertreterversammlung 1971 und die jüngsten Einschüchterungsversuche von politischen Instanzen, daß ein Beamtenstreik dann als rechtmäßig angesehen werden muß, wenn es beim Streikziel um die Erhaltung und Verbesserung der Arbeits- und Lohnbedingungen geht. Die GEW will auch zukünftig auf das Mittel eines Arbeitskampfes nicht verzichten.

Sie bittet deshalb auch den Deutschen Gewerkschaftsbund, sich nochmals mit Nachdruck zu diesem Standpunkt in der Öffentlichkeit zu bekennen.

ee) Demokratisierung durch Beamtenstreik[101a]

Von Bernd Rüthers und Rüdiger Söhnen

... Wichtiges Element der beamtenrechtlichen Argumentation ist die These vom Schweigen des einfachen Bundesrechts

[101] Verabschiedet auf dem Kongreß „Erziehung und Wissenschaft" vom 4. bis 8. 6. 1974 in Mainz. (voller Wortlaut)

[101a] Abdruck nach: Der Staat, Bd. 4 (1972) S. 550 ff.

zum Streik. Wenn nämlich das Bundesrecht den Beamtenstreik ausschließt, dann kommt man nicht darum herum, in diesem Verbot einen hergebrachten Grundsatz zu sehen. Wie Ramm[101b] nachgewiesen hat, bestand in der Weimarer Republik größtmögliche Einigkeit in dieser Frage: Nach dem Zusammenbruch des Reichsbanner-Streiks 1922 haben auch die wenigen Befürworter des Beamtenstreiks ihn nur noch de lege ferenda bejaht. Auch die Beamten selbst waren am Streikrecht uninteressiert[101c]. Die Traditionsbildung in der Weimarer Republik ist demokratisch legitimiert und darf, nach Däublers Meinung[101d] zur Auslegung von Art. 33 V herangezogen werden (vgl. S. 107, wo Däubler — zur Wahrung seiner Kernthese taktisch ebenso geschickt wie verständlich — freilich keine Konsensbildung, sondern ein Erlahmen der Diskussion nach 1922 konstatiert). Diese Tradition hat das Bundesbeamtengesetz wieder aufgenommen. § 83 BBG sagt klipp und klar, daß die Besoldung durch Gesetz und nicht durch Tarifvertrag geregelt wird. Daran ändert nichts, daß die Beamtenrechtskommission das ausdrückliche Streikverbot (§ 57 des Regierungsentwurfs) gestrichen hat. Der Ausschuß meinte seinerzeit, das Streikverbot sei selbstverständlich und deswegen überflüssig[101e]. Auch wenn die Streichung, wie Isensee (S. 34) und Däubler (S. 20) meinen, auf die Initiative des DGB zurückzuführen ist, rechtfertigt das nicht die These Däublers (S. 20), das BBG solle zum Streik nichts aussagen. Denn auch der DGB ging von der Selbstverständlichkeit des Streikverbots aus. Er meinte sogar, man beleidige die Beamten, wenn man ihnen, durch das explizite Verbot, unterstelle, sie beabsichtigen einen Streik. Das zweite Bedenken des DGB war, daß den Beamten ein Streik zum Schutz der demokratischen Grundordnung, wie z. B. Streik gegen den Kapp-Putsch, nicht verboten werden dürfe[101f]. Wenn der Ausschuß und das Parlament sich diese

[101b] *Ramm,* Das Koalitions- und Streikrecht der Beamten, 1970, S. 77—88.
[101c] *Ramm,* S. 98.
[101d] *Wolfgang Däubler,* Der Streik im Öffentlichen Dienst, 1971.
[101e] Nachtrag zur BT-Drucksache I 4246, S. 8.
[101f] Stellungnahme des DGB, in: Der Deutsche Beamte 1952, S. 177.

Argumente zu eigen gemacht haben, dann liefert die Intervention des DGB noch ein zusätzliches Argument für das Verbot eines Streiks zur Verbesserung der Wirtschafts- und Arbeitsbedingungen. Im übrigen berührt es merkwürdig, daß Däubler sich, wenn auch fälschlich, für das Schweigen des BBG zum Streik nur auf die Entstehungsgeschichte beruft, obwohl er sonst die Genese der Norm als Auslegungshilfsmittel weit von sich weist (S. 19, S. 71) ...

c) Soldaten

Beamtenstreik und Verfassungsverständnis vom Sozialstaat[102]

von Prof. Dr. Reinhard Hoffmann

Während nach allgemeiner Meinung für die Soldaten ein prinzipielles Streikverbot gilt ..., scheint der Streikbazillus auch diese Gruppe angesteckt zu haben, s. „Spiegel" Nr. 48 vom 23. 11. 70. In einer Bundeswehr, die nicht mehr monolithisch von oben nach unten, sondern auf der individuellen Verantwortung für die Befehlsausführung (§ 11 Soldatengesetz) aufgebaut ist, kann auch der Streik kein Fremdkörper mehr sein. Da die soziale Abhängigkeit der Soldaten, der der Beamten vergleichbar ist und insoweit kein grundsätzlicher Unterschied zwischen Berufssoldaten und Wehrpflichtigen besteht (trotz des unterschiedlichen Unterhalts, vgl. W. Wiese, Der Streit um die Alimentationstheorie, VerwArch. 1966, S. 240 ff., 246, 252), muß der Streik auch für Soldaten erlaubt sein (entgegen meiner früheren Ansicht in AöR 1966, S. 187 Anm. 241). Erst recht ist ein Streik der Ersatzdienstpflichtigen zulässig, entgegen der offiziellen Ansicht lt. „Frankfurter Rundschau" vom 1. 12. 70.

d) Sonstige Angehörige des öffentlichen Dienstes

Der Streik im öffentlichen Dienst

von Wolfgang Däubler[103 104]

Ein generelles Streikverbot scheidet nicht nur für den gesamten öffentlichen Dienst, sondern auch für eine einzelne

[102] Abdruck nach: Kritische Justiz 1971, S. 45, Fußnote 50.

Kategorie von Bediensteten aus. Offensichtlich kann es nicht auf die Gestaltung des Rechtsverhältnisses zwischen dem Staat und dem einzelnen Beschäftigten ankommen. Allein entscheidend ist, wie sich eine Arbeitsniederlegung im konkreten Fall auswirkt, ob sie nur einen Vermögensschaden hervorruft oder ob sie einen Straftatbestand verwirklicht und die Menschenwürde Dritter verletzt. Verursacht beispielsweise ein Ärztestreik den Tod von Patienten, so ist er unzulässig, gleichgültig, ob er nun von angestellten oder von beamteten Ärzten durchgeführt wird. Auf der anderen Seite ist eine Arbeitsniederlegung der im städtischen Museum beschäftigten Personen auch dann unbedenklich, wenn an ihr Beamte beteiligt sind. Worauf es allein ankommt, ist die Funktion, die der einzelne Bedienstete ausübt. An die Stelle der prinzipiellen Bejahung des Streiks der Arbeitnehmer und der ebenso prinzipiellen Ablehnung des Beamtenstreiks tritt so eine differenzierende Lösung.

1. Für die *Beschäftigten von Versorgungsbetrieben* (Gas, Wasser, Elektrizität, Fernheizung) bestanden während der Weimarer Zeit erhebliche Einschränkungen der Streikfreiheit. Rechtsgrundlage hierfür war eine Verordnung des Reichspräsidenten vom 10. 11. 1920, die nach 1933 aufgehoben wurde. Heute bestehen keine speziellen Streikschranken mehr, doch erinnert uns die Weimarer Regelung einmal mehr an die Tatsache, daß Streiks in Versorgungsbetrieben wegen ihrer starken Auswirkungen auf Dritte nur in relativ engen Grenzen zulässig sein können. Versucht man die oben aufgezeigten Schranken des Streikrechts zu konkretisieren, so ergibt sich, daß ein totaler Ausfall weder beim Wasser noch bei der Elektrizität hingenommen werden kann. Würde etwa die Versorgung von Krankenhäusern unterbrochen, so könnten dadurch Menschenleben in Gefahr kommen (Eiserne Lunge), was den Streik zu einer strafbaren Handlung machen würde. Auch soweit derartige Folgen durch Aufrechterhaltung eines Minimaldienstes ausgeschlossen sind, ergeben sich weitere Schranken aus der Pflicht zur Wahrung der Menschenwürde Dritter. Sie verbietet es beispielsweise, die Bevölkerung tagelang ohne Licht und Wasser zu lassen. Möglich ist dagegen ein halbtägiger Warnstreik, der auf einen Tag ausgedehnt werden könnte, wenn durch

[103] Abdruck mit freundlicher Genehmigung des Verlages J.C.B. Mohr (Paul Siebeck)

[104] Vom Abdruck der zahlreichen Fußnoten mußte aus Platzgründen abgesehen werden. (d. Bearb.)

vorherige Bekanntgabe des Termins die Betroffenen in die Lage versetzt werden, die erforderlichen Vorkehrungen zu treffen. Dient die Wasser- und Elektrizitätszufuhr im konkreten Fall ausschließlich gewerblichen Interessen, so ist bei einer Unterbrechung die Menschenwürde nicht tangiert. Streiks sind daher insoweit ohne zeitliche Schranke zulässig. Diese Grundsätze gelten für Gas- und Fernheizwerke in gleicher Weise, freilich scheint hier eine etwas längere Unterbrechung in der Versorgung erträglich zu sein.

Ergänzend sei der Hinweis erlaubt, daß es für die Zulässigkeit eines Arbeitskampfes keinen Unterschied macht, ob das bestreikte Versorgungsunternehmen in Privateigentum steht oder nicht. Die dargelegten Schranken gelten also sogar dann, wenn ein Elektrizitätswerk von Privaten in der Form einer Aktiengesellschaft betrieben wird.

2. Streiks bei *Verkehrsbetrieben* haben in der Nachkriegszeit hin und wieder eine gewisse Rolle gespielt. Betrachten wir zunächst die Bundesbahn, so stellen wir fest, daß ihr totaler Ausfall schwerlich hingenommen werden kann. In diesem Fall besteht die Gefahr, daß die Versorgung der Bevölkerung mit lebenswichtigen Gütern unterbrochen wird und dadurch Leben, Gesundheit oder Menschenwürde einzelner Bürger zu Schaden kommen. Ohne Notdienst, ohne die Aufrechterhaltung des notwendigen Minimums der Güterbeförderung wäre ein Eisenbahnerstreik rechtswidrig. Der Umfang des Notdienstes richtet sich freilich danach, inwieweit die Möglichkeit zum Ausweichen auf konkurrierende Verkehrsträger besteht. Fallen einzelne von ihnen aus, so muß der Notdienst in größerem Umfang wahrgenommen werden.

Analoge Grundsätze gelten für die Arbeitsniederlegung der im Luftverkehr Beschäftigten.

Kommunale Verkehrsbetriebe dienen ausschließlich der Personenbeförderung über kurze Strecken. Das hat zur Folge, daß sich leichter als bei Bahn und Flugzeug im Falle eines Ausstandes ausreichender Ersatz finden läßt. Fußmarsch, Taxifahrt oder Fahrrad bieten hier Ausweichmöglichkeiten, die zwar unbequem sein mögen, dem einzelnen aber meist zuzumuten sind. In jüngster Zeit kam als angenehmster und praktikabelster Ersatz die „Rote-Punkt-Aktion" auf, die systematische Mitnahme in Privatfahrzeugen. Unter diesen Umständen wird in aller Regel selbst die Organisierung eines Notdienstes überflüssig sein.

3. Im *Aufgabenbereich der Bundespost* besteht anders als bei den Verkehrsbetrieben keine Ausweichmöglichkeit auf andere Organisa-

tionen, die ähnliche Leistungen erbringen. Dies ergibt sich einmal aus den besonderen technischen Voraussetzungen der Nachrichtenbeförderung, zum anderen aus dem nach § 1 Abs. 1 PostG, bestehenden Postmonopol. Dies hat eine erhebliche Einschränkung des Streikrechts zur Folge. Die völlige Unterbrechung der Nachrichtenübermittlung, geschehe sie brieflich, telefonisch oder telegrafisch, kann höherrangige Rechtsgüter in Gefahr bringen, was das Beispiel eines telefonisch nicht mehr erreichbaren Arztes zeigt. Eine völlige, über wenige Stunden hinausgehende Arbeitseinstellung kann daher ernsthaft nur bei der Brief- und Paketbeförderung in Betracht kommen. Dort begegnet sie allerdings relativ geringen Bedenken, da jeweils ausreichender Ersatz vorhanden ist. Briefe können in Eilfällen durch telegraphische oder telefonische Mitteilungen ersetzt werden, in anderen Fällen scheint der Aufschub der Beförderung erträglich. Bei Paketen ist ein Ausweichen der Beförderung auf die Bahn oder — bei größeren Stücken — auf private Spediteure möglich.

4. Der *Lehrerstreik* legt ebenfalls einen Teil der staatlichen Daseinsvorsorge lahm. Er hat große praktische Bedeutung selbst in den Ländern erlangt, die wie die USA den Streik im öffentlichen Dienst unter Strafe stellen. In Deutschland kennen wir aus jüngster Zeit nur eine einzige streikähnliche Aktion, als hessische Lehrer ihre Schüler um ½ 11 Uhr nach Hause schickten und anschließend für eine Besoldungserhöhung demonstrierten.

Gegen die prinzipielle Möglichkeit eines Lehrerstreiks bestehen keine Bedenken, doch bildet das durch Art. 12 GG geschützte Recht auf freie Wahl der Ausbildungsstätte eine Schranke.

...Wie bei anderen verschiedene Zwecke verfolgenden Verfassungsbestimmungen kann auch hier die Lösung nicht darin liegen, das eine Recht dem anderen völlig zu opfern; vielmehr ist ein Zustand anzustreben, der im Rahmen des Möglichen beiden Vorschriften zu einem Maximum an Realisierung verhilft. Das Streikrecht wird also durch Art. 12 GG nicht generell ausgeschlossen; auf der anderen Seite darf seine Ausübung nicht zu einer wesentlichen Beeinträchtigung des Rechts auf Bildung führen. Für die nähere Präzision des Kriteriums „wesentlich" können bisher vorgenommene bildungspolitische Maßnahmen Richtschnur sein. Zu denken ist insbesondere an die Verkürzung von Schuljahren, die eine Verringerung der Gesamtausbildung um ca. 6 Monate zur Folge hatte. Wenn dies von allen Beteiligten nicht als unzumutbarer Eingriff in das Recht auf Bildung angesehen wurde, so kann für einen Lehrerstreik derselben Länge nichts anderes gelten. Zu beachten bleibt jedoch, daß die Gesamtstreikdauer im Rahmen des normalen Ausbildungsganges eines jeden Schülers gesehen werden muß. So wäre es sichtlich unzulässig, wenn innerhalb von acht Jahren die Volksschullehrer ihre Arbeit eineinhalb Jahre lang einstellen würden.

Auch bei den Lehrerstreiks besteht die Notwendigkeit eines „Notdienstes", der insbesondere die Aufgabe hat, Abschlußprüfungen vorzubereiten und durchzuführen. Dies folgt aus der Erwägung, daß die Arbeitseinstellung nicht mehr Druck ausüben soll, als es zum Abschluß eines Tarifvertrages erforderlich ist. Führt freilich die Einstellung der normalen Arbeit zu keinem Nachgeben der Gegenseite, so kann ausnahmsweise auch eine Verschiebung der Prüfungen in Frage kommen.

5. Im *Hochschulbereich* wurden offizielle Streiks der Professorenschaft bislang nicht durchgeführt.

Für den Normalfall eines „arbeitsrechtlichen" Streiks gelten dieselben Grundsätze wie bei Lehrern, wobei freilich eine Kollision nicht mit Art. 12, sondern mit der spezielleren Vorschrift des Art. 5 Abs. 3 GG eintritt, die nach zutreffender Ansicht jedem Hochschulangehörigen ein Recht auf Teilnahme am Wissenschaftsprozeß gewährt. Zu beachten ist noch, daß zu den Arbeitsbedingungen der Professoren auch die Umstände gehören, unter denen sie ihre Vorlesungen abhalten müssen. Zulässiges Streikziel wäre daher beispielsweise die Einführung von Sicherungsmaßnahmen bei Lehrveranstaltungen, etwa in Form einer polizeilichen Identitätskontrolle.

Bei Assistenten, wissenschaftlichen Angestellten und wissenschaftlichen Hilfskräften dürfte am ehesten ein Streik um eine Besoldungserhöhung in Betracht kommen. Weiteres zulässiges Streikziel könnte eine (erweiterte) Freistellung zu eigener wissenschaftlicher Tätigkeit sowie eine Objektivierung des Verfahrens bei der Leistungsbeurteilung sein. Zeitliche Grenzen für den Streik sind schwer zu fixieren, doch können auch hier die bei den Lehrern entwickelten Grundsätze herangezogen werden.

6. Den *Ärzten* wird wie dem gesamten Pflegepersonal in Krankenhäusern das Streikrecht normalerweise verwehrt.

Bei der rechtlichen Beurteilung ist auch hier auf die Streikfolgen im Einzelfall abzustellen. Unzulässig ist jede Arbeitskampfmaßnahme, durch die Leben oder Gesundheit von Patienten zu Schaden kommen. Alle akuten, unaufschiebbaren Fälle müssen daher behandelt werden. Für den Unfallchirurgen wie für den Geburtshelfer scheidet eine Arbeitsniederlegung aus. Zulässig ist dagegen jeder

Streik, der eine Gefährdung von Patienten ausschließt und nur die nicht akuten Fälle betrifft. Deshalb bestehen keine rechtlichen Bedenken gegen eine Arbeitsniederlegung, durch die lediglich die Entfernung von Rachenmandeln oder die Vornahme von Schönheitsoperationen hinausgeschoben wird. Möglich ist auch die Verweigerung jeder Tätigkeit, die nicht unmittelbar der Krankenpflege dient. So können die Ärzte ihre Mitwirkung bei Verwaltungstätigkeiten, insbesondere bei der Berechnung von Krankenhauskosten ablehnen und damit einen wirksamen, Dritte nicht gefährdenden Druck auf die andere Seite ausüben.

Die für den Ärztestreik entwickelten Grundsätze gelten gleichermaßen für das Pflegepersonal. Auch Krankenschwestern und Pfleger haben daher ein Recht zur Arbeitsniederlegung nur insoweit, als sie dadurch Leben und Gesundheit der Patienten nicht in Gefahr bringen.

Eine völlige Arbeitsniederlegung ist auch für die Beschäftigten bei Krankenkassen ausgeschlossen. Hier ist ein praktisch wohl recht umfangreicher Notdienst einzurichten, der die Ausgabe von Krankenscheinen sicherstellt. Daneben hat er die Aufgabe, an Ärzte und Krankenhausträger Abschlagszahlungen zu leisten, um deren weitere Tätigkeit sicherzustellen; die endgültige Abrechnung kann dagegen bis zum Ende des Arbeitskampfes hinausgeschoben werden.

... Ähnlich wie bei Lehrern und Hochschulprofessoren tritt ein Konflikt mit einem für die verfassungsmäßige Ordnung konstitutiven Grundrecht ein, da ein Streik bei *Rundfunk und Fernsehen* das in Art. 5 Abs. 1 GG garantierte Recht auf Informationsfreiheit in Mitleidenschaft zieht ...

... Ein dauernder, ad infinitum fortgesetzter Ausfall von Rundfunk und Fernsehen könnte in der Tat die Informationsfreiheit schwer gefährden. Die Presse wäre kein ausreichendes Substitut, da bei ihr institutionelle Vorkehrungen für ein Mindestmaß am Objektivität nicht vorhanden sind. Ein zeitlich begrenzter Ausfall von Rundfunk und Fernsehen ist jedoch erträglich, da der etwaige Mangel an Informationen leicht wieder aufgeholt werden kann.

Anders ist die Rechtslage beim totalen Ausfall nur eines Informationsmediums. Der Rundfunk kann ohne Schwierigkeiten durch das Fernsehen, das Fersehen ohne weiteres durch den Rundfunk substituiert werden. Erst recht ist es zulässig, sich auf Nachrichten und Kommentare zu beschränken und nur auf die Unterhaltungssendungen zu verzichten. Gegen einen derartigen „Streik mit Notdienst“ bestehen nicht die geringsten juristischen Bedenken ...

8. Wenden wir uns nunmehr nach der Erörterung aller dieser praktisch wichtigen Sonderbereiche des öffentlichen Dienstes den *allgemeinen Verwaltungsbehörden* zu, die Aufgaben der gewährenden wie der eingreifenden Verwaltung erfüllen. Hierzu gehört einmal die *gesamte Ministerialbürokratie*. Ein von ihr getragener Streik erscheint in Deutschland undenkbar, wurde jedoch vor kurzem in Italien Wirklichkeit. Nach deutschem Recht wäre er nur zulässig, wenn gleichzeitig dafür Sorge getragen würde, daß Staatsorgane nicht funktionsunfähig werden; andernfalls wäre die verfassungsmäßige Ordnung gestört. Das bedeutet praktisch die Aufrechterhaltung eines Notdienstes für alle wichtigeren, insbesondere für alle dringlichen Angelegenheiten.

Zu beachten bleibt auch, daß sich nur diejenigen Bediensteten am Streik beteiligen können, die ihrerseits nicht Arbeitgeberfunktionen ausüben, was sich danach bestimmt, ob sie über die Erfüllung der Streikforderungen zu entscheiden haben. Konkret gesprochen bedeutet dies, daß ein Behördenleiter nur mitstreiken darf, wenn es um eine Besoldungserhöhung geht, jedoch nicht, wenn es sich um den Beginn der täglichen Arbeitszeit handelt.

Ähnliche Grundsätze gelten für den Streik der *mittleren und unteren Verwaltungsbehörden in Bund und Ländern*, bei denen jedoch die Gefahr einer Lahmlegung von Staatsorganen viel geringer ist. Auch hier muß jedoch vor einer allzu undifferenzierten Betrachtung gewarnt werden. Während Vermögens- und Personalverwaltung, Naturschutzpflege und Bauwesen auch durch einen längeren Streik nicht nachhaltig beeinträchtigt werden, würde eine Unterbrechung bei der Gewährung von Sozialhilfe das Existenzminimum Dritter gefährden. Ein Streik wird daher im Bereich der allgemeinen Verwaltungsbehörden nur unter gleichzeitiger Aufrechterhaltung eines umfangreichen Notdienstes zulässig sein.

Auch im *kommunalen Bereich* wirkt sich die unterschiedliche Aufgabenstellung der einzelnen Bediensteten auf den Umfang des Streikrechts aus. In Museen oder in der Stadtgärtnerei kann die Arbeit ohne zeitliche Grenzen niedergelegt werden; anders ist die Rechtslage beim Schlachthof, wenn die Fleischversorgung der Bevölkerung dadurch für längere Zeit unterbrochen würde. Ein solcher Fall wird freilich nur bei groß angelegten Streiks eintreten, da sonst in aller Regel ein Ausweichen auf andere Schlachthöfe oder importierte Ware möglich ist. Bei der Müllabfuhr ist zweifelsohne ein in der Weise durchgeführter Streik zulässig, daß anstelle der üblichen zwei Male nur einmal in der Woche Abfälle abtransportiert werden. Ein totaler Ausfall ist dagegen nicht unbegrenzt zulässig, da die Ansammlung von Unrat insbesondere in Großstädten zu menschenunwürdigen Lebensbedingungen, ja sogar zu Seuchengefahr führen kann. Auf der anderen Seite ist der Fähigkeit des einzelnen zur improvisierten Selbsthilfe ausreichend Rechnung zu tragen, so daß ein Streik der Müllabfuhr nicht bereits nach zwei Wochen rechtswidrig wird.

9. Richten wir unsere Aufmerksamkeit nun auf einen ganz anderen Bereich des öffentlichen Dienstes. *Der Richterstreik* ist eine Erscheinung, die dem konservativ Denkenden unbegreiflich erscheinen muß. Dennoch liegt er nicht außerhalb der möglichen Entwicklungen, wenn man bedenkt, daß vor wenigen Monaten hessische Richter ihre Sitzungen unterbrachen, um gegen die staatliche Besoldungspolitik zu protestieren.

... Vom hier vertretenen Standpunkt aus bestehen keine grundsätzlichen Einwände gegen eine kollektive Arbeitsniederlegung der Richter. Trotz ihrer persönlichen und sachlichen Unabhängigkeit leisten sie ebenso fremdbestimmte Arbeit wie die Verwaltungsbeamten und die Arbeitnehmer. An der Staatswillensbildung sind sie ebensowenig wie diese unmittelbar beteiligt, so daß auch ihre Bezeichnung als Organ der Rechtspflege für die Streikproblematik ohne Belang ist.

Für die Zulässigkeit des Richterstreiks spricht auch das Institut der Gerichtsferien, das zeigt, daß ein zeitlich befristeter Ausfall der rechtsprechenden Gewalt durchaus mit dem öffentlichen Interesse vereinbar ist, sofern nur für eilbedürftige Sachen eine Ausnahme gemacht wird. Diese Ausnahme ist auch für den Fall des Streiks unabdingbar. Sie ergibt sich freilich nicht aus einem inhaltlich nicht fixierbaren „Gemeinwohl", sondern aus dem Rechtsstaatsprinzip, insbesondere dem zur verfassungsmäßigen Ordnungen gehörenden Anspruch auf Gewährung von Rechtsschutz (Art. 19 Abs. 4 GG). Versucht man ihn mit dem Streikrecht in Einklang zu bringen, so ergibt sich einmal, daß in allen Fällen der Verletzung höherwertiger Rechtsgüter ein unverzügliches richterliches Eingreifen notwendig bleibt. So muß über die Haftbeschwerde eines Untersuchungsgefangenen ebenso entschieden werden wie über das gegen ihn laufende Strafverfahren. Dasselbe gilt für die Einweisung in eine Heilanstalt. Eine richterliche Entscheidung muß auch in allen eilbedürftigen Sachen zu erlangen sein; über Arreste oder einstweilige Verfügungen muß daher trotz

Streiks entschieden werden. Im Verwaltungsprozeß kommen Anträge nach § 80 Abs. 5 VwGO hinzu. In allen anderen Fällen ist eine Verschiebung der Entscheidung erträglich. Auch Strafsachen sind nicht per se „Notdienstsachen", doch ist darauf zu achten, daß die Verjährung durch richterliche Handlungen rechtzeitig unterbrochen wird. Im Zivilrecht schließt § 203 Abs. 1 BGB (Stillstand der Rechtspflege) eine Anspruchsverjährung aus.

Die für die Richter entwickelten Grundsätze gelten mutatis mutandis für die übrigen bei Gericht beschäftigten Personen. Rechtspfleger und Geschäftsstellenbeamte können daher erst in den Streik treten, wenn für die Erledigung der eilbedürftigen Sachen gesorgt ist.

10. Ein Streik der *Polizei* ist nur in Schweden gestattet. Norwegen, Frankreich und England, die die Arbeitsniederlegung im öffentlichen Dienst grundsätzlich bejahen, haben durch Sondergesetze die Polizeibediensteten mit einem Streikverbot belegt.

Die juristische Betrachtung hat von der Tatsache auszugehen, daß dem Grundsatz nach auch dem Polizeibeamten das Recht zum Arbeitskampf zusteht. Freilich machen sich hier die Grenzen des Streikrechts in besonders starkem Maße bemerkbar. Das insbesondere in Frage kommende Verbot der Amtsbegünstigung (§ 346 StGB) ist freilich ein allgemeines Strafgesetz i. S. des Art. 9 II GG nur insoweit als es höherwertige Rechtsgüter wie Leben, Gesundheit und Freiheit schützt. Die Bearbeitung von Vermögensdelikten und Übertretungen kann daher zu Streikzwecken unterbrochen werden; erst recht gilt dies für die Erteilung gebührenpflichtiger Verwarnungen. Die Regelung des Straßenverkehrs darf dann nicht eingestellt werden, wenn man dadurch die Gefahr von Unfällen erheblich vergrößert. Verkehrsstockungen als solche müssen hingenommen werden. Eine Arbeitsniederlegung kann sich außerdem auf reine Routinemaßnahmen erstrecken, die nicht unmittelbar mit der Strafverfolgung zusammenhängen. Zu denken ist dabei an Telefon- und Briefüberwachung durch Verfassungsschutz oder Bundesnachrichtendienst.

11. Ein Streik der *Berufsfeuerwehr* hat ersichtlich noch engere Grenzen. Jeder unterlassene Einsatz kann für die Bediensteten eine Bestrafung nach §§ 306 ff. StGB zur Folge haben. Allein wegfallen kann die Durchführung von Feuerwehrübungen — ein nicht eben starkes Druckmittel. Zu erwähnen bleibt, daß die ÖTV nach § 19 Ziff. 3 ihrer Satzung auf eine Beteiligung von Feuerwehrbediensteten an Arbeitskämpfen ausdrücklich verzichtet hat.

Ähnlich ist die Situation für das Gefängnispersonal. Ausgeschlossen ist wegen Verstoßes gegen die Strafgesetze jede Arbeitsniederlegung, die zur Befreiung von Gefangenen führt, ihre rechtzeitige Entlassung verhindert oder die Gesundheit der Insassen beeinträchtigt.

12. Ein einziger Streik im gesamten Bereich des öffentlichen Dienstes könnte der freudigen Zustimmung aller sicher sein: der *Ausstand der Finanzbeamten.* Eine unvorhergesehene Stundung aller Steuerschulden ist für den einzelnen angenehm, für den Staat jedoch bitter. Dauert sie längere Zeit, so kann dies zu einer Lähmung des Staatsapparats führen oder zu einer übermäßigen Betätigung der Notenpresse. Beides wäre ein Verstoß gegen die verfassungsmäßige Ordnung und würde den Streik rechtswidrig machen.

Ein Streik auf dem Finanzamt kommt daher nur in Frage, wenn er von relativ kurzer Dauer ist (ca. zwei Wochen) oder wenn er einen umfangreichen Notdienst bestehen läßt, der die dringendsten Geschäfte erledigt, insbesondere für die Leistung von Abschlagszahlungen sorgt ...

D. Arbeitskampf und Drittbetroffene

1. Drittbetriebe

a) Streikausdehnung auf Drittbetrieb

Bundesarbeitsgericht
Urteil v. 20. 12. 1963 (1 AZR 157/63)[105]
— Leitsätze —

1. Daß zur Durchführung eines Streiks Absperrungsmaßnahmen gegen den bestreikten Arbeitgeber ergriffen werden, nimmt dem Arbeitskampf nicht den Charakter des Streiks und läßt ihn nicht als Boykott erscheinen.

4. Eine Gewerkschaft darf einen rechtmäßigen Streik auf ein drittes Unternehmen jedenfalls dann ausdehnen, wenn dieses dritte Unternehmen bei wirtschaftlicher Betrachtung einen Teil des bestreikten Unternehmens darstellt.

[105] Fundstelle: Entscheidungen des Bundesarbeitsgerichts, Bd. 15, S. 211 ff.

b) Lohnrisiko von Drittbetriebsangehörigen

Arbeitsgericht Kassel

Urteil v. 17. 4. 1972 — rechtskräftig —

(3 Ca 643/71)[106]

... Kann ein Arbeitnehmer in einem mittelbar vom Streik betroffenen Betrieb, der wegen des Streiks in anderen Betrieben seine Produktion einstellen muß, nicht beschäftigt werden, so trägt er das Lohnrisiko, wenn der Streik auch in seinem Interesse geführt wird. Ein solches Interesse ist nur gegeben, wenn die den Streik führende Gewerkschaft auch für den mittelbar vom Streik betroffenen Betrieb tariflich zuständig ist und wenn für den Bereich, zu dem der mittelbar betroffene Betrieb gehört, Tarifverhandlungen geführt werden oder unmittelbar bevorstehen. Nur unter diesen Voraussetzungen kann sich der Streik zugunsten der in dem vom Streik mittelbar betroffenen Betrieb beschäftigten Arbeitnehmer auswirken ...

2. Eigene Betriebsangehörige

a) Streikausschreitungen

Bundesarbeitsgericht

Urteil v. 29. 3. 1957[107]

(1 AZR 547/55)

... Nach der Auffassung des Senats fallen entgegen der Ansicht von Dietz (Samml. ArbG 54, 89 ff.) unter den Begriff der Teilnahme an der Arbeitsniederlegung als solcher außer der eigentlichen Arbeitsniederlegung auch etwa die Mitwirkung in der Streikleitung, das Streikpostenstehen, wenn es sich auf gütliches Zureden, nicht im Betrieb zu arbeiten, beschränkt, und sonstige, sich im Rahmen der Gesetze mit dem Streik aufs engste verbundene Einwirkungen auf Arbeitskollegen. Vgl. hierzu Hueck-Nipperdey, Lehrbuch, 6. Aufl., Bd. 2 S. 215. Dagegen muß dort eine Grenze gezogen werden, wo der betr. Arbeitnehmer über eine bloße Teilnahme am Streik als solche

[106] Fundstelle: Der Betriebsberater, 1973, S. 563 f.
[107] Fundstelle: Neue Juristische Wochenschrift, 1957, S. 1047.

hinausgegangen ist. Der Senat ist der Auffassung, daß durch diese Klausel solche Maßnahmen nicht gerechtfertigt sind, die besonders von der Rechtsordnung geschützte Interessen verletzen, deren Verletzung der Streik als solcher keineswegs erfordert. Gegen solche geschützten Interessen, deren Verletzung durch den Streik als solchen nicht gerechtfertigt ist, verstoßen aber nicht nur Tätlichkeiten, sondern auch Beleidigungen. Auch die Ehre ist in der deutschen Rechtsordnung durch die Gesetze besonders geschützt. Dabei kommt es nicht darauf an, ob sich der Angriff, wenn er mit dem Streik im Zusammenhang steht, gegen die Ehre des Arbeitgebers oder eines Arbeitskollegen richtet ...[108]

b) Streikpostenpflichten

Bayerisches Oberstes Landesgericht
Urteil v. 7. 10. 1955 (RevReg 3 St 182a—b/55)[109]

... Nach den tatsächlichen Feststellungen des LG war der Schlag auch nicht durch Notwehr gerechtfertigt, obwohl K. in gebückter Haltung gegen die Mitte der Postenreihe anrannte, „um diese aufzureißen und sich mit Gewalt durch sie zu zwängen". Zwar kann den Streikenden ... nicht verwehrt werden, in der Nähe des Werkeingangs zu stehen und Arbeitswillige durch Überredung für die Idee des Streiks zu gewinnen (vgl. Hueck-Nipperdey, a.a.O. § 71 E III 3 b S. 587), wie es im vorl. Fall als Aufgabe der Streikposten bestimmt war. Auch wird dem Arbeitswilligen eine unbedeutende Behinderung und ein Umweg von wenigen Schritten im allgemeinen zuzumuten sein, ohne daß deswegen von Gewalt oder Nötigung gesprochen werden könnte. Dabei ist jedoch vorausgesetzt, daß ein völlig gefahrloser, genügend breiter und leicht erkennbarer Zugang zur Arbeitsstätte freibleibt, den zu benützen nicht einem Spießrutenlaufen gleichzusetzen ist, ferner, daß derjenige Arbeitswillige, der den freien Durchgang nicht beachtet, auf ihn hingewiesen wird. Wenn dagegen eine mauerartige Postenkette den Zugang zum Werk in einem solchen Maße versperrt, daß ein ungefährdeter Durchgang nicht mehr gewährleistet ist, und

[108] Vgl. dazu insbesondere auch oben I, E. 4, a, b, c, o, q (d. Bearb.)
[109] Fundstelle: Neue Juristische Wochenschrift, 1955, S. 1806.

wenn auch auf Verlangen kein ausreichender, ungefährdeter Durchgang geschaffen wird, so muß in der Regel, da die Posten kein berechtigtes Interesse an der Abdrängung der Arbeitswilligen auf einen Bedenken erregenden schmalen Durchlaß haben, angenommen werden, daß sie durch ihr Verhalten die Arbeitswilligen vom Betreten des Werks abhalten und zur Umkehr zwingen wollen. Im vorl. Fall ist festgestellt, daß der Arbeitswillige K. einer festgeschlossenen, auf einer Seite durch Festhalten am Brückengeländer wirksamer gestalteten Postenkette gegenüberstand; der den Arbeitswilligen eingeräumte „schmale Durchlaß" kann nach den Feststellungen des LG nur knapp ausreichend für den Durchgang eines Menschen gewesen sein. Ein so schmaler Durchgang konnte jederzeit rasch geschlossen werden, gewährleistete kein gefahrloses Vorbeigehen und mußte den Eindruck erwecken, daß er nicht nur wegen der propagandistischen Zwecke so eng gehalten werde. Unter diesen Umständen war K. nicht verpflichtet, den schmalen Durchlaß zu benützen, auch wenn er ihn bemerkte; er durfte die Gewährung eines weniger behinderten und minder bedenklichen Durchgangs verlangen. Wenn er auf dieses Verlangen hin nicht einmal auf die freie Stelle verwiesen, ihm vielmehr der freie Durchlaß verweigert wurde, so durfte er davon ausgehen, daß ihm das Betreten des Werks überhaupt verwehrt werden solle, und versuchen, auf dem nächsten Weg und an irgendeiner ihm geeignet erscheinenden Stelle durch die Postenkette zu kommen. Er befand sich dabei in der Abwehr eines Angriffs auf seine Bewegungsfreiheit und die Gegenwehr der Streikposten gegen seine Rechtsverteidigung war rechtswidrig ...

... Wie schon erwähnt, genügten die Streikposten durch das Freilassen eines „schmalen Durchlasses" nicht ihrer Pflicht, Arbeitswilligen das Betreten des Werks zu gestatten; ihr Versuch, durch Versperren der Brücke die Arbeitswilligen entweder zur Umkehr oder zur Benützung des unangemessen verengten Durchgangs zu zwingen, stellt sich daher als ein Versuch der Nötigung mit Gewalt dar (§ 240 Abs. 1 StGB). Als Gewalt erscheint dabei nicht nur das Mißhandeln des K. durch B. und der Versuch des C., den K. zu treffen, sondern schon das Zusammenstehen in einer Weise, daß die Benutzung des normalen Weges zum Werk geflissentlich verhindert wurde ...

c) Gewerkschaftliche Verantwortlichkeit — negative Streikfreiheit

Landesarbeitsgericht München
Beschluß v. 16. 2. 1954 (353/53)[110]

... Es ginge zu weit, eine den Streik organisierende Gewerkschaft ohne weiteres für jedes Tun und Unterlassen der streikenden Gewerkschaftsmitglieder oder dritter Personen schlechthin verantwortlich zu machen und damit alle Vorgänge und Ausschreitungen, bei denen auch Provokateure am Werk sein können, immer zu Lasten der Gewerkschaft zu legen ...

... Die Verfassung gewährleistet die positive und die negative Streikfreiheit[110a]. Aus der negativen Streikfreiheit folgt das Recht nicht streikwilliger Arbeitnehmer, als Arbeitswillige sich zu melden und tätig zu sein ...

... Zu den Mitteln des verfassungsrechtlich gegebenen positiven Streikrechts gehört nicht nur die Streikordnung, die die Gewerkschaften sich selbst geben ... es gehören hierher vielmehr auch alle Mittel, die dazu dienen, der Arbeitnehmerschaft in der Öffentlichkeit Aufklärung über Ursachen und Ziele des Arbeitskampfes zu geben ... Hierzu gehört auch das Recht auf Flugblätterverteilung, auf Streikpostenorganisation, Absperrung eines bestreikten Betriebes usw., soweit diese Mittel selbst im Rahmen der Rechtsordnung bleiben ...

E. Streiksurrogate

1. Dienst nach Vorschrift ist Dienstvergehen

Bundesregierung-Kabinettserklärung von 12. 12. 1968[111]

... Die Bundesregierung ist sich der Pflicht bewußt, für eine angemessene Besoldung der Beamten und deren Teilnahme

[110] Fundstelle: Der Betriebsberater 1954, S. 593.
[110a] Vgl. dazu Weitnauer, Die neg. Streikfreiheit, Fs f. Heinz Kaufmann 1972, 371 ff. (d. Bearb.).
[111] Abdruck nach: Deutscher Bundestag — 5. Wahlperiode — 199. Sitzung — Stenographische Berichte, S. 10 710.

an der allgemeinen Einkommensentwicklung zu sorgen. Andererseits muß sie aber gerade auch von den Beamten Sachlichkeit und Verständnis für die Notwendigkeit erwarten, im Interesse der Allgemeinheit die Haushaltsstabilität zu sichern und die mittelfristige Finanzplanung einzuhalten. Sie muß von den Beamten auch erwarten, daß die Geltendmachung legitimer Interessen und Wünsche nicht in einer die Belange der Allgemeinheit und die Dienstpflichten verletzenden Art und Weise geschieht. Eine willkürliche und mißbräuchliche Auslegung von Dienstvorschriften kann die Bundesregierung nicht als rechtmäßig anerkennen. Dienstvorschriften sind nicht nach dem Buchstaben, sondern nach ihrem Sinn und Zweck zu befolgen. „Dienst nach Vorschrift" ist jedoch nichts anderes als eine bewußt mißbräuchliche und sinnwidrige Anwendung von Dienstvorschriften. Das ist mit den beamtenrechtlichen Pflichten nicht zu vereinbaren und erfüllt somit den Tatbestand eines dienststrafrechtlichen Verhaltens.

2. Fluglotsen-Aktionen rechtswidrig

Oberlandesgericht Celle

Urteil v. 16. 11. 1973 (11 U 197/73)

... 2. Diejenigen Lotsen und Lotsengruppen, die sich zu kollektiven Krankmeldungen oder kollektiven Herabsetzungen der eigenen Arbeitsleistung (auch der Herabsetzung der Effektivität der eigenen Arbeit) zusammengeschlossen haben, haben wegen der damit verfolgten Zwecksetzung rechtswidrig gehandelt.

Selbst wenn unterstellt wird, daß die frühere Arbeitsbelastung in Zeiten des Hauptverkehrs über das zumutbare Maß hinausging, rechtfertigt eine solche Überlastung nicht ein *planmäßiges Vorgehen in Gruppen zu dem Zweck, den Luftverkehr zu beeinträchtigen und damit „politischen" Druck* zur Durchsetzung eigener Forderungen u. a. hinsichtlich der Einstufung und Besoldung auszuüben. Die Fluglotsen sind zu mehr als 90 % Beamte der Antragstellerin. Der Beamte im Bundesdienst hat bei seiner Amtsführung „auf das Wohl der Allgemeinheit Bedacht zu nehmen", „sich mit voller Hingabe seinem Beruf zu widmen" und „sein Amt uneigennützig nach bestem Gewissen zu verwalten" (§§ 52 Abs. 1 Satz 1 und 54 S. 1 und 2 BBG). Von dieser Dienst- und Treuepflicht ist der Beamte auch dann nicht befreit, wenn, wie der Antragsgegner hier behauptet, der Dienstherr seit längerer Zeit seine Fürsorgepflicht verletzt, indem er es unterläßt, für angemessene Arbeitsbedingungen, insbesondere ein zumutbares Arbeitspensum, sowie für eine angemessene Besoldung zu sorgen.

Der Beamte darf weder streiken noch zu streikähnlichen Maßnahmen greifen, um den Dienstherrn zur Erfüllung seiner Forderungen, insbesondere auf bessere Besoldung, zu veranlassen... (vgl. den Stand d. Argumentation bei Schnapp, DÖV 73, 32)...

... Gerade der vorliegende Fall zeigt, wohin es führen würde, wenn den Beamten schlechthin ein Streikrecht zugebilligt werden sollte, und sei es erst „de lege ferenda". Unaustauschbare und daher unersetzbare kleinere Beamtengruppen, die an komplizierten technischen „Schaltstellen" im staatlichen Apparat sitzen, könnten dann aus egoistischen Gruppeninteressen lebenswichtige Bereiche im gesellschaftlichen System willkürlich lahmlegen und Staat und Gesellschaft förmlich erpressen.

Selbst bei Zulässigkeit eines Beamtenstreiks, d. h. einer völligen Arbeitsniederlegung nach festen Regeln, müßte ein „go slow" oder ein „go sick" zur Durchsetzung von Gehaltsforderungen als rechtswidrig angesehen werden. Insoweit könnte im Beamtenrecht nichts anderes als im Arbeitsrecht gelten, das weder einen „go slow" noch einen „go sick" als rechtmäßige, von den Gewerkschaften angewendete Arbeitskampfmaßnahmen kennt. Solche Maßnahmen sind auch durch die Freiheit der Koalitionsbeteiligung (Art. 9 Abs. 3 GG) nicht gedeckt, einerlei, ob sie von Beamten oder Angestellten ausgehen. Arbeitskämpfe müssen offen ausgetragen werden — vgl. RGZ 111, 105 ff. 112; Ramm, Das Koalitions- und Streikrecht der Beamten, Köln 1970, S. 157; Zöllner, Die Zulässigkeit neuer Arbeitskampfformen, Festschrift f. Bötticher (1969), S. 427 ff., 438 —. Die Aktionen der Flugleiter zeichnen sich jedoch gerade dadurch aus, daß sie aus dem Anonymen betrieben werden, um es der Antragstellerin unmöglich zu machen, einzelne verantwortliche Flugleiter oder gar eine verantwortliche Gruppe zu ermitteln.

Das gilt für „Sick-out-Aktionen" insofern, als die betreffenden Flugleiter im Regelfall davon ausgehen, für ihre Krankmeldung nicht zur Verantwortung gezogen zu werden, weil sie ein ärztliches Attest vorlegen, das ihnen Dienstunfähigkeit oder zumindest Behandlungsbedürftigkeit bescheinigt. Daß es sich um ein Gefälligkeitsattest handelt, wird auch durch eine amtsärztliche Nachuntersuchung nur in seltenen Ausnahmefällen nachzuweisen sein. Ebenso selten wird man einem Lotsen nachweisen können, daß er sich nicht krank oder behandlungsbedürftig gefühlt habe, wenn er zwar kein Attest vorlegen, wohl aber nachweisen kann, daß er beim Arzt zur Behandlung war oder darauf gewartet hatte. Daß möglicherweise jeder einzelne Teilnehmer an einer „Sick-out-Aktion" sich individuell gegenüber dem Dienstherrn entschuldigen kann, ändert jedoch nichts daran, daß die kollektive Aktion als solche, d. h., das verabredete Krankmelden zur Störung des Luftverkehrs, rechtswidrig ist. Denn ein beträchtlicher Teil derjenigen Flugleiter, die sich an dieser kollektiven „Kampfmaßnahme" beteiligten, hätte entweder gar nicht oder wenigstens nicht während der betreffenden Schicht den Arzt aufgesucht. Daß an den Stichtagen nicht alle Flugleiter, die sich krank gemeldet hatten, ernstlicher krank oder unbedingt während ihrer Dienstzeit behandlungsbedürftig waren, zeigt ganz deutlich der Umstand, daß der Krankenstand sich stets alsbald danach wieder normalisiert hat.

Die Flugleiter können den „go slow" nicht damit rechtfertigen, daß sie ein von ihnen bisher verlangtes und erbrachtes Übermaß an Leistung lediglich auf ein zumutbares Maß zurückgeschraubt hätten.

In diesem Zusammenhang kann dahingestellt bleiben, ob die von Isensee — JZ 1971, 72 ff. — vertretene Ansicht, der Beamte handele stets rechtswidrig, wenn er eine bisher erbrachte Leistung eigenmächtig einschränke, gleichgültig, ob sie von *ihm* verlangt *worden sei* oder ob er sie als freiwillige Zusatzleistung erbracht habe, in dieser Allgemeinheit richtig ist, insbesondere dann, wenn die bisherige Arbeitsbelastung mit einer ständigen gesundheitlichen Überbelastung verbunden war. Im vorliegenden Fall geht es den Flugleitern nicht um die endgültige Herabsetzung ihres Leistungsstandards. Sie betonen zwar, daß sie bisher ständig eine Überleistung erbracht hätten, die mit einem Raubbau an ihrer ohnehin bei diesem Beruf schon überdurchschnittlich gefährdeten Gesundheit verbunden gewesen sei. Gleichzeitig erklären sie sich jedoch bereit — was der Glaubwürdigkeit dieser These nicht gerade förderlich ist —, die bisherige Überleistung auch weiterhin zu erbringen, wenn die Antragstellerin ihre Forderungen auf materielle Besserstellung erfüllt. Damit erscheint aber die Herabsetzung der Arbeitsleistung als Druckmittel zur Erzielung materieller Vorteile. Die Flugleiter meinen, daß sie Leistungen erbracht haben, die im Vergleich zu den Leistungen, die andere Laufbahngruppen des gehobenen Dienstes erbringen, als ausgesprochen „unterbezahlt" angesehen werden müßten. Sie scheinen der Auffassung zu sein, daß der im „go slow" reduzierte Leistungsstandard eine mehr als angemessene Gegenleistung für ihre Bezahlung darstelle, und sie sind nur dann bereit, ihre volle Leistung wieder zu erbringen, wenn sie dafür wesentlich besser bezahlt werden.

Davon, daß sich die Flugleiter in einem Besoldungsnotstand befinden, kann keine Rede sein. Sie werden nach den Besoldungsgruppen A 9—A 12 bezahlt, wobei es den Anschein hat, daß der Stellenkegel bei dieser Laufbahn günstiger als bei anderen Laufbahnen des gehobenen Dienstes ausgelegt ist. Jedenfalls ist die Zahl der Amtmänner und Oberamtmänner unter den Flugleitern auffallend hoch. Auch erhalten sie Erschwerniszulage. Davon, daß sie materielle Not leiden, kann keine Rede sein.

Bei dieser Sachlage bestand keine Veranlassung, noch der Frage nachzugehen, ob und ggf. in welchem Umfang die von den Flugleitern bis zum 30. 5. 1973 erbrachten Leistungen — von den „Goslow-Aktionen" der Vorjahre abgesehen — das individuell zumutbare Maß überschritten hatten. Darauf kommt es ebensowenig wie auf das Maß der damit verbundenen Gesundheitsbeeinträchtigung an, weil die Rechtswidrigkeit in der von den Fluglotsen hergestellten Mittel-Zweck-Beziehung zwischen einer Reduzierung der Arbeitseffizienz und ihren Forderungen, vor allem auf bessere Besoldung, besteht.

Denn die Motivation dafür besteht nicht etwa in der Gesetzestreue, in verständlicher Sorge um die eigene Gesundheit oder um die Sicherheit des ihnen anvertrauten Luftverkehrs, sondern in dem Bestreben, die Antragstellerin zur Gewährung einer besseren Besoldung zu nötigen. Wenn Beamte eine notstandsähnliche Situation selbst schaffen — hier die Zustände im Luftverkehr seit dem 31. 5. 1973 —, und sie als Nötigungsmittel einsetzen, um Verbesserungen bei ihrer Einstufung und ihrer Besoldung zu erreichen, so liegt eine rechtswidrige Mittel-Zweck-Relation vor — vgl. Löwer, JA 1973, 619 ff.; Zöllner a.a.O. S. 434 —. Nach allgemeinem bürgerlichen

Recht oder auch nach der besonderen strafrechtlichen Regelung (§ 240 Abs. 2 StGB), die mit dieser These Allgemeingültigkeit beanspruchen können, gilt sogar der Einsatz eines erlaubten Mittels für eine rechtlich zulässige Forderung dann als rechtspidrig, wenn er sittenwidrig ist — vgl. Soergel, BGB[10], § 123 Rz. 42 f —.

Diese Mittel-Zweck-Beziehung, die die Flugleiter hergestellt haben, läßt aber keinen Zweifel an der Sittenwidrigkeit ihres Vorgehens.

Die pluralistische Gesellschaft der Bundesrepublik ist zwar auch dadurch gekennzeichnet, daß zahlreiche Gruppen durch gesellschaftlichen Einfluß und politische Machtmittel bei der Verteilung des Sozialprodukts Vorteile für ihre Organisationen und ihre Mitglieder erstreben. Hingegen liegt es außerhalb einer im politischen Raum geführten Auseinandersetzung dieser Zielrichtung, *und muß von der Allgemeinheit als schlechthin unanständig* angesehen werden, wenn eine Gruppe von Beamten ihre Nähe zu einem empfindlichen technischen System sowie das ihren Angehörigen — auf Kosten der Allgemeinheit — vermittelte Spezialwissen und das den einzelnen Mitgliedern anvertraute Amt dazu ausnutzt, um einen für die allgemeine Wohlfahrt, insbesondere für die Wirtschaft, wesentlichen Verkehrsbereich nachhaltig zu stören, um auf diese Weise Druck auf die Regierung des Staates und mittelbar auch auf den von den Bürgern gewählten Gesetzgeber auszuüben. Ein solches, zudem über längere Zeit fortgeführtes Verhalten, muß in der Allgemeinheit ferner Zweifel an der Funktionsfähigkeit eines auf die Verwirklichung einer größtmöglichen Freiheit des einzelnen ausgerichteten Rechtsstaates und an der Sozialbindung der staatlichen Einrichtungen aufkommen lassen und damit dem Rechtsgefühl und dem Empfinden für die soziale Verantwortung zuwiderlaufen.

Daran ändert es nichts, wenn, wie der Antragsgegner behauptet, die Bundesregierung die Flugleiter hingehalten und Zusagen nicht eingelöst haben sollte, wie es im übrigen in dieser Gesellschaftsordnung nicht auszuschließen sein wird, daß eine kleine, politisch nicht relevante Berufsgruppe, wie die der Flugleiter, bei der Berücksichtigung von Besoldungswünschen nicht die Vorteile genießt, wie sie möglicherweise anderen Beamtengruppen, die als Wähler zahlenmäßig stärker ins Gewicht fallen oder den machtausübenden Stellen durch den politischen Bezug ihrer Tätigkeit näher stehen, gewährt werden. Solche Mißstände lassen sich jedoch nach dem allgemeinen Anstandsgefühl und dem Empfinden für die soziale Verantwortung des einzelnen und der Gruppe in der Gemeinschaft nur mit rechtsstaatlichen oder gesellschaftlich adäquten Mitteln bekämpfen.

Letztlich hätten die Flugleiter zur Durchsetzung ihrer Gehaltsforderungen den Klageweg beschreiten müssen — BVerfG E 8, 1 ff., 17 —.

An der Höhe des hier noch nicht konkret zu beziffernden mutmaßlichen Schadens, den allein die Lufthansa mit einer Million DM täglich beziffert, wird auch bei einer wirtschaftlichen Betrachtungsweise das ungewöhnliche Mißverhältnis in der Mittel-Zweck-Beziehung und damit die Sittenwidrigkeit auch aus dieser Sicht deutlich. Die Sittenwidrigkeit zeigt sich ferner in der Risikoverteilung.

Selbst wenn jeder beteiligte Flugleiter haftbar gemacht werden könnte, würde der Schaden bei weitem nicht im Regreßwege beigetrieben werden können, wobei schließlich berücksichtigt werden müßte, daß die Antragstellerin im Interesse der Erhaltung von Arbeitsfähigkeit und Arbeitswilligkeit der Flugleiter die der Lohnpfändung unterliegenden Teile der Bezüge nicht voll in Anspruch nehmen könnte. Letztlich wird der Steuerzahler den ungedeckten größten Teil des Schadens tragen müssen; der nicht gegen die Antragstellerin durchsetzbare sonstige Ausfall im Sozialprodukt geht ohnehin zu Lasten der Allgemeinheit.

Im Arbeitskampf zwischen Unternehmern und Arbeitnehmern kommt es, was die wirtschaftliche Seite anbelangt, dagegen auch darauf an, wer von ihnen den längeren finanziellen Atem hat. Hier stellt sich diese Frage für die Flugleiter praktisch nicht. Solange sie mit ihrer Masse in der Anonymität verbleiben und daher für die Antragstellerin keine Angriffspunkte bieten, fehlt die „Waffengleichheit", die es im Arbeitsrecht den Unternehmern ermöglicht, Maßnahmen des Arbeitskampfes zu begegnen.

Rechtlich folgt daraus, daß die Flugleiter, die sich an derartigen Aktionen beteiligt haben und beteiligen, die Bundesrepublik Deutschland vorsätzlich und sittenwidrig geschädigt haben und weiterhin schädigen (§ 826 BGB). Außerdem haben sie versucht die Organe der Bundesrepublik Deutschland rechtswidrig zu nötigen (§ 823 Abs. 2 BGB i. V. m. §§ 105, 240, 43 StGB) . . .

F. Die Rolle des Staates im Arbeitskampf

1. Arbeitsgerichtsgesetz vom 3. 9. 1953[112]

§ 2. (1)Die Arbeitsgerichte sind ausschließlich zuständig

1. für bürgerliche Rechtsstreitigkeiten zwischen Tarifvertragsparteien oder zwischen diesen und Dritten aus Tarifverträgen oder über das Bestehen oder Nichtbestehen von Tarifverträgen und für bürgerliche Rechtsstreitigkeiten zwischen tariffähigen Parteien oder zwischen diesen und Dritten aus unerlaubten Handlungen, soweit es sich um Maßnahmen zum Zwecke des Arbeitskampfes oder um Fragen der Vereinigungsfreiheit handelt ...

2. Arbeitsförderungsgesetz (AFG) vom 25. 6. 1969[113]

§ 17 (1) Bei Ausbruch und Beendigung eines Arbeitskampfes sind die Arbeitgeber verpflichtet und die Gewerkschaften berechtigt, dem für den Betrieb zuständigen Arbeitsamt schriftlich Anzeige zu erstatten. Der Bundesminister für Arbeit und Sozialordnung kann durch Rechtsverordnung Vorschriften über Fristen und Formen der Anzeigen erlassen und bestimmen, in welchen Fällen ein Arbeitgeberverband eine Sammelmeldung mit befreiender Wirkung für die darin aufgeführten Arbeitgeber erstatten kann.

(2) Ist eine Anzeige über den Ausbruch eines Arbeitskampfes nach Absatz 1 erstattet worden, so hat die Bundesanstalt in dem durch den Arbeitskampf unmittelbar betroffenen Bereich Arbeit nur dann zu vermitteln, wenn der Arbeitsuchende und der Arbeitgeber dies trotz eines Hinweises der Bundesanstalt auf den Arbeitskampf verlangen.

§ 116 (1) Durch die Gewährung von Arbeitslosengeld darf nicht in Arbeitskämpfe eingegriffen werden.

(2) Ist der Arbeitnehmer durch Beteiligung an einem inländischen Arbeitskampf arbeitslos geworden, so ruht der

[112] Abdruck nach: Bundesgesetzblatt 1953, Teil I, S. 1267.
[113] Abdruck nach: Bundesgesetzblatt 1969, Teil I, S. 582 ff.

Anspruch auf Arbeitslosengeld bis zur Beendigung des Arbeitskampfes.

(3) Ist der Arbeitnehmer durch einen inländischen Arbeitskampf, an dem er nicht beteiligt ist, arbeitslos geworden, so ruht der Anspruch auf Arbeitslosengeld bis zur Beendigung des Arbeitskampfes, wenn

1. der Arbeitskampf auf eine Änderung der Arbeitsbedingungen in dem Betrieb, in dem der Arbeitnehmer zuletzt beschäftigt war, abzielt oder
2. die Gewährung des Arbeitslosengeldes den Arbeitskampf beeinflussen würde.

Die Bundesanstalt kann Näheres durch Anordnung bestimmen; sie hat dabei innerhalb des Rahmens des Satzes 1 die unterschiedlichen Interessen der von den Auswirkungen der Gewährung oder Nichtgewährung Betroffenen gegeneinander abzuwägen.

(4) Ist bei einem Arbeitskampf das Ruhen des Anspruchs nach Absatz 3 für eine bestimmte Gruppe von Arbeitnehmern ausnahmsweise nicht gerechtfertigt, so kann der Verwaltungsausschuß des Landesarbeitsamtes bestimmen, daß ihnen Arbeitslosengeld zu gewähren ist. Erstrecken sich die Auswirkungen eines Arbeitskampfes über den Bezirk eines Landesarbeitsamtes hinaus, so entscheidet der Verwaltungsrat. Dieser kann auch in Fällen des Satzes 1 die Entscheidung an sich ziehen.

3. Anordnung über die Gewährung von Leistungen der Bundesanstalt für Arbeit bei Arbeitskämpfen (Neutralitätsanordnung)

vom 22. 3. 1973[114]

„§ 1

Der arbeitslose Arbeitnehmer ist am Arbeitskampf nicht beteiligt im Sinne von § 116 Abs. 3 AFG, wenn er weder selbst streikt noch selbst ausgesperrt ist.

[114] Voller Wortlaut. Fundstelle: Recht der Arbeit 1973, S. 168.

§ 2

Der Anspruch des nichtbeteiligten Arbeitnehmers (§ 1) auf Arbeitslosengeld ruht nach § 116 Abs. 3 Satz 1 Nr. 1 AFG, wenn

a) der Arbeitnehmer arbeitslos geworden ist, weil in dem Betrieb, in dem er zuletzt beschäftigt war, andere Arbeitnehmer an einem Arbeitskampf beteiligt sind,

b) dieser Arbeitskampf um Arbeitsbedingungen geführt wird, die für den arbeitslosen nichtbeteiligten Arbeitnehmer zuletzt gegolten haben oder auf ihn angewendet worden sind oder bei Arbeitsaufnahme für ihn gelten oder auf ihn angewendet würden.

§ 3

Der Anspruch des nichtbeteiligten Arbeitnehmers (§ 1) auf Arbeitslosengeld ruht nach § 116 Abs. 3 Satz 1 Nr. 1 AFG, wenn der Arbeitnehmer seine Beschäftigung in einem Betrieb verloren hat, weil in einem anderen Betrieb ein Arbeitskampf geführt wird, sofern

a) der Betrieb, in dem der Arbeitslose zuletzt beschäftigt war, unter den räumlichen und fachlichen Geltungsbereich des umkämpften Tarifvertrages fällt,

   und

b) dieser Arbeitskampf um Arbeitsbedingungen geführt wird, die für den arbeitslosen nichtbeteiligten Arbeitnehmer zuletzt gegolten haben oder auf ihn angewendet worden sind oder bei Arbeitsaufnahme für ihn gelten oder auf ihn angewendet würden.

§ 4

Der Anspruch des nichtbeteiligten Arbeitnehmers (§ 1) auf Arbeitslosengeld ruht nach § 116 Abs. 3 Satz 1 Nrn. 1 und 2 AFG, wenn der Arbeitnehmer seine Beschäftigung in einem Betrieb verloren hat, weil in einem anderen Betrieb ein Arbeitskampf geführt wird, sofern

a) dieser Arbeitskampf auf die Änderung von Arbeitsbedingungen eines Tarifvertrages gerichtet ist und der Betrieb, in dem der Arbeitslose zuletzt beschäftigt war, zwar nicht dem räumlichen, aber dem fachlichen Geltungsbereich des in Frage kommenden Tarifvertrages zuzuordnen ist

und

b) die Gewerkschaften für den Tarifvertragsbereich des arbeitslosen, nichtbeteiligten Arbeitnehmers nach Art und Umfang gleiche Forderungen wie für die am Arbeitskampf beteiligten Arbeitnehmer erhoben haben und mit dem Arbeitskampf nach Art und Umfang gleiche Arbeitsbedingungen durchgesetzt werden sollen.

§ 5

Die §§ 1—4 gelten entsprechend für Arbeitnehmer, die infolge eines inländischen Arbeitskampfes, an dem sie nicht beteiligt sind, einen Arbeitsausfall erleiden, aufgrund dessen sie ohne Anwendung des § 70 i. V. m. § 116 Abs. 1, 3 und 4 AFG einen Anspruch auf Kurzarbeitergeld nach § 65 Abs. 1 AFG haben würden.

§ 6

Der Präsident der Bundesanstalt berichtet dem Verwaltungsrat über die Auswirkungen dieser Anordnung zum 30. Juni jeden Jahres, erstmals zum 30. Juni 1974.

§ 7

Diese Anordnung tritt mit der Genehmigung durch den Bundesminister für Arbeit und Sozialordnung in Kraft."[115]

G. Arbeitskampf und Notstandsverfassung

1. Grundgesetz vom 23. 5. 1949 i. d. F. des Gesetzes v. 24. 6. 1968[116]

Art. 9 . . .

(3) . . . Maßnahmen nach den Artikel 12a, 35 Abs. 2 und 3, Artikel 87a Abs. 4 und Art. 91 dürfen sich nicht gegen Arbeitskämpfe richten, die zur Wahrung und Förderung der Arbeits-

[115] Die Genehmigung erfolgte am 3. 4. 1973 (d. Bearb.)
[116] Bundesgesetzblatt 1968, Teil I, S. 709.

und Wirtschaftsbedingungen von Vereinigungen im Sinne des Satzes 1[117] geführt werden[118].

Art. 12 a.

(1) Männer können vom vollendeten achtzehnten Lebensjahr an zum Dienst in den Streitkräften, im Bundesgrenzschutz oder in einem Zivilschutzverband verpflichtet werden.

(2) Wer aus Gewissensgründen den Kriegsdienst mit der Waffe verweigert, kann zu einem Ersatzdienst verpflichtet werden. Die Dauer des Ersatzdienstes darf die Dauer des Wehrdienstes nicht übersteigen. Das Nähere regelt ein Gesetz, das die Freiheit der Gewissensentscheidung nicht beeinträchtigen darf und auch eine Möglichkeit des Ersatzdienstes vorsehen muß, die in keinem Zusammenhang mit den Verbänden der Streitkräfte und des Bundesgrenzschutzes steht.

(3) Wehrpflichtige, die nicht zu einem Dienst nach Absatz 1 oder 2 herangezogen sind, können im Verteidigungsfalle durch Gesetz oder auf Grund eines Gesetzes zu zivilen Dienstleistungen für Zwecke der Verteidigung einschließlich des Schutzes der Zivilbevölkerung in Arbeitsverhältnisse verpflichtet werden; Verpflichtungen in öffentlich-rechtliche Dienstverhältnisse sind nur zur Wahrnehmung polizeilicher Aufgaben oder solcher hoheitlichen Aufgaben der öffentlichen Verwaltung, die nur in einem öffentlich-rechtlichen Dienstverhältnis erfüllt werden können, zulässig. Arbeitsverhältnisse nach Satz 1 können bei den Streitkräften, im Bereich ihrer Versorgung sowie bei der öffentlichen Verwaltung begründet werden; Verpflichtungen in Arbeitsverhältnisse im Bereiche der Versorgung der Zivilbevölkerung sind nur zulässig, um ihren lebensnotwendigen Bedarf zu decken oder ihren Schutz sicherzustellen.

(4) Kann im Verteidigungsfalle der Bedarf an zivilen Dienstleistungen im zivilen Sanitäts- und Heilwesen sowie in der ortsfesten militärischen Lazarettorganisation nicht auf freiwilliger Grundlage gedeckt werden, so können Frauen vom vollendeten achtzehnten bis zum vollendeten fünfundfünfzigsten Lebensjahr durch Gesetz oder auf Grund eines Gesetzes zu derartigen Dienstleistungen herangezogen werden. Sie dürfen auf keinen Fall Dienst mit der Waffe leisten.

(5) Für die Zeit vor dem Verteidigungsfalle können Verpflichtungen nach Absatz 3 nur nach Maßgabe des Artikels 80 a Abs. 1 begründet werden. Zur Vorbereitung auf Dienstleistungen nach Ab-

[117] Abgedruckt unter: I. A. 1 (d. Bearb.)
[118] Vgl. auch Art. 30 Europ. Sozialcharta (oben I C 2 b, d. Bearb.)

satz 3, für die besondere Kenntnisse oder Fertigkeiten erforderlich sind, kann durch Gesetz oder auf Grund eines Gesetzes die Teilnahme an Ausbildungsveranstaltungen zur Pflicht gemacht werden. Satz 1 findet insoweit keine Anwendung.

(6) Kann im Verteidigungsfalle der Bedarf an Arbeitskräften für die in Absatz 3 Satz 2 genannten Bereiche auf freiwilliger Grundlage nicht gedeckt werden, so kann zur Sicherung dieses Bedarfs die Freiheit der Deutschen, die Ausübung eines Berufs oder den Arbeitsplatz aufzugeben, durch Gesetz oder auf Grund eines Gesetzes eingeschränkt werden. Vor Eintritt des Verteidigungsfalles gilt Absatz 5 Satz 1 entsprechend.

Art. 35.

(1) Alle Behörden des Bundes und der Länder leisten sich gegenseitig Rechts- und Amtshilfe.

(2) Zur Aufrechterhaltung oder Wiederherstellung der öffentlichen Sicherheit oder Ordnung kann ein Land in Fällen von besonderer Bedeutung Kräfte und Einrichtungen des Bundesgrenzschutzes zur Unterstützung seiner Polizei anfordern, wenn die Polizei ohne diese Unterstützung eine Aufgabe nicht oder nur unter erheblichen Schwierigkeiten erfüllen könnte. Zur Hilfe bei einer Naturkatastrophe oder bei einem besonders schweren Unglücksfall kann ein Land Polizeikräfte anderer Länder, Kräfte und Einrichtungen anderer Verwaltungen sowie des Bundesgrenzschutzes und der Streitkräfte anfordern.

(3) Gefährdet die Naturkatastrophe oder der Unglücksfall das Gebiet mehr als eines Landes, so kann die Bundesregierung, soweit es zur wirksamen Bekämpfung erforderlich ist, den Landesregierungen die Weisung erteilen, Polizeikräfte anderen Ländern zur Verfügung zu stellen, sowie Einheiten des Bundesgrenzschutzes und der Streitkräfte zur Unterstützung der Polizeikräfte einsetzen. Maßnahmen der Bundesregierung nach Satz 1 sind jederzeit auf Verlangen des Bundesrates, im übrigen unverzüglich nach Beseitigung der Gefahr aufzuheben.

Art. 87 a.

(1) Der Bund stellt Streitkräfte zur Verteidigung auf. Ihre zahlenmäßige Stärke und die Grundzüge ihrer Organisation müssen sich aus dem Haushaltsplan ergeben.

(2) Außer zur Verteidigung dürfen die Streitkräfte nur eingesetzt werden, soweit dieses Grundgesetz es ausdrücklich zuläßt.

(3) Die Streitkräfte haben im Verteidigungsfalle und im Spannungsfalle die Befugnis, zivile Objekte zu schützen und Aufgaben

der Verkehrsregelung wahrzunehmen, soweit dies zur Erfüllung ihres Verteidigungsauftrages erforderlich ist. Außerdem kann den Streitkräften im Verteidigungsfalle und im Spannungsfalle der Schutz ziviler Objekte auch zur Unterstützung polizeilicher Maßnahmen übertragen werden; die Streitkräfte wirken dabei mit den zuständigen Behörden zusammen.

(4) Zur Abwehr einer drohenden Gefahr für den Bestand oder die freiheitliche demokratische Grundordnung des Bundes oder eines Landes kann die Bundesregierung, wenn die Voraussetzungen des Artikels 91 Abs. 2 vorliegen und die Polizeikräfte sowie der Bundesgrenzschutz nicht ausreichen, Streitkräfte zur Unterstützung der Polizei und des Bundesgrenzschutzes beim Schutze von zivilen Objekten und bei der Bekämpfung organisierter und militärisch bewaffneter Aufständischer einsetzen. Der Einsatz von Streitkräften ist einzustellen, wenn der Bundestag oder der Bundesrat es verlangen.

Art. 91.

(1) Zur Abwehr einer drohenden Gefahr für den Bestand oder die freiheitliche demokratische Grundordnung des Bundes oder eines Landes kann ein Land Polizeikräfte anderer Länder sowie Kräfte und Einrichtungen anderer Verwaltungen und des Bundesgrenzschutzes anfordern.

(2) Ist das Land, in dem die Gefahr droht, nicht selbst zur Bekämpfung der Gefahr bereit oder in der Lage, so kann die Bundesregierung die Polizei in diesem Lande und die Polizeikräfte anderer Länder ihren Weisungen unterstellen sowie Einheiten des Bundesgrenzschutzes einsetzen. Die Anordnung ist nach Beseitigung der Gefahr, im übrigen jederzeit auf Verlangen des Bundesrates aufzuheben. Erstreckt sich die Gefahr auf das Gebiet mehr als eines Landes, so kann die Bundesregierung, soweit es zur wirksamen Bekämpfung erforderlich ist, den Landesregierungen Weisungen erteilen; Satz 1 und Satz 2 bleiben unberührt.

2. Die Arbeitskampfschutzklausel des Art. 9, Abs. 3, Satz 3 Grundgesetz[119]
von Dr. Jürgen Glückert

... Mit der Entscheidung, lediglich den gezielten Einsatz der in Art. 9 Abs. 3 Satz 3 GG aufgeführten Maßnahmen gegen Ar-

[119] Diss. 1973, auszugsweiser Abdruck mit freundlicher Genehmigung des Verlages Duncker & Humblot, Berlin.

beitskämpfe zu untersagen, im übrigen jedoch die Frage der Zulässigkeit oder Unzulässigkeit staatlicher Eingriffe ungeregelt und so offen zu lassen, wie sie schon bisher war, hat der verfassungsändernde Gesetzgeber die Zuständigkeit und Verantwortlichkeit für Arbeitskämpfe auch in Notstandsfällen zunächst einmal allein in der Hand der sozialen Gegenspieler belassen. Der Gesetzgeber der Notstandsverfassung geht prinzipiell und bis zum Beweis des Gegenteils davon aus, daß die sozialen Gegenspieler, insbesondere die Gewerkschaften, bereit und in der Lage sind, Arbeitskämpfe so zu führen, daß existenznotwendige Belange der Allgemeinheit (Versorgung der Bevölkerung mit lebenswichtigen Gütern und Leistungen) nicht gefährdet und die freiheitlich-demokratische Ordnung nicht aufs Spiel gesetzt wird.

Die Entscheidung des verfassungsändernden Gesetzgebers mag eine optimistische und risikohafte Entscheidung sein. Sie kann jedoch angesichts der bisherigen Erfahrungen mit Arbeitskämpfen in der Bundesrepublik weder als unrealistisch kritisiert werden[120], noch wäre es richtig, in ihr ein unangebrachtes Zurückweichen des Staates vor Gruppeninteressen oder gar ein Eingeständnis staatlicher Ohnmacht zu sehen.

Wer so argumentieren wollte, der übersähe, daß Risiken, die um der Freiheitlichkeit des Gemeinwesens willen in Kauf genommen werden, zu den Wesensmerkmalen einer freiheitlichen Demokratie gehören. Überdies wäre — wie die Erfahrungen anderer westlicher Demokratien zeigen — das Risiko, daß Arbeitskämpfe ohne Rücksicht auf lebenwichtige Belange der Allgemeinheit geführt werden, mit der Bereitstellung eines

[120] Erst kürzlich hat *Löwisch*, RdA 1969, S. 131, bemerkt, daß die Tarifpraxis in Deutschland aus sich heraus eine viel größere Stabilität aufweise als in anderen westlichen Ländern, in denen der Staat zu stärkeren Eingriffen befugt sei; dies sei wohl wesentlich darauf zurückzuführen, daß die Fähigkeit der Gewerkschaften und der Arbeitgeberverbände zur Selbststeigerung und Selbstdisziplinierung hoch entwickelt sei und die Koalitionen durch den weitgehenden Verzicht auf staatl. Eingriffe in die Tarifhoheit auf der einen und die Einräumung von Mitwirkungsrechten in der Wirtschaftsordnung auf der anderen Seite in die Verantwortung gerufen würden.

staatlichen Instrumentariums zur Einschränkung und Verhinderung von Arbeitskämpfen keinesfalls aus der Welt geschaffen. Das Risiko würde im Gegenteil durch die de facto eintretende einseitige Behinderung der „Angreiferseite", also der Arbeitnehmer und der Gewerkschaften, im Prozeß der autonomen verbandsmäßigen Gestaltung der Arbeits- und Wirtschaftsbedingungen eher noch vergrößert. Spannungen zwischen den sozialen Gegenspielern verschwinden nicht dadurch, daß man die Möglichkeit des kampfweisen Austrags eingeschränkt oder beseitigt und damit die Arbeitnehmerseite von vornherein ihres — wenn auch nur potentiellen, aber dennoch einzig wirksamen — Druckmittels beraubt. Der Verzicht auf die Schaffung eines Instrumentariums zur Einschränkung und Verhinderung von Arbeitskämpfen in inneren und äußeren Notstandslagen und das darin zum Ausdruck kommende Vertrauen in die Einsicht und Verantwortungsbereitschaft der sozialen Gegenspieler entspricht damit nicht nur der Freiheitlichkeit unserer Verfassungsordnung, sondern auch dem „Rechtsprinzip der Sozialstaatlichkeit", auf dessen Bedeutung für eine Notstandsregelung Adolf Arndt schon 1962 hingewiesen hat[121].

Zusammenfassend ist festzustellen, daß die Arbeitskampfschutzklausel des Art. 9 Abs. 3 Satz 3 GG als eine politisch vernünftige, sachlich akzeptable und der freiheitlich-demokratischen und sozialstaatlichen Verfassungsordnung des Grundgesetzes entsprechende Regelung des Problemkomplexes „Arbeitskampf und Notstandsverfassung" erscheint.

H. Sogenannte "Streiks"

1. „Verbraucherstreik"

Landgericht Stuttgart, Urteil v. 5. 10. 1955[122]
(11 Q 24/54)

... Grundsätzlich ist der Boykott ein zulässiges Kampfmittel zum Austrag von Interessengegensätzen, und zwar jeglicher Art. Zu Unrecht glaubt die ASt. geltend machen zu

[121] In: *Arndt/Freund*, Notstandsgesetz — aber wie?, S. 50 f.
[122] Fundstelle: Neue Juristische Wochenschrift 1956, S. 1073 ff.

können, daß dieser nur als Kampfmittel zur Austragung von sozialen Forderungen unter den Arbeitsvertragspartnern zulässig sei ...

Die Aufforderung der ASt. zielt gerade nicht auf einen Vertragsbruch hin, sondern vielmehr auf den Nichtabschluß von Verträgen[123].

Daß eine Boykottaufforderung den Betroffenen wirtschaftlich benachteiligt, vermag noch nicht die Rechtswidrigkeit derselben zu ergeben. Diese liegt nur dann vor, wenn Zweck und die angewendeten Mittel unerlaubt sind oder der durch den Boykott angeregte Schaden außer Verhältnis zu den erstrebten Ziel und der Handlungsweise des Betroffenen steht (*RG*, JW 37, 2195).

... Während die Milchverbände ihre wirtschaftlichen Interessen kraft ihrer Organisation nachdrücklich und unmittelbar vertreten können, ist dies der Verbraucherschaft nur auf Umwegen, entweder über eine Partei oder sonstige bestehende oder noch zu schaffende Organisationen möglich. Es darf den Verbrauchern aber nicht verwehrt werden, ihre Interessen ebenfalls unmittelbar wahrzunehmen, wobei — wie oben unter Berufung auf *RG*, JW 37, 2195, ausgeführt — ein in erlaubtem Rahmen sich haltender Boykott als berechtigtes Mittel anzuerkennen ist. Derselbe richtet sich primär gegen die eine Milchpreiserhöhung propagierenden Verbände, da diese wesentlichen Einfluß auf die Gestaltung des Milchpreises haben und von ihren Anträgen und Vorschlägen das Preisschicksal der Milchprodukte entscheidend abhängt ...

... Ob und inwieweit daneben durch den Milchboykott auch auf die Regierung und den Bundestag ein Einfluß ausgeübt werden soll, bedarf hier keiner näheren Prüfung. Jedenfalls wäre ein Boykott nicht schon allein um dessentwillen sittenwidrig. Wann eine durch einen Boykott verursachte Einflußnahme auf Regierung und Gesetzgebung sittenwidrig ist, ist eine andere Frage, die nach Lage des Einzelfalls zu entscheiden ist.

... So wie die an der Milchpreiserhöhung interessierten wirtschaftlichen Kreise ihren Einfluß auf Regierung und Bundestag geltend machen, muß es auch der Verbraucherschaft erlaubt sein, ihre wirtschaftlichen Interessen in erlaubtem Rahmen, aber wirksam zu vertreten.

[123] Der Betriebsrat einer Firma hatte zur Einstellung bzw. Einschränkung des Frischmilchkonsums in der Werkskantine aufgerufen (d. Bearb.)

2. „Vorlesungsstreik“ und BAFöG

Bayerischer Verwaltungsgerichtshof
Urteil v. 19. 7. 1973[124]
(190 VII/72)

... Das VG hat zu Recht entschieden, daß dem Kläger die Ausbildungsförderung nicht entzogen werden konnte.

... Dabei kann es auch keinen Unterschied machen, ob das Fernbleiben von Vorlesungen allein auf einem individuellen Entschluß beruht oder ob es sich — wie im vorliegenden Fall — um ein organisiertes, zeitlich begrenztes Fernbleiben von den Vorlesungen handelt. Sogenannte Vorlesungsstreiks sind mit der Ausübung des Streikrechts der Arbeitnehmer zur Durchsetzung von Arbeits- und Wirtschaftsbedingungen wegen der unterschiedlichen Interessenlage nicht vergleichbar. Sie richten sich schon wegen der weithin beschränkten Ausbildungskapazitäten der Hochschulen vornehmlich gegen die Interessen abgewiesener Zulassungsbewerber und gegen die Allgemeinheit, die aufwendige Ausbildungseinrichtungen unterhält und den Studierenden zur Verfügung stellt.

Die Demonstration hochschulpolitischer Anliegen durch sog. Vorlesungsstreiks ist daher angesichts anderer Möglichkeiten zur Geltendmachung solcher Forderungen nicht zu billigen. Solchen Vorlesungsstreiks und ihren Folgen wäre letztlich mit hochschul-rechtlichen Mitteln (z. B. Verlängerung der Semester, Nichtanerkennung von Semestern, Regelstudienzeit, Prüfungsfristen) zu begegnen. Die Anwendung des § 20 Abs. 2 BAFöG stellt jedoch aus den dargelegten Gründen keinen (mittelbar) geeigneten Ersatz für ein hochschulrechtliches Eingreifen dar, zumal sie sich nur auf den Kreis der Förderungsempfänger unter den Studierenden beziehen könnte ...

3. „Aktiver Studentenstreik“ illegal

Oberverwaltungsgericht Lüneburg
Beschluß vom 29. 10. 1973[125]
(II B 107/73)

Aus den Gründen:

... „Aktiver Streik“, wie ihn die Antragsgegnerin verstand und betrieb, war nichts anderes als Behinderung und Störung des Lehr-

[124] Fundstelle: Juristische Rundschau 1974, S. 216.
[125] Fundstelle: Die Öffentliche Verwaltung 1974, S. 281 f.

betriebes der Universität. Diese Aktion hat mit dem Streikbegriff des Arbeitsrechts nur das Wort gemeinsam. Das ergibt sich nicht zuletzt aus den „Streikberichten" des AStA als dem ausführenden Organ der Antraggegnerin. Danach wurden Lehr- und Prüfungsveranstaltungen „lahmgelegt", „blockiert" und „in Diskussionsforen umgewandelt". Die damit als Kampfmaßnahme verstandene Behinderung des Lehrbetriebs überschritt nicht nur die Kompetenzen der Antragsgegnerin, sondern konnte sogar als Nötigung strafbar sein. Die wissenschaftl. Ausbildung der Studenten gehört nach § 1 VVTU zu den Hauptaufgaben der TU Braunschweig, einer Körperschaft des öffentl. Rechts, von der die Agg. ihre Rechte als Gliedkörperschaft ableitet. Daraus ergibt sich die Illegalität aller Maßnahmen, die gegen die Durchführung des Lehrbetriebs gerichtet sind. Zwar hat die Agg. nach § 33 VVTU im Rahmen dieser Verfassung das Recht, ihre eigenen Angelegenheiten selbst zu verwalten und insbes. die fachl. und studienbezogenen Belange der Studenten wahrzunehmen. Behinderungen des Lehrbetriebes liegen jedoch außerhalb dieser Kompetenz. Denn der Lehrbetrieb ist keine eigene Angelegenheit der Studentenschaft ...

Die von den Ast. befürchtete Behinderung des Lehrbetriebs durch die Agg. verletzte nicht nur Mitgliedschaftsrechte der Ast., die an rechtswidrige Beschlüsse der Vollversammlung der Agg. nicht gebunden sein wollten, sondern auch das Grundrecht auf freie Entfaltung der Persönlichkeit (Art. 2 Abs. 1 GG) und die sich daraus ergebende negative Koalitionsfreiheit (*BVerfGE* 10, 89). Diese kann dadurch verletzt werden, daß sich eine verfassungsmäßig gegründete Zwangskörperschaft Befugnisse anmaßt, die ihr bei der Gründung mit Rücksicht auf Art. 2 Abs. 1 GG nicht hätten zugeordnet werden dürfen ...

4. „Fachbereichsstreik"

Jahresbericht des Universitätspräsidenten der Universität Hamburg 1971/1972

...

(22) Ihren für die Öffentlichkeit am deutlichsten sichtbaren Ausdruck fand die Überlastungssituation der Universität im Sommer 1971 in dem sog. „Streik" des Fachbereichs Erziehungswissenschaft. Dieser hatte beschlossen, zur Durchsetzung seiner Forderungen auf Bewilligung zusätzlicher Mittel, insbesondere für zusätzliche Stellen, den Lehrbetrieb auszusetzen. Statt dessen sollten Informationsveranstaltungen über die all-

gemeine bildungspolitische Situation und die Lage des Fachbereichs Erziehungswissenschaft durchgeführt werden. Dieser Beschluß des Fachbereichs mußte durch den Präsidenten aus rechtlichen Gründen beanstandet werden, da es nach dem Universitätsgesetz nicht in der Kompetenz eines Fachbereichs, sondern in der des Akademischen Senats und der Behörde liegt, über Beginn und Ende der Vorlesungszeit — um eine solche Entscheidung handelt es sich hier formal — zu befinden. Freilich ist dieser formalrechtliche Aspekt, so zwingend er die Notwendigkeit einer Beanstandung durch den Präsidenten nach sich zog, nur ein Moment in der Beurteilung dieses Vorganges von sehr grundsätzlicher Bedeutung. Die generelle Frage lautet, ob und ggf. unter welchen Voraussetzungen eine Universität als eine öffentlich-rechtliche Körperschaft, deren Autonomie die Etat-Hoheit der staatlichen Instanzen nicht aufzuheben vermag, die Durchsetzung ihrer politischen Forderungen mit dem Mittel eines Streiks, also einer Verweigerung der Erfüllung des ihr als Institution gesetzlich übertragenen Auftrags, betreiben kann. Die hier gegebene Situation ist mit der Situation eines Streiks im arbeitsrechtlichen Sinne wohl nicht vergleichbar. Denn in diesem Fall verweigern nicht die in der Universität tätigen „Arbeitnehmer" in einem neben der Institution Universität stehenden Zusammenschluß die Arbeit zur Durchsetzung von bestimmten Forderungen, die sie als eine Mehrheit von Individuen tragen. Vielmehr ist es die Universität selbst, die durch Beschlüsse ihrer Organe in den Ausstand tritt. Können derartige Aktionen Legitimität für sich in Anspruch nehmen? Ich möchte diese Frage in ihrer Grundsätzlichkeit hier nicht zu beantworten versuchen, sondern lediglich ganz pragmatisch darauf hinweisen, daß Streiks dieser Art — wie es auch das Konzil in seiner Sitzung vom 12. 5. 1971 zum Ausdruck gebracht hat — zumindest im gegenwärtigen Zeitpunkt als Mittel einer illusionären Politik erscheinen müssen und die Realität verkennen, unter denen die Universität heute allein Forderungen durchsetzen kann ...

IV. Anhang

A. Schlichtungswesen

Kontrollratsgesetz Nr. 35

1. Ausgleichs- und Schiedsverfahren in Arbeitsstreitigkeiten [126] [127] vom 20. 8. 1946

Zum Zwecke der Verhütung und der Schlichtung von Streitigkeiten die zwischen Arbeitgeber und Arbeitnehmern oder deren Organisationen entstehen, erläßt der Kontrollrat das folgende Gesetz:

Art. I

(1) Die beteiligten Parteien können das zur Verhütung oder Schlichtung von Arbeitsstreitigkeiten einzuhaltende Verfahren vereinbaren. Dieses Verfahren kann in einem Tarifvertrage festgelegt werden.

(2) Die beteiligten Parteien können sich auch der Dienste der gemäß Art. III dieses Gesetzes errichteten offiziellen Organe bedienen.

Art. II

(1) Wenn eine Arbeitsstreitigkeit, die nicht der Zuständigkeit der Arbeitsgerichte unterliegt, weder im Ausgleichs- noch in einem anderen vereinbarten Verfahren beigelegt worden ist, so können die beteiligten Parteien diese der deutschen Provinzial- oder Landesarbeitsbehörde zur Unterbreitung vor dem gemäß Art. IV dieses Gesetzes errichteten Schiedsausschuß übergeben.

(2) Berührt die Streitigkeit die Interessen der Alliierten Besatzung, so kann der Befehlshaber der betreffenden Zone die deutsche Provinzial- oder Landesarbeitsbehörde anweisen, den Parteien die Unterbreitung der Streitigkeit vor dem Schiedsausschuß aufzugeben.

[126] Abdruck nach: Amtsblatt des Kontrollrates 1946, S. 174 ff.
[127] Die von den Ländern erlassenen Schlichtungsordnungen sind abgedruckt bei: Nipperdey, Textsammlung Arbeitsrecht (d. Bearb.)

Art. III

Jede deutsche Provinzial- oder Landesarbeitsbehörde bestellt aus ihrem Personal eine oder mehrere geeignete Personen für folgenden Aufgabenkreis:

a) Fragen über Arbeitsbeziehungen gemeinsam mit Arbeitgebern und Arbeitnehmern oder deren Organisationen zu beraten,

b) die Schaffung eines vereinbarten Verfahrens zum Abschluß von Tarifverträgen und eines Verfahrens zur Schlichtung von Arbeitsstreitigkeiten zwischen Arbeitgebern und Arbeitnehmern oder ihren Organisationen zu fördern,

c) unter Zustimmung der streitigen Parteien als Vermittler mit dem Ziel einzugreifen, die Arbeitsstreitigkeiten durch Ausgleich mittels Schiedsverfahren zu schlichten.

Art. IV

Die Schiedsausschüsse sind von jeder deutschen Provinzial- oder Landesarbeitsbehörde zu errichten.

Art. V

Der Schiedsausschuß besteht aus einem Vorsitzenden und einer gleichen Zahl von Beisitzern, bis zu fünf von jeder Seite, als Vertreter der Arbeitgeber und Arbeitnehmer.

Art. VI

(1) Der Vorsitzende des Schiedsausschusses wird von der deutschen Provinzial- oder Landesarbeitsbehörde aus einer zu diesem Behuf gemäß Abs. 2 dieses Artikels aufgestellten Vorsitzenden-Liste ausgewählt und bestellt.

(2) Die Vorsitzenden-Liste wird von der deutschen Provinzial- oder Landesarbeitsbehörde aufgestellt und soll aus Personen bestehen, die

a) anerkannt demokratische Grundsätze haben,

b) in Fragen der Produktion, Arbeit und Arbeitsbeziehungen eine ausreichende Sachkunde besitzen,

c) sowohl für die Vertreter der Gewerkschaften wie die der Arbeitgeber annehmbar sind.

(3) Die Vorsitzenden-Listen der Schiedsausschüsse werden für die Dauer von drei Jahren aufgestellt. Die darin benannten Personen kommen für eine Wiederernennung in Betracht, falls sie noch die Erfordernisse des Abs. 2 dieses Artikels erfüllen.

Art. VII

(1) Die Beisitzer der Schiedsausschüsse werden von der deutschen Provinzial- oder Landesarbeitsbehörde aus den zu diesem Behuf aufgestellten Beisitzer-Listen ausgewählt und bestellt. Die Listen sollen genügend sachkundige Personen in der Reihenfolge ihrer Berufszugehörigkeit enthalten.

(2) Die deutschen Provinzial- oder Landesarbeitsbehörden stellen zwei Beisitzer-Listen auf:

a) die Arbeitnehmer-Liste ist auf Grund der Vorschläge der Gewerkschaften oder der Gewerkschaftsverbände aufzustellen;

b) die Arbeitgeber-Liste ist auf Grund der Vorschläge der Arbeitgeber oder der anerkannten Arbeitgeberverbände aufzustellen.

Art. VIII

Die Unterbreitung einer Streitigkeit zur Schlichtung durch den Schiedsausschuß darf, falls nicht die Voraussetzungen des Art. II Abs. 2 vorliegen, nur unter Zustimmung der streitigen Parteien erfolgen.

Art. IX

(1) Die deutsche Provinzial- oder Landesarbeitsbehörde setzt die von den Schiedsausschüssen anzuwendenden Verfahrensregeln fest.

(2) Der Vorsitzende des Schiedsausschusses muß unparteiisch, von den beiden streitigen Parteien unabhängig und von ihnen gebilligt sein. Beisitzer bedürfen der Billigung der Partei, deren Interessen sie vertreten. Wurde eine Streitigkeit dem Schiedsverfahren in Anwendung des Art. II Abs. 2 dieses Gesetzes zugewiesen, bedarf die Ernennung des Vorsitzenden oder der Beisitzer nicht der obigen Billigung.

(3) Die Schiedsausschüsse können Zeugen und Sachverständige vernehmen und andere ihnen erforderlich erscheinende Beweise erheben. Sie können die zuständigen Gerichte um eidliche Vernehmungen ersuchen, die sie für notwendig erachten.

(4) Die streitigen Parteien sind vor der Fällung des Schiedsspruches von dem Schiedsausschuß zu hören; im übrigen ist dieser an Formvorschriften über Beweisaufnahmen nicht gebunden.

(5) Die Entscheidungen der Schiedsausschüsse ergehen mit einfacher Mehrheit. Die Schiedssprüche sind schriftlich niederzulegen.

Art. X

(1) Mit den in Abs. 2 dieses Artikels vorgesehenen Ausnahmen bindet ein von einem Schiedsausschuß gefällter Schiedsspruch die streitigen Parteien nur dann, wenn beide Parteien seine Annahme erklären.

(2) Schiedssprüche haben bindende Wirkung unter den Parteien,

a) wenn diese vor Fällung des Schiedsspruches seine Annahme vereinbart haben, oder

b) wenn eine Streitigkeit dem Schiedsverfahren in Anwendung des Art. II Abs. 2 dieses Gesetzes zugewiesen wurde.

(3) Ein die Parteien bindender Schiedsspruch hat die Wirkung eines Tarifvertrages; dieser wirkt nur zwischen den streitigen Parteien.

Art. XI

(1) Kein Schiedsspruch eines ordnungsmäßig errichteten Schiedsausschusses kann von einer deutschen Behörde aufgehoben werden, es sei denn, daß ein Schiedsspruch gegen eine gesetzliche Bestimmung der Alliierten Kontrollbehörde oder der Militärregierung verstößt oder im Widerspruch zu den Zielen der alliierten Besetzung steht oder bei dessen Zustandekommen Betrug oder andere Gesetzesverletzungen mitgewirkt haben.

(2) Die Zonenbefehlshaber haben das Recht, in ihrer Zone die Schiedssprüche nachzuprüfen, um sich davon zu überzeugen, daß sie nicht den Bestimmungen und den in diesem Gesetz dargelegten Zielen widersprechen.

Art. XII

Die Alliierte Kommandantur in Berlin wird beauftragt, die notwendigen Maßnahmen zur Ausführung von Ausgleichs- und Schiedsverfahren in Berlin gemäß den Grundsätzen dieses Gesetzes zu treffen.

Art. XIII

Sämtliche deutschen gesetzlichen Bestimmungen, die mit diesem Gesetz unvereinbar sind, werden aufgehoben oder in Übereinstimmung mit den Bestimmungen dieses Gesetzes geändert.

Art. XIV

Dieses Gesetz tritt mit dem Tage seiner Verkündung in Kraft.

2. „Margarethenhof"-Abkommen vom 7. 9. 1954

Schlichtungsvereinbarung zwischen dem DGB und der Bundesvereinigung der Deutschen Arbeitgeberverbände[128] [129]

Zwischen dem Deutschen Gewerkschaftsbund und der Bundesvereinigung der Deutschen Arbeitgeberverbände ist folgende Vereinbarung getroffen worden:

Der Deutsche Gewerkschaftsbund und die Bundesvereinigung der Deutschen Arbeitgeberverbände verpflichten sich mit ihren Mitgliedern, sich ernsthaft zu bemühen, in erster Linie auf dem Wege freier Verhandlungen Tarifverträge abzuschließen.

Führen diese Verhandlungen zu keinem Ergebnis, so sollen nach der gemeinschaftlichen Überzeugung der unterzeichneten Spitzenverbände der Arbeitgeber und Arbeitnehmer Streitigkeiten über den Abschluß von Gesamtvereinbarungen nicht im Wege staatlicher Entscheidungen, sondern nur durch vereinbarte Schlichtungsinstanzen beigelegt werden. Dieses erfordert, daß zwischen den Vertragsparteien die hierfür notwendigen Voraussetzungen geschaffen werden.

Für den Abschluß entsprechender Abmachungen sind zwischen den unterzeichneten Spitzenverbänden die folgenden Vorschläge vereinbart worden, deren beschleunigte Durchführung — unbeschadet der Abweichung in Einzelfragen — den beiderseitigen Mitgliedern dringend empfohlen wird.

Muster einer Schlichtungsvereinbarung

§ 1

(1) Zur Hilfeleistung beim Abschluß (Verlängerung, Änderung, Ergänzung) von Tarifverträgen vereinbaren die Vertragsparteien ein Schlichtungsverfahren, das zur Anwendung kommen soll, wenn die vorerst durchzuführenden freien Verhandlungen zwischen den Tarifvertragsparteien zu keiner Verständigung geführt haben.

[128] Voller Wortlaut.

[129] Vom Abdruck des im wesentlichen gleichlautende Abkommens mit der DAG konnte bis auf die Vorschrift des § 5 abgesehen werden. Diese lautet: „Die Vertragsteile verpflichten sich, Kampfmaßnahmen (Streiks oder Aussperrung) gegeneinander oder gegen Mitglieder des anderen Vertragsteils zu unterlassen, solange nicht alle Möglichkeiten zu einer Beilegung der Gesamtstreitigkeiten nach den vorstehenden Bestimmungen erschöpft sind." (d. Bearb.)

(2) Zur Durchführung des Schlichtungsverfahrens werden Schlichtungsstellen errichtet. Diese haben den Vorrang vor gesetzlichen Schlichtungseinrichtungen.

§ 2

(1) Die Schlichtungsstelle setzt sich paritätisch aus je zwei oder mehreren Beisitzern zusammen.

(2) Jede Partei dieses Vertrages benennt innerhalb eines Monats nach Abschluß dieser Vereinbarung ihre Beisitzer. Sie bestimmt einen davon als Obmann. Es soll möglichst die doppelte Anzahl von Beisitzern benannt werden. Die Vertragsparteien bestimmen im Einzelfall, welche Beisitzer in der Schlichtungsstelle mitwirken.

(3) Die Obmänner sind zugleich die Vorsitzenden der Schlichtungsstelle (§ 4 Abs. 2).

§ 3

(1) Sind die Tarifverhandlungen zwischen den Vertragsparteien gescheitert, so sind beide Parteien verpflichtet, der Schlichtungsstelle (den Obmännern oder der Geschäftsstelle, falls eine solche gebildet ist), hiervon Mitteilung zu machen. Dies gilt auch dann, wenn die Verhandlungen vor Ablauf der Kündigungsfrist eines bestehenden Vertrages gescheitert sind. Die Obmänner bzw. die Geschäftsstelle sind nach Eingang der Mitteilung einer Vertragspartei verpflichtet, unverzüglich die erforderlichen Maßnahmen zur Durchführung des Schlichtungsverfahrens zu treffen.

(2) Die Verhandlungen gelten als gescheitert, wenn eine Vertragspartei dies der anderen Vertragspartei gegenüber erklärt oder eine Vertragspartei es ablehnt, weiter zu verhandeln.

(3) Die Vertragsparteien sind verpflichtet, sich auf das Schlichtungsverfahren einzulassen.

§ 4

(1) Die Schlichtungsstelle hat innerhalb einer Frist von ... Tagen nach Eingang dieser Mitteilung über das Scheitern der Verhandlungen zusammenzutreten und innerhalb einer Frist von ... Tagen nach Eingang der Mitteilung den Parteien einen Einigungsvorschlag zu unterbreiten. Die Frist beginnt mit dem Tage des Eingangs der Mitteilung bei den Obmännern bzw. der Geschäftsstelle. Die Vertragsparteien können diese Fristen für den Einzelfall im gegenseitigen Einvernehmen verkürzen oder verlängern.

(2) Die Verhandlungen der Schlichtungsstelle werden von Verfahren zu Verfahren abwechselnd von einem der Vorsitzenden

geleitet (§ 2 Abs. 3). Der andere Vorsitzende bekleidet jeweils das Amt eines Stellvertreters.

(3) Die Verhandlungen der Schlichtungsstelle sind nicht öffentlich.

(4) Beschlüsse der Schlichtungsstelle werden mit einfacher Mehrheit gefaßt. Kein Mitglied der Schlichtungsstelle darf sich der Stimme enthalten.

(5) Die Schlichtungsstelle ist auch dann zur Beschlußfassung berechtigt, wenn die Beisitzer einer Vertragspartei trotz ordnungsmäßiger Ladung ohne zwingenden Grund der Sitzung fernbleiben.

§ 5

(1) Die Vertragsparteien können allgemein oder vor Beginn oder während des Verfahrens vereinbaren, daß ein unparteiischer Vorsitzender berufen wird.

(2) Die Vertragsparteien vereinbaren in diesem Falle, ob der unparteiische Vorsitzende stimmberechtigt oder nicht stimmberechtigt ist, und ob im Falle seiner Stimmberechtigung über einen Einigungsvorschlag mit einfacher oder qualifizierter Mehrheit beschlossen werden muß.

(3) Für die Auswahl des unparteiischen Vorsitzenden haben die Vertragsparteien bereits bei Abschluß dieser Schlichtungsvereinbarung gemeinschaftlich mindestens 2 geeignete Persönlichkeiten zu bestimmen.

(4) Werden sich die Parteien über die Auswahl des unparteiischen Vorsitzenden für das einzelne Verfahren nicht einig, so entscheidet das Los.

(5) Die Vertragsparteien können auch an Stelle der Regelung gemäß Abs. 3 und 4 von vornherein sich über einen unparteiischen Vorsitzenden und dessen ständigen Stellvertreter verständigen.

§ 6

(1) Die Schlichtungsstelle hat durch Anhörung der Parteien oder ihrer Vertreter die Streitpunkte und die für ihre Beurteilung wesentlichen Verhältnisse klarzustellen. Soweit sie es für erforderlich hält, kann sie Auskünfte einholen, den Parteien die Beibringung von Unterlagen aufgeben sowie Auskunftspersonen und Sachverständige hören.

(2) Die Schlichtungsstelle hat in jedem Stadium des Verfahrens zu versuchen, eine Einigung der Parteien herbeizuführen. Kommt eine Einigung zustande, so ist sie in ihrem Wortlaut niederzuschreiben und von den Parteien zu unterzeichnen.

(3) Kommt eine Einigung nicht zustande, so hat die Schlichtungsstelle den Parteien ihrerseits einen Einigungsvorschlag nach Maßgabe der Verfahrensvorschriften des § 4 Abs. 4 zu unterbreiten. Der Einigungsvorschlag soll sich auf alle zwischen den Parteien strittigen Fragen erstrecken.

(4) Der Vorschlag ist vor der Verkündung schriftlich abzufassen. Er ist von dem Vorsitzenden und seinem Stellvertreter bzw. von dem unparteiischen Vorsitzenden zu unterzeichnen. Den Parteien ist bei der Verkündung eine Abschrift des Vorschlages auszuhändigen und zur Annahme oder Ablehnung des Vorschlages eine Frist zu setzen.

(5) Die Erklärung über Annahme oder Ablehnung ist von jeder Partei gegenüber der anderen Partei und der Schlichtungsstelle abzugeben. Nichtabgabe einer Erklärung innerhalb der gesetzten Frist bedeutet Ablehnung.

(6) Die Annahme des Vorschlages durch beide Parteien hat die Wirkung einer Gesamtvereinbarung.

(7) Die Parteien können auch eine Vereinbarung treffen, wonach sie den Vorschlag der Schlichtungsstelle im voraus annehmen.

§ 7

Kampfmaßnahmen, die dem Zweck des § 1 entgegenstehen, sind während des Schlichtungsverfahrens zu unterlassen (Friedenspflicht). Kampfmaßnahmen dürfen erst ergriffen werden, wenn das Schlichtungsverfahren gescheitert ist. Das Schlichtungsverfahren gilt als gescheitert, wenn die Schlichtungsstelle nicht innerhalb der in § 4 Abs. 1 festgesetzten Frist einen Einigungsvorschlag unterbreitet oder der Einigungsvorschlag abgelehnt ist (§ 6 Abs. 5).

§ 8

(1) Die Kosten des Schlichtungsverfahrens sowie die aus der etwaigen Heranziehung eines unparteiischen Vorsitzenden entstandenen Kosten trägt jede Partei zur Hälfte.

(2) Die Entschädigung der Beisitzer trägt die sie bestellende Partei; ebenso trägt jede Partei die Kosten der von ihr geladenen Auskunftspersonen und Sachverständigen.

§ 9

Diese Vereinbarung tritt am . . . . . in Kraft und gilt bis zum . . . . .

Sie verlängert sich um jeweils ein Jahr, wenn sie nicht 3 Monate vor Ablauf gekündigt wird.

B. Notdienstvereinbarung

Zwischen

der Flughafen Hamburg GmbH einerseits

und

der Gewerkschaft Öffentliche Dienste, Transport und Verkehr
— Bezirksverwaltung Hamburg —
(im Auftrage der Arbeitskampfleitung) andererseits

wird im Hinblick auf eventuell durchzuführende Arbeitskampfmaßnahmen anläßlich der Lohn- und Gehaltsbewegung 1974 folgende Vereinbarung getroffen:

§ 1

1. Zwischen den Parteien dieser Vereinbarung besteht Einvernehmen, daß im Falle eines Arbeitskampfes die erforderlichen Notdienstarbeiten ausgeführt werden.
2. Der Notdienst umfaßt die Abfertigung des Flugverkehrs im Zusammenhang mit Luftnotfällen, Rettungsaktionen und Ausweichlandungen. Ferner gehören dazu diejenigen Maßnahmen, die zur Verhinderung oder Beseitigung von Schäden an den Betriebseinrichtungen notwendig sind.
3. Notdienst im Sinne des Abs. 2 sind insbesondere folgende Funktionen:
   a) Feuerwehr
   b) Wache
   c) Schnee- und Eisdienst
   d) Bahnendienst
   e) Leitstelle
   f) Information
   g) Flugzeugabfertigung
   h) Frachtabfertigung
   i) Telefonzentrale
   j) Reinigungsdienste
   k) Kfz-Werkstatt
   l) E-Werkstatt
   m) Fernmeldewerkstatt
   n) Schlosserwerkstatt
   o) Heizzentrale
   p) Gärtnerei (Treibhaus)
   q) Kantine
4. Die Anzahl der eingeteilten Mitarbeiter gemäß Abs. 3 ergibt sich aus der Anlage.

§ 2

Die Flughafen Hamburg GmbH wird den zu Notdiensten nach § 1 eingeteilten Mitarbeitern einen Notdienstausweis ausstellen. Die Gewerkschaft ÖTV verpflichtet sich, diesen Ausweis gegenzuzeichnen und bei Arbeitskampfmaßnahmen die gewerkschaftlichen Streikposten zu unterrichten, damit diese durch den Notdienstausweis legitimierten Personen ungehindert den Betrieb betreten und die erforderlichen Notdienste innerhalb und außerhalb des Betriebes verrichten können.

§ 3

Streitigkeiten, die sich aus der Anwendung oder der Auslegung dieser Vereinbarung ergeben, sind von den Parteien gemeinsam zu klären.

§ 4

1. Diese Vereinbarung tritt mit Beginn des Arbeitskampfes in Kraft.
2. Die Parteien dieser Vereinbarung sind bereit, über ihre Änderung und Ergänzung jederzeit und ohne Einhaltung von Fristen zu verhandeln.
3. Diese Vereinbarung tritt mit dem Tage des Abschlusses der mit den Kampfmaßnahmen angestrebten Tarifverträge außer Kraft.

C. Statistik

1. Streiks und Aussperrungen im internationalen Vergleich

Land	Streiks u. Aussperrungen			Beteiligte Arbeitnehmer			Verlorene Arbeitstage		
	1969	1970	1971	1969	1970	1971	1969	1970	1971
	Anzahl			1 000					
Bundesrepublik Deutschland	.	.	.	90	184	536	249	93	4 484
Belgien	88	151	184	37	111	100	162	1 432	1 241
Dänemark	48	77	31	36	56	6	56	102	21
Finnland	158	240	838	83	202	403	161	233	2 711
Frankreich	2 480	3 319	4 358	1 444	1 160	3 235	2 224	1 742	4 388
Großbritannien u. Nordirld.	3 146	3 943	2 263	1 665	1 801	1 178	6 846	10 980	13 551
Irland	134	134	133	62	29	44	936	1 008	274
Italien	3 788	4 162	5 598	7 507	3 722	3 891	37 825	18 277	12 949
Niederlande	28	99	15	12	52	36	22	263	97
Norwegen	4	15	10	1	3	3	22	47	9
Schweden	41	134	60	9	27	63	112	156	839
Schweiz	1	3	11	0	0	2	0	3	7
Spanien	491	1 547	542	205	440	197	560	1 092	860
Kanada	595	542	569	307	262	240	7 752	6 542	2 867
Vereinigte Staaten	5 700	5 716	5 135	2 481	3 305	3 263	42 869	66 413	47 417
Indien	2 627	2 889	2 752	1 827	1 828	1 615	19 048	20 563	16 546
Israel	114	163	169	44	115	88	102	390	179
Japan	1 783	2 260	2 527	1 412	1 720	1 896	3 634	3 915	6 029
Australien	2 014	2 738	2 404	1 285	1 367	1 327	1 958	2 394	3 069
Neuseeland	169	323	313	44	110	86	139	277	163

Quelle: Statistisches Jahrbuch für die Bundesrepublik Deutschland 1973, S. 22a.

2. Streiks[130] in der Bundesrepublik

Land	1972		1973	
	Arbeitnehmer	Verlorene Arbeitstage	Arbeitnehmer	Verlorene Arbeitstage
Baden-Württemberg	915	783	80 310	346 756
Bayern	20	80	4 394	2 007
Berlin (West)	—	—	—	—
Bremen	735	1 830	11 235	30 663
Hamburg	1 447	9 217	—	—
Hessen	—	—	6 746	9 584
Niedersachsen	3 704	10 561	15 204	13 288
Nordrhein-Westfalen	16 015	43 110	58 841	134 430
Rheinland-Pfalz	32	64	592	684
Saarland	—	—	8 243	24 488
Schleswig-Holstein	40	400	346	1 151
Bundesgebiet	22 908	66 045	185 010	563 051

Quelle: 1972: Statistisches Jahrbuch für die Bundesrepublik Deutschland (1973), 1973: Arbeits- und Sozialstatistische Mitteilungen 1974, S. 156.

[130] Aussperrungen gab es 1972/1973 nicht (d. Bearb.).

Register

Kolibri 360 GmbH
Ferdinand-Jühlke-Straße 7
99095 Erfurt, Deutschland
produktsicherheit@kolibri360.de